Sven Roddewig

Website Marketing

W0269519

Aus dem Bereich IT erfolgreich nutzen

**Kostenstellenrechnung
mit SAP R/3®**
von Franz Klenger und Ellen Falk-Kalms

**Produktionscontrolling
mit SAP®-Systemen**
von Jürgen Bauer

Controlling mit SAP R/3®
von Gunther Friedl, Christian Hilz und
Burkhard Pedell

Die Praxis des E-Business
von Helmut Dohmann, Gerhard Fuchs und
Karim Khakzar

**Geschäftsprozesse
mit Mobile Computing**
von Detlef Hartmann

Datenschutz als Wettbewerbsvorteil
von Helmut Bäumler und Albert von
Mutius

Projektkompass eLogistik
von Caroline Prenn und Paul van Marcke

Datenschutz beim Online-Einkauf
von Alexander Roßnagel

**Integriertes Knowledge
Management**
von Rolf Franken und Andreas Gadatsch

CRM-Systeme mit EAI
von Matthias Meyer

Sales and Distribution with SAP®
von Gerhard Oberniedermaier und
Tamara Sell-Jander

**Marketing-Kommunikation
im Internet**
von Dirk Frosch-Wilke und Christian Raith

**Handbuch Web Mining im
Marketing**
von Hajo Hippner, Melanie Merzenich und
Klaus D. Wilde

Hacker, Cracker, Datenräuber
von Peter Klau

**Die Praxis des Knowledge
Managements**
von Andreas Heck

Best-Practice mit SAP®
von Andreas Gadatsch und Reinhard Mayr

**Handbuch Web Mining im
Marketing**
von Hajo Hippner, Melanie Merzenich und
Klaus D. Wilde

**Aktives Projektmanagement für den
IT-Bereich**
von Erik Wischnewski

CAD mit CATIA® V5
von Michael Trzesniowski

**B2B-Erfolg durch eMarkets und
eProcurement**
von Michael Nenninger und Oliver Lawrenz

**Projekt- und Investitionscontrolling
mit SAP R/3®**
von Stefan Röger, Niko Dragoudakis und
Frank Morelli

Controlling mit SAP R/3®
von Gunther Friedl, Christian Hilz und
Burkhard Pedell

Auftragsklärung in IT-Projekten
von Theo Saleck

Website Marketing
von Sven Roddewig

www.vieweg-it.de

Sven Roddewig

Website Marketing

So planen, finanzieren und
realisieren Sie den Marketing-Erfolg
Ihres Online-Auftritts

Bibliografische Information Der Deutschen Bibliothek
Die Deutsche Bibliothek verzeichnet diese Publikation in der Deutschen Nationalbibliografie;
detaillierte bibliografische Daten sind im Internet über <http://dnb.ddb.de> abrufbar.

Das in diesem Werk enthaltene Programm-Material ist mit keiner Verpflichtung oder Garantie irgendeiner Art verbunden. Der Autor übernimmt infolgedessen keine Verantwortung und wird keine daraus folgende oder sonstige Haftung übernehmen, die auf irgendeine Art aus der Benutzung dieses Programm-Materials oder Teilen davon entsteht.

1. Auflage März 2003

Alle Rechte vorbehalten
© Friedr. Vieweg & Sohn Verlagsgesellschaft mbH, Braunschweig/Wiesbaden, 2003

Der Vieweg Verlag ist ein Unternehmen der Fachverlagsgruppe BertelsmannSpringer.
www.vieweg-it.de

Das Werk einschließlich aller seiner Teile ist urheberrechtlich geschützt. Jede Verwertung außerhalb der engen Grenzen des Urheberrechtsgesetzes ist ohne Zustimmung des Verlags unzulässig und strafbar. Das gilt insbesondere für Vervielfältigungen, Übersetzungen, Mikroverfilmungen und die Einspeicherung und Verarbeitung in elektronischen Systemen.

Umschlaggestaltung: Ulrike Weigel, www.CorporateDesignGroup.de

Gedruckt auf säurefreiem und chlorfrei gebleichtem Papier.

ISBN-13: 978-3-528-05808-1   e-ISBN-13: 978-3-322-89054-2
DOI: 10.1007/978-3-322-89054-2

Vorwort

Die Planung, Realisierung und Finanzierung des Online-Erfolges
sind heute für jedes Unternehmen, das eine Dienstleistung im
Internet erbringt, die zukunftsbestimmenden Komponenten. Der
Erfolg wird letztlich gemessen an der finanziellen Tragfähigkeit
eines Projektes und genau hier besteht der größte Handlungsbedarf und zugleich die größte Chance, sich gegen die Konkurrenz
zu behaupten.

Online-Werbung ist eine bedeutende Möglichkeit eine qualitativ
hochwertige Website, die auch über entsprechend hohe Besucherzahlen verfügt, durch Werbeeinnahmen zu finanzieren.
Doch die Finanzierung durch Online-Werbung erfordert eine
konsequente Kostenkontrolle mit zielorientiertem Website Marketing.

Dieses Buch bietet einen praxisorientierten Leitfaden für den
Erfolg von Online-Projekten durch vielseitiges und kostenorien-
tiertes Website Marketing. Alle beschriebenen Informationen und
Maßnahmen sind an ihrer Verwendbarkeit für die Planung,
Durchführung und Kontrolle des Online-Erfolges ausgerichtet.

Die Kapitel   Die unglaubliche Vielfalt der Werbeformen im Internet (vgl.
Kapitel 1, *Werbeformen – Die Vielfalt der Online-Werbung*)
ermöglicht eine genaue Ausrichtung der Werbung an den individuellen Werbezielen. Die vielseitigen Gestaltungsmöglichkeiten
werden auch in Zukunft in diesem Bereich für Abwechslung
sorgen und schon jetzt bietet Online-Werbung zum Teil erhebliche Vorteile gegenüber der Offline-Werbung.

Die Unsicherheit vieler Unternehmen bzgl. der Wirkung von
Online-Werbung war vor einigen Jahren berechtigt, ist heute
jedoch oftmals unbegründet. Mittlerweile ist aufgrund zahlreicher
Studien und Erhebungen hinreichend bekannt, dass Online-
Werbung in vielfältiger Weise wirkt und auch in welcher Weise
(vgl. Kapitel 2, *Werbewirkung im Internet*).

Die professionelle Vermietung von Online-Werbeflächen, zur
Finanzierung einer Website ist eine besondere Herausforderung,
insbesondere für kleinere Unternehmen (vgl. Kapitel 3, *Vermietung von Online-Werbeflächen*). In diesem Buch wird sowohl die
Vorgehensweise zur externen Vermarktung, durch Online-

Vermarkter, als auch zur internen bzw. Direktvermarktung ausführlich erläutert.

Da sich je nach Bekanntheit und Bedeutung einer Website nicht immer alle Werbeplätze vermarkten lassen, werden auch zahlreiche Alternativen zur Nutzung der Werbeflächen aufgezeigt (vgl. Kapitel 4, *Alternative Nutzungsformen freier Werbeflächen*). Auch diese Alternativen können einen entscheidenden Beitrag zur Finanzierung einer Website leisten.

Jedes Unternehmen im Internet ist darauf angewiesen bekannt zu werden und dies oft mit sehr knappen finanziellen Mitteln. Nirgendwo in der realen Welt ist ein Unternehmen so isoliert, wie ein Unternehmen im WWW, das keiner kennt und das von keiner Suchmaschine gefunden und auf keiner anderen Website verlinkt ist. Aber auch renommierte Online-Unternehmen sind stets bemüht noch bekannter zu werden und neue Kunden, durch die vielfältigen Möglichkeiten der Website Promotion, zu gewinnen (vgl. Kapitel 5, *Nachhaltig erfolgreiche Website Promotion*).

Zielgruppe

Das Buch ist gerichtet an alle Personen, die sich mit dem Thema Website- und Online-Marketing befassen und die für den Erfolg von Online-Projekten oder Online-Werbemaßnahmen verantwortlich oder daran beteiligt sind. Insbesondere angesprochen sind Website-Betreiber, Projektverantwortliche im Bereich Online-Marketing, Marketing-Professionals und Werbeagenturen.

Website zum Buch

Informationen zum Thema Website Marketing, zu weiterführenden Links und den einzelnen Kapiteln sind im Internet unter der URL http://www.sitemarketing.info verfügbar. Der Autor ist per Email unter autor@sitemarketing.info zu erreichen.

Dank

Das Buch profitiert von den Erfahrungen und dem Wissen zahlreicher Menschen. Stellvertretend seien hier Nils Struckmeier, Bernd Hirschberg, Katja Heseler, Jörg Dammann und Vera Burhenne genannt. Mein besonderer Dank gilt auch Herrn Dr. Reinald Klockenbusch und dem Team des Vieweg-Verlages für die vertrauensvolle Zusammenarbeit.

Osnabrück, im Januar 2003   Sven Roddewig

Inhaltsverzeichnis

Werbeformen – Die Vielfalt der Online-Werbung

Im Internet gibt es eine unüberschaubare Anzahl unterschiedlicher Werbeformen und Werbeformate, da den gestalterischen Fähigkeiten der Programmierer und Web-Designer praktisch keine Grenzen gesetzt sind. Die Grenzen zeigen sich erst bei dem Betrachter. So kann für unterschiedliche Werbeformen differenzierte Software erforderlich sein. Ist diese nicht im erforderlichen Umfang auf dem PC des Betrachters installiert, so kann die Werbung nicht oder ggf. nur verändert oder verfälscht präsentiert werden.

Die scheinbar unendliche Zahl an Online-Werbeformen stiftet oft starke Verwirrung. Die zahlreichen Formate einzelner Werbeformen und die verschiedenen, oft aus dem Englischen direkt übernommenen, Bezeichnungen erschweren eine klare Gliederung in leicht nachvollziehbare Kategorien.

In den nachfolgenden Kapiteln werden die Werbeformen anhand verschiedener Kriterien unterteilt und näher beschrieben.

1.1   Standards und Richtlinien

Der Deutsche Multimedia Verband (URL: http://www.dmmv.de) setzt sich in Deutschland für die Erarbeitung von Standards in der Online-Werbung ein. Auf der Website Werbeformen.de (URL: http://www.werbeformen.de) werden die aktuellen Standards, Trends und Richtlinien präsentiert. Hierbei muss jedoch beachtet werden, dass es sich nicht um allgemeingültige Standards oder Richtlinien handelt. Vielmehr gelten sie im Internet grundsätzlich als Empfehlung zur Vereinheitlichung, um der Werbewirtschaft Orientierungshilfe zu leisten. Viele der Trends bzw. Standards werden international aus den USA von dem Interactive Advertising Bureau (URL: http://www.iab.net) vorgegeben. Jedoch leistet auch das IAB lediglich unterstützende Arbeit für die Medien- und Werbewirtschaft und versucht wie der DMMV in Deutschland zu mehr Transparenz der Online-Werbeformen beizutragen.

1.2 Die klassische Online-Werbeform – Das Banner

Das Banner ist die derzeit am weitesten verbreitete Werbeform im Internet. Mit der Bezeichnung Banner wird oft das Standard-Banner im Format von 486x60 Pixel verbunden. Dies ist zwar eine häufig genutzte Werbeform, jedoch gibt es noch zahlreiche weitere Formate und Formen, die als Banner bezeichnet werden.

Die allgemein gehaltene Definition eines Banners nach den Richtlinien von Werbeformen.de ist eine *graphische Darstellung* mit der *Möglichkeit zu Interaktion*. Interaktion bedeutet in diesem Fall, dass das Banner dem Betrachter auch eine Möglichkeit zum Handeln bietet, also zumindest einen Link (Hyperlink = Verbindung oder Verknüpfung zu anderen Daten, in der Regel zu einer anderen Website) beinhaltet. Auf weitere Interaktionsmöglichkeiten wird in dem Kapitel *1.1.3 Banner – Unterteilung nach Funktionalität* hingewiesen.

Weiterhin zeichnen sich die Banner durch die folgenden Grundmerkmale aus:

> - Banner sind in eine Website (Werbeträger) integriert
> - Banner haben ein rechteckiges Format
> - Banner bieten eine Interaktionsmöglichkeit

Button

Als Button werden in der Regel alle kleineren Bannerformate bezeichnet. Dies beinhaltet lediglich eine Klassifizierung nach der Größe des Banners und nicht eine grundlegend neue Bannerform. Eine klare Grenze hinsichtlich der Größe (gemessen in Pixel) zwischen Banner und Button existiert nicht. Im Folgenden werden jedoch verschiedene Werbeformate vorgestellt, die anhand ihrer Größe und Bezeichnung eine Unterscheidung zwischen Banner und Button ermöglichen. Buttons verfügen also über alle Grundmerkmale eines Banners, sind jedoch kleiner.

1.3 Das Banner – Differenzierung nach Funktionalität

Die Untergliederung der Banner anhand der *Funktionalität* weist drei klassische Kategorien auf: statische Banner, animierte Banner und transaktive Banner. Weitere Kategorien zur Unterteilung anhand der Funktionalität sind z.B. HTML-Banner oder Nanosite-Banner. Die Funktionalität erlaubt grundsätzlich keinen Rückschluss auf das Format eines Banners. Im Allgemeinen lassen sich die Banner unterschiedlicher Funktionalität mit nahezu jedem Format kombinieren.

Das Banner anhand seiner Funktionalität im Einzelnen:

1.3.1   Statische Banner

Das statische Banner ist ein Banner in der einfachsten Form. Es handelt sich um ein graphisches Objekt, welches lediglich aus einem Bild besteht. Als Interaktionsmöglichkeit bietet der statische Banner in der Regel die Möglichkeit, durch einen Klick auf den Banner zu einer anderen Seite zu gelangen (s. Abb. 1).

Abb. 1: Statisches Banner

(Quelle: Werbeformen.de – URL: http://www.werbeformen.de)

1.3.2   Animierte Banner

Das animierte Banner ist eine Weiterentwicklung des statischen Banners. Bei dieser Form werden eine Reihe von Einzelbildern (auch Texte im Bildformat) nacheinander dargestellt. Die Werbebotschaft kann durch die Abfolge der Bilder wie in einer Art Film übermittelt werden. Durch die wechselnden Bilder wird die erhöhte Aufmerksamkeit des Betrachters erreicht. Dies führt in der Regel auch zu einer größeren Anzahl Klicks auf den Banner.

Hinsichtlich der Interaktionsmöglichkeit bietet das animierte Banner keine Erweiterung. Auch dieses Banner bietet nur die einfache Integration eines Links, durch welchen der Betrachter mit einem Klick in der Regel zu einer anderen Website gelangen kann.

Erweiterte technische Voraussetzungen verlangt das animierte Banner nicht. Auch ältere Browser können in der Regel das Format für animierte Bilddateien GIF 89a verarbeiten.

Der größere gestalterische Spielraum durch wechselnde Bilder, die erhöhte Aufmerksamkeit des Betrachters und die Tatsache, dass das animierte Banner keiner besonderen technischen Voraussetzungen bedarf, machen ihn zur momentan am häufigsten verwendeten Bannerart.

Die beiden folgenden Abbildungen stellen die einfache Form eines animierten Banners dar. Lediglich zwei Bildelemente werden abwechselnd angezeigt (s. Abb. 2 und 3).

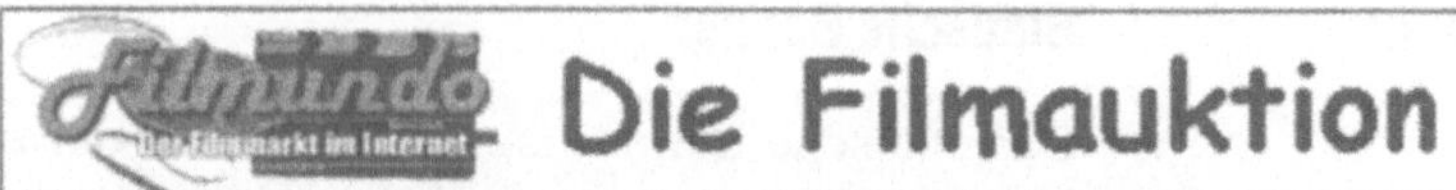

Abb. 2: Einfaches animiertes Banner – Bildelement 1

(Quelle: Filmundo – URL: http://www.filmundo.de)

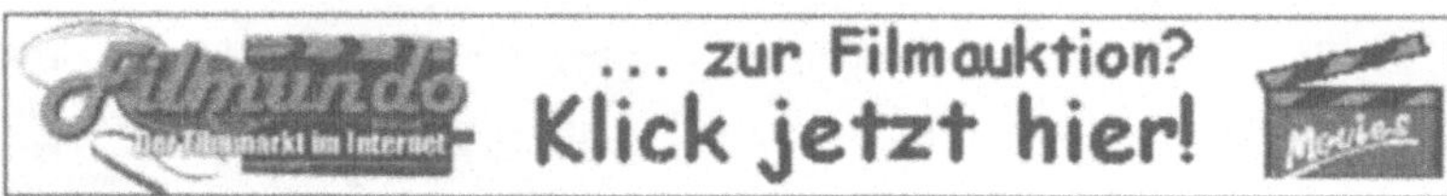

Abb. 3: Einfaches animiertes Banner – Bildelement 2

(Quelle: Filmundo – URL: http://www.filmundo.de)

Bei animierten Bannern ist grundsätzlich ein mögliches Störempfinden des Users zu berücksichtigen. Banner mit reiner Textanimation können konkrete Informationen übermitteln. Sie können aber auch als erheblich störender empfunden werden als Banner mit wechselnden Bildern, da Bilder vom Auge des Betrachters besser erfasst werden können.

1.3.3   Transaktive Banner

Das transaktive Banner (Transactive-Banner) weist einen größeren Nutzwert für den Betrachter auf und verfügt über eine wesentlich höhere Funktionalität. Das Banner liefert bereits alle relevanten Informationen für den Betrachter, ohne das dieser die Website des Werbeträgers verlassen muss. So kann ein transaktives Banner z.B. verschiedene Kriterien zur Ermittlung eines günstigen Telefontarifes beinhalten. Nach Auswahl eines geeigneten Kriteriums wird das Ergebnis ebenfalls im Banner präsentiert. Ebenfalls können kleine Spiele oder Formulare in ein transaktives Banner integriert werden.

Die bedeutende Neuerung dieser Werbeform liegt in der Eigenschaft, dass das werbende Unternehmen mit allen relevanten Informationen zum Kunden kommt. In der Werbeform des Banners gelingt dieser Schritt, ohne dabei aufdringlich wirken zu müssen. Selbstverständlich beinhaltet auch das transaktive Banner die klassische Funktion eines Banners. So ist es nach wie vor möglich per Klick die Website des Werbetreibenden für weitere Informationen aufzusuchen.

Da die transaktiven Banner alle Funktionalitäten beinhalten, die den Informationsaustausch und ggf. den Kauf unterstützen, werden sie auch als multifunktionale Banner bezeichnet. Durch die Multifunktionalität ist eine erhöhte technische Voraussetzung des Werbeträgers erforderlich. So basieren transaktive Banner in der Regel auf Shockwave oder Java, die auch vom Werbeträger unterstützt werden müssen. Shockwave setzt auch ein Browser-Plugin (Zusatzmodul) beim Betrachter voraus. Java benötigt zwar kein zusätzliches Browser-Plugin, kann jedoch vom Betrachter deaktiviert werden. Durch diese Umstände kann die Erreichbarkeit der Zielgruppe nicht in jedem Fall gewährleistet werden.

Die drei folgenden Abbildungen verdeutlichen den Umfang der Interaktivität, den ein transaktives Banner bieten kann. Durch die Bewegung der Maus in verschiedene Bereiche des Banners werden unterschiedliche Informationen eingeblendet. Durch anklicken einzelner Felder innerhalb des Banners eröffnen sich weitere Auswahl- oder Kontaktmöglichkeiten (s. Abb. 4 – 6).

Abb. 4: Transactive-Banner – Element 1

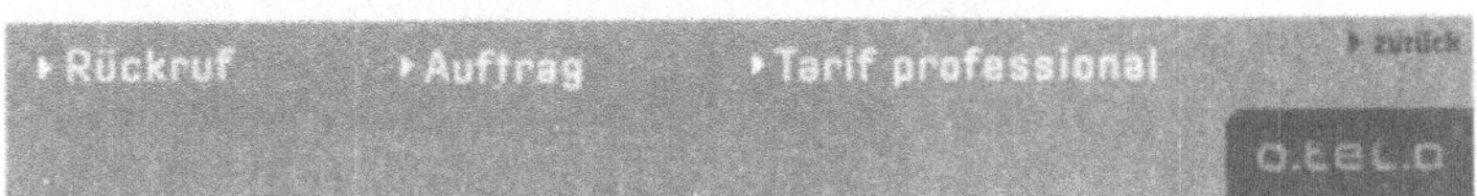

Abb. 5: Transactive-Banner – Element 2

Abb. 6: Transactive-Banner – Element 3

(Quelle: Werbeformen.de – URL: http://www.werbeformen.de)

1.3.4   HTML-Banner

Die HTML-Banner (HTML = Hypertext Markup Language) unterscheiden sich von den statischen und animierten Bannern, wie bereits die transaktiven Banner, durch den Einsatz einer Programmiersprache, in diesem Fall HTML. Da die einfachen HTML-Banner lediglich aus einer Reihe von HTML-Befehlen bestehen, die in den Quellcode des Werbeträgers integriert werden, sind in der Regel keine weiteren technischen Voraussetzungen des Werbeträgers oder Betrachters erforderlich.

HTML-Banner bieten durch die Vielzahl möglicher HTML-Befehle eine erweiterte Funktionalität. So können Bilder (statisch oder animiert) und Texte mit interaktiven Elementen wie Pull-Down Menüs, Auswahlboxen und Suchfeldern kombiniert werden. Auch der Einsatz weiterer Programmiersprachen, wie z.B. Javascript innerhalb des HTML-Quelltextes ermöglicht die Integration weiterer interaktiver Elemente (z.B. kleine Spiele).

Ein einfaches HTML-Banner zeigt bereits die Möglichkeiten, die sich durch den Einsatz unterschiedlicher Elemente (hier ein Pull-Down Menü) ergeben (s. Abb. 7 und 8).

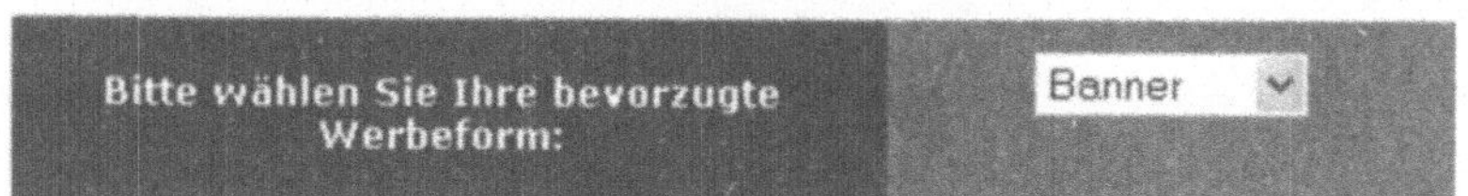

Abb. 7: HTML-Banner – Ansicht 1

Abb. 8: HTML-Banner – Ansicht 2

(Quelle: Werbeformen.de – URL: http://www.werbeformen.de)

1.3.5   Nanosite-Banner

Das Nanosite-Banner ist vom Aufbau her eine logische Weiterentwicklung des HTML-Banners. Innerhalb des Banners bzw. der Werbefläche wird eine komplette funktionsfähige Website eingeblendet. Inhaltlich sind dem Nanosite-Banner daher kaum Grenzen gesetzt. Beliebig viele Bereiche innerhalb des Banners können auf weitere Informationen verlinken, die wiederum innerhalb des Banners dargestellt werden (Parallele zu transaktiven Bannern). Es erfolgt also nicht grundsätzlich eine Verlinkung zu anderen Websites, die den Betrachter vom ursprünglichen Angebot wegführen.

Durch seine Funktionsweise können auch aufwendigere Lösungen, wie z.B. kleine Shops innerhalb des Nanosite-Banners präsentiert werden. Diese Shops können von der Artikelsuche bis zum Kauf alle Funktionen beinhalten. Durch die Komplexität der möglichen Funktionen und der zunehmenden Interaktivität steigt auch der programmiertechnische Aufwand zur Erstellung der Nanosite-Banner.

1.3.6 Fließende Grenzen der Funktionalität

Die Grenzen zwischen den verschiedenen Werbeformen sind zum Teil fließend. Während sich das statische Banner vom animierten Banner ganz eindeutig in seiner Funktionalität unterscheidet, ist die Grenze zwischen Nanosite-Bannern und HTML-Bannern auf der einen Seite bzw. transaktiven Banner auf der anderen Seite nicht mehr ganz so eindeutig. Funktionen und Elemente vermischen sich.

Grundsätzlich ist bei den verschiedenen Bannertypen zu beachten, dass die steigende Funktionalität und die Erhöhung der multimedialen Elemente zum einen höhere technische Voraussetzungen an den Werbeträger und auch an den Betrachter mit sich bringen, zum anderen erhöht sich die Speichergröße der Werbeform gemessen in Kilobyte (KB). Dieser Sachverhalt führt wiederum zu einer Beschränkung der maximalen Speichergröße durch die Werbeträger, da sich sonst die Ladezeit der Seiten deutlich erhöhen kann.

1.3.7   Übersicht: Werbeformen nach Funktionalität

Werbeform / Bezeichnung	Kurzbeschreibung	Kapitel
Statische Banner	Banner mit statischem Bild, Text oder Kombination aus Bild und Text.	1.3.1
Animierte Banner	Banner mit animierten Bildern, Texten oder Kombinationen aus Bildern und Texten.	1.3.2
Transaktive Banner	Banner mit erweiterter Funktionalität und Interaktivität durch den Einsatz von Shockwave oder Flash. Interaktives Banner mit hohem Informationsgehalt.	1.3.3
HTML-Banner	Banner mit erweiterter Funktionalität und Interaktivität durch den Einsatz von HTML.	1.3.4
Nanosite-Banner	Banner mit erweiterter Funktionalität und Interaktivität, das eine kpl. funktionsfähige Website beinhaltet.	1.3.5

Tab. 1: Übersicht Werbeformen nach Funktionalität

1.4 Das Banner – Differenzierung nach Software bzw. Programmiersprache

Dieses Kapitel gibt Aufschluss über die verschiedenen Bannertypen, die Ihre Bezeichnungen der zugrundeliegenden Software bzw. Programmiersprache verdanken. Diese Differenzierung ermöglicht jedoch keinen grundsätzlichen Rückschluss auf die Funktionalität oder das Format der Banner. Jedoch dienen die unterschiedlichen Softwarearten und Programmiersprachen im Wesentlichen einem Zweck, die erhöhte Aufmerksamkeit der Banner durch den Betrachter zu erreichen. Dies wird durch die Anreicherung der Banner mit zusätzlichen Medien-Elementen erreicht. Aus diesem Grund bezeichnet man die Kategorie dieser Banner auch als Rich Media Banner.

Rich Media Banner

Rich Media Banner ist lediglich eine Bezeichnung für eine Vielzahl weiterer Banner, die in verstärktem Maße auf visuelle und auditive Effekte setzen. Die eigentliche Basis für Rich Media Banner bildet das HTML-Banner. Da dem HTML jedoch gestalterische Grenzen gesetzt sind, entwickelten sich weitere Standards, die mehr Kreativität und mehr Effekte ermöglichen.

1.4.1 DHTML-Banner

Das DHTML-Banner (DHTML = Dynamic Hypertext Markup Language) ist eine direkte Weiterentwicklung des herkömmlichen HTML-Banner. DHTML beinhaltet zusätzliche Befehlselemente, die eine dynamischere Gestaltung ermöglichen, es handelt sich nicht im praktischen Sinne um eine neue Programmiersprache. Zu beachten ist, dass DHTML-Banner erst ab der vierten Browsergeneration dargestellt werden können. Eine hohe Reichweite ist daher nicht in jedem Fall gewährleistet.

1.4.2 Java-Banner

Java ist eine von der Firma SUN entwickelte Programmiersprache, die auf einer Art kleinem Programm bzw. Modul, dem Java-Applet basiert. Das Java-Applet wird nach Einbindung in den HTML-Quellcode einer Seite bei Bedarf vom Browser gestartet. Es benötigt dabei kein zusätzliches Browser-Plugin.

Mit Java lassen sich alle Medienelemente wie Graphik, Video und Audio integrieren (Rich Media Banner). Die zahlreichen Funktionen gewährleisten einen hohen Grad an Interaktivität.

Nachteilig kann sich auswirken, dass Java durch den Benutzer im Browser deaktiviert werden kann. Eine hundertprozentige Erreichbarkeit aller User ist daher nicht gewährleistet.

1.4.3   Flash-Banner

Flash ist ein von der Firma Macromedia entwickeltes Datenformat (und eine Software) für Vektor basierende Graphiken. Flash-Banner ermöglichen die Darstellung von fließenden Animationen und lassen sich durch den Einsatz von multimedialen Effekten oder Interaktionsfeldern (Rich Media Banner) zusätzlich anreichern.

Durch seine Vielseitigkeit hat sich Flash als Standardformat für die Gestaltung von vektorbasierenden Graphiken im Internet etabliert. (Dies gilt auch für die multimediale Gestaltung von Internetseiten.)

Zum Betrachten der Flash-Banner wird ein Browser-Plugin benötigt, der sog. Flash-Player. Bei neueren Browser-Versionen ist dieser Player zum Teil bereits integriert.

Auch beim Flash-Banner bleibt eine Unsicherheit bzgl. der Erreichbarkeit aller User im Internet.

1.4.4   Shockwave-Banner

Shockwave ist eine weitere Entwicklung der Firma Macromedia. Die entsprechende Software zur Erstellung von Shockwave-Bannern nennt sich Director (oder ausführlicher: Macromedias Director Shockwave Studio).

Die Shockwave-Banner bieten neben Animationen ebenfalls ein hohes Maß an Interaktivität und Multimedialität (Rich Media Banner). Der User braucht die Website des Werbenden für weitere Informationen nicht mehr zwangsläufig besuchen.

Das Betrachten der Shockwave-Banner ist nur mit einem entsprechenden Browser-Plugin möglich. Das Plugin ist kostenlos im Internet erhältlich und bisher nicht fester Bestandteil neuerer Browser-Generationen. Weitere Informationen zu Download und Installation des entsprechenden Plugins entnehmen Sie bitte der Macromedia Website (URL: http://www.macromedia.com).

1.4.5   Zusammenfassung zu den Bannertypen nach Software

Die verschiedenen Rich Media Banner können anhand Ihrer Erstellung in die verschiedenen Softwaretypen bzw. Programmiersprachen unterschieden werden:

- DHTML

- Java

- Flash

- Shockwave

Grundsätzlich ist die Erreichbarkeit aller User mit keinem der verschiedenen Rich Media Banner-Typen gewährleistet. Die erhöhten technischen Voraussetzungen an den Betrachter können die Zielgruppe bereits im Vorfeld verkleinern.

Mit welcher Software oder in welcher Programmiersprache ein Banner erstellt wurde lässt sich nicht immer eindeutig vom Betrachter bestimmen. Alle Banner haben den verstärkten Einsatz von visuellen und auditiven Effekten gemeinsam und ermöglichen ein erhöhtes Maß an Interaktivität.

Durch die verstärkte Integration von Multimediaanwendungen erhöht sich die Speichergröße der Werbebanner deutlich. Eine Darstellung kann daher noch zusätzlich durch die zur Verfügung stehende Bandbreite des Betrachters beeinträchtigt werden.

Während in diesem Kapitel mehr auf die technischen Grundlagen und Voraussetzungen eingegangen wurde, wird im nachfolgenden Kapitel die unterschiedliche Darstellungsweise (bzw. das Erscheinungsbild) von Bannern bzw. Rich Media Bannern beschrieben.

1.4.6   Übersicht: Werbeformen nach Software bzw. Programmiersprache

Werbeform / Bezeichnung	Kurzbeschreibung	Kapitel
DHTML-Banner	Erweitertes HTML Banner, das durch zusätzliche Befehlselemente den Einsatz von dynamischen Elementen ermöglicht.	1.4.1
Java-Banner	Auf Java-Applet basierende Banner, die einen hohen Grad an Interaktivität ermöglichen. Alle Medienelemente wie Audio, Video und Graphik lassen sich integrieren (Rich Media).	1.4.2
Flash-Banner	Im Flash Datenformat erstellte Banner für vektorbasierende Graphiken. Ermöglicht den Einsatz fließender Animationen und multimedialer Effekte (Rich Media).	1.4.3
Shockwave-Banner	Shockwave Banner basieren auf einer Software der Firma Macromedia. Sie ermöglichen den Einsatz multimedialer Effekte und verfügen über eine hohes Maß an Interaktivität (Rich Media).	1.4.4

Tab. 2: Übersicht Werbeformen nach Software bzw. Programmiersprache

1.5   Das Banner –   Differenzierung nach Bezeichnung bzw. Erscheinungsbild

Die beiden vorherigen Kapitel ordneten die verschiedenen Banner in Kategorien ein. Festgelegt wurden lediglich Funktionselemente bzw. Gattungsbegriffe, die keinen direkten Bezug zu einem konkreten Banner bzw. einer Bannerbezeichnung herstellen.

In diesem Kapitel werden die einzelnen Bannerbezeichnungen näher betrachtet. Anhand des Erscheinungsbildes lässt sich einem Banner oft eine eindeutige Bezeichnung zuordnen. Trotzdem sind die Banner ein und derselben Bezeichnung deshalb nicht alle identisch. Sie verfügen lediglich über ein herausragendes Kriterium, das sie eindeutig identifizierbar macht.

In der Regel sind die im Folgenden genannten Banner den Rich Media Bannern zuzuordnen. Sie weisen meist den verstärkten Einsatz von multimedialen Elementen auf. Doch ist dies keine Voraussetzung für die in diesem Kapitel genannten Banner. So kann z.B. ein PopUp Banner auch in der Form eines einfachen statischen Banners vorliegen. Der Betrachter wird die Unterschiede jedoch meist an den einzelnen Bannern erkennen.

Anzumerken ist auch, dass die Grenzen zwischen der klassischen Werbeform Banner und einzelnen Sonderwerbeformen fließend sind. Auch Banner können eine Sonderwerbeform darstellen. Letztlich ist es eine Frage der Standardisierung und Etablierung, ob eine Werbeform zu den Sonderwerbeformen zählt oder nicht. Ein PopUp Banner galt lange Zeit als Sonderwerbeform. Dies ist in sofern zutreffend, als dass die klassischen Banner in eine Website integriert sind (vgl. Kapitel 1.2). Beim PopUp Banner trifft dies nicht zu. Da sich PopUp Banner jedoch als Werbeform auf nahezu allen Werbeträgern etabliert haben, ist fraglich, ob die Bezeichnung als Sonderwerbeform noch zutreffend ist.

Abgrenzung: In diesem Kapitel werden die Werbeformen beschrieben, die sich noch als Banner definieren lassen. Banner ist in diesem Fall nicht gleichbedeutend mit der Bezeichnung klassisches Banner, es muss also nicht auf einer Website fest integriert sein. Die hier genannten Werbeformen stellen aus klassischer Sicht sogar zum überwiegenden Teil Sonderwerbeformen dar.

Durch die zahlreichen Animationseffekte lassen sich viele Banner nicht sinnvoll in einem Buch darstellen. Um Beispiele zu betrachten besuchen Sie bitte die Website von Adtech (URL: http://www.adtech.de) oder auch die bereits genannte Seite von Werbeformen.de (URL: http://www.werbeformen.de).

1.5.1   4to1 Banner

Das 4to1 Banner besteht beim Aufruf aus vier Teilen, die sich aus den vier Ecken des Browserfensters aufeinander zu bewegen. In der Mitte des Browserfensters fügen sie sich zu einem Banner zusammen Das vollständige Banner bewegt sich dann an den vorgesehenen Platz auf der Website, an dem es dann fest verankert bleibt.

Durch den Animationseffekt und die Bewegung über das vollständige Browserfenster erreicht das 4to1 Banner die volle Aufmerksamkeit des Betrachters.

1.5.2   Blend Banner

Das Blend Banner (englisch: to blend = einblenden) ist eine Art MouseOver Banner. In seiner ersten Erscheinungsform gleicht es in der Regel einem statischen Banner. Durch die Bewegung der Maus über das Banner, wird ein anderes Motiv eingeblendet.

Durch die plötzliche Veränderung des Banners wird die Aufmerksamkeit auf das Banner gelenkt. So wird die Aufmerksamkeit des Betrachters erreicht, auch wenn die Maus nur zufällig über das Banner bewegt wurde.

1.5.3   Bouncing Banner

Das Bouncing Banner (englisch: to bounce = springen, abprallen) bewegt sich innerhalb des Browserfensters scheinbar frei hin und her. Jeweils an den Seiten des Browsers prallt es ab und bewegt sich dann in eine andere Richtung, bis es schließlich an seinem vorgesehenen Platz auf der Website verbleibt.

Auch das Bouncing Banner erreicht durch seine Bewegung die volle Aufmerksamkeit des Betrachters. Hält die Bewegung jedoch zu lange an, kann das Banner leicht als störend empfunden werden. Das Banner verfügt in der Regel über einen kleinen Off-Button, mit dessen Hilfe das Banner ausgeblendet werden kann. Nur funktioniert dieser Button erst, wenn das Banner an seiner vorgesehenen Stelle angelangt ist.

1.5.4 Confetti und Explosion Banner

Das Confetti und das Explosion Banner sind von ihrem Erscheinungsbild nahezu identisch. Auch bei diesen Bannern handelt es sich um eine Art MouseOver Banner. Wird die Maus über das Banner bewegt, so fliegen einzelne kleine graphische Elemente in alle Richtungen des Browsers davon. Der Effekt beschränkt sich also nicht ausschließlich auf die Größe des Banners.

Die Unterschiede bei diesen Bannern ergeben sich lediglich aus der Verwendung unterschiedlicher graphischer Elemente, die einmal eine Explosion und ein anderes mal umher fliegendes Konfetti symbolisieren sollen. (Man könnte also auch einen neuen Flying-Fish Banner erfinden, bei dem viele kleine fliegende Fische den Bildschirm bevölkern, wenn die Maus über das Banner bewegt wird. ☺ Macht doch Sinn, wenn Sie für ein Fischfachgeschäft Werbung machen wollen – oder? Ihrer Kreativität sind also keine Grenzen gesetzt! Bitte verstehen Sie das nicht als Kritik an den beiden hier genannten Bannern. Nur stellt sich doch die Frage, ob die Werbewirtschaft tatsächlich für jeden neuen Effekt in einem Banner auch eine neue eigenständige Bezeichnung benötigt.)

Auch diese Banner profitieren von einer erhöhten Aufmerksamkeit des Betrachters, wenn dieser versehentlich die Maus über das Banner bewegt.

1.5.5 Curtain Banner

Das Curtain Banner (englisch: curtain = Vorhang, Gardine) rollt sich beim Aufruf automatisch von oben nach unten wie eine Jalousie aus bzw. wird von oben in die Website eingeschoben. Ggf. verfügt das Banner über einen Funktionsbutton, bei dessen Betätigung das Banner ein- oder ausgeblendet werden kann. Durch die Bewegung erreicht das Curtain Banner die erhöhte Aufmerksamkeit des Betrachters.

1.5.6 Expanding Banner

Auch das Expanding Banner (englisch: expanding = sich ausdehnend, sich erweiternd) gehört in die Klasse der MouseOver Banner. Wird die Maus über den Banner bewegt, so entfaltet das Banner seine volle Größe und klappt in der Regel bei gleichbleibender Breite nach unten (auf maximal die vierfache Größe) auf.

Wird die Maus wieder von dem Banner wegbewegt, so klappt das Banner wieder auf seine ursprüngliche Größe zusammen.

Das Expanding Banner kann zum einen von dem Effekt der Vergrößerung an sich profitieren, da dies die Aufmerksamkeit des Betrachters in Anspruch nimmt. Zum anderen steht durch die Vergrößerung auch eine viel größere Werbefläche zur Verfügung, was den Werbeeffekt deutlich steigern kann.

1.5.7   Fake Banner

Das Fake Banner (englisch: fake = Fälschung) ist keine eigenständige Bannerform. Es wird in der Regel als statisches oder animiertes Banner erstellt und von der Erscheinung oft einer System-Fehlermeldung nachempfunden, um die Klickrate zu erhöhen.

1.5.8   Flying Banner

Das Flying Banner (englisch: flying = fliegend) ist mit dem Bouncing Banner verwandt. Er fliegt einmal quer durch das Browserfenster um sich dann an seinem vorgesehenen Platz in die Website einzufügen.

Durch die Bewegung des Banners durch das Browserfenster wird die volle Aufmerksamkeit des Betrachters erreicht. Da sich das Banner dann direkt an den vorgesehenen Platz in die Website einfügt, kann es nicht so schnell als störend empfunden werden. Der Betrachter wird nicht unnötig lange von dem eigentlichen Zweck seines Besuches auf der Website abgehalten.

1.5.9   MouseMove Banner

Das MouseMove Banner (englisch: to move = bewegen) erscheint als kleines Banner neben dem Mauszeiger. Es folgt jeder Mausbewegung auf der Website und verschwindet in der Regel, wenn die Maus einige Sekunden nicht bewegt wird. Bei erneuter Bewegung der Maus erscheint das Banner sofort wieder.

Eine hohe Aufmerksamkeit des MouseMove Banners ist sichergestellt, da die Maus im Internet nahezu ununterbrochen im Einsatz ist. Als negativer Effekt kann sich das ununterbrochene Verfolgen der Maus bemerkbar machen, wenn der User in Ruhe eine Website durchsurfen möchte. Die negative oder störende Empfindung kann dann auf die Website und das werbende Unternehmen übertragen werden.

1.5.10   MouseOver Banner

Die MouseOver Banner (englisch: over = über, herüber) gibt es in vielen verschiedenen Erscheinungsformen. Sie haben alle eine Funktion gemeinsam, denn das Erscheinungsbild des Banners ändert sich in irgendeiner Form, wenn die Maus zufällig oder mit Absicht über das Banner bewegt wird.

Zweck und Effekt der MouseOver Banner ist es, die erhöhte Aufmerksamkeit des Betrachters zu erreichen.

Beispiele für MouseOver Banner: Blend Banner, Confetti und Explosion Banner, Expanding Banner.

1.5.11   Multiple Link Banner

Das Multiple Link Banner (englisch: multiple = mehrfach, vielfach) besteht aus mehreren einzelnen Bildelementen, die einzeln mit unterschiedlichen Zielen bzw. Websites verknüpft sind.

Dieses Banner verfügt über keine besonderen Merkmale im Erscheinungsbild, die es gegenüber anderen Bannern deutlich abhebt. Der Vorteil ergibt sich aus dem „zwei- oder mehrere in einem Effekt".

1.5.12   PopUnder Banner

Das PopUnder Banner (englisch: under = darunter) ist eine modifizierte Form des PopUp Banners. Die Werbebotschaft wird in einem eigenständigen Fenster im Hintergrund (hinter dem aktiven Browserfenster) geladen. Sichtbar wird das Werbefenster erst, wenn das Browserfenster geschlossen wird oder durch das aktive anklicken in der Taskleiste.

Die Werbebotschaft in einem PopUnder Fenster erlangt in der Regel die erhöhte Aufmerksamkeit des Betrachters. Da es sich um ein eigenständiges Browserfenster handelt, lenken keine anderen Inhalte in demselben von der Werbebotschaft ab. Jedoch kann das Fenster auch ohne nähere Betrachtung geschlossen werden.

1.5.13   PopUp Banner

Beim PopUp Banner (englisch: up = auf, oben) wird eine Werbebotschaft beim Aufrufen einer Website in einem eigenständigen Browserfenster vor der eigentlichen Website eingeblendet.

Um die eigentlichen Inhalte der aufgesuchten Website zu betrachten, führt kein Weg an diesem Banner vorbei. Daher ist dem PopUp die volle Aufmerksamkeit des Betrachters gewiss. Jedoch kann dieser das zusätzliche Fenster auch als störend empfinden. In diesem Fall kann der negative Eindruck auf die Website oder das werbende Unternehmen übertragen werden.

Auch besteht die Möglichkeit das Fenster zu schließen, bevor die Werbebotschaft vollständig angezeigt wurde.

Das PopUp Banner ist eine der beliebtesten Werbeformen und hat sich im Internet weitestgehend etabliert. Der dezente Einsatz dieser Werbeform wird nahezu auf allen Websites und von allen Usern akzeptiert.

Bei unseriösen Websites (insbesondere im Erotik, Hardcore und Underground Bereich) ist es jedoch noch immer üblich, eine Vielzahl zusätzlicher Fenstern beim Betreten und Verlassen der Website zu öffnen. Das kann durch die Vervielfachung des Effektes der neu geöffneten Fenster soweit führen, dass der User den Internetzugang abwählen muss, bevor er den vielen Fenstern Einhalt gebieten kann. Im schlimmsten Fall kann es auch zu einer Überlastung des Betriebssystems und damit verbunden zu einem Systemabsturz kommen.

1.5.14   Real-Time Banner

Real-Time Banner (englisch: real-time = Echtzeit) enthalten dynamische Informationen, die in regelmäßigen Abständen aktualisiert werden. So ist zur Bewerbung neuer Informationen oder Angebote kein neues Banner erforderlich, lediglich die Quelle der Informationen wird aktualisiert.

Entsprechend seiner Funktion findet das Real-Time Banner in den Bereichen Anwendung, bei denen es auf aktuellste Informationen ankommt und ein schnelles Handeln erforderlich ist. Traditionell sind das z.B. die Bereiche der Börsen- und Finanzinformationen (z.B. Aktienkurse), Last-Minute Reisen, Wetterberichte oder auch Online-Auktionen.

1.5.15   Rotation Banner

In einem Rotation Banner (englisch: rotation = Drehbewegung) werden verschiedene Motive (in voller Bannergröße) in einer fließenden Bewegung nacheinander eingeblendet. Die einzelnen Motive können mit unterschiedlichen Seiten verlinkt werden.

Es besteht eine starke Ähnlichkeit zum animierten Banner. Die wesentliche Neuerung ist die Fließbewegung, die das Banner nie zum Stillstand kommen lässt. Dementsprechend zieht das Banner auch das Auge des Betrachters ununterbrochen auf sich. Wie bereits mehrfach erwähnt, erhöht eine auffällige Animation zwar die Aufmerksamkeit des Betrachters, kann jedoch auch als störend empfunden werden.

1.5.16   Rumble Banner

Das Rumble Banner (englisch: to rumble = poltern, rumpeln) gehört zu der Kategorie der MouseOver Banner. Bewegt der User die Maus zufällig oder mit Absicht über das Banner, so beginnt die Website bzw. das Browserfenster zu wackeln.

Durch das Wackeln wird unmittelbar die volle Aufmerksamkeit des Users auf die Werbebotschaft gelenkt. Selbst wenn die Maus nur zufällig über das Banner bewegt wurde ist die erlangte Aufmerksamkeit durch das Wackeln enorm groß. Zudem wird der User versuchen die Ursache des Wackelns zu ergründen und die Maus mehrmals über das Banner bewegen und infolge dessen die Werbebotschaft mehrfach betrachten.

1.5.17   Scratchy Banner

Die Scratchy Banner (englisch: to scratch = kratzen) bestehen aus zwei Hälften. Eine Hälfte ist grau und die andere besteht in der Regel aus einer animierten Bilddatei. Die sichtbare Hälfte fordert zum Freikratzen oder Freirubbeln der grauen Fläche auf. Durch das Hin- und Herbewegen der Maus auf der grauen Fläche wird die volle Werbefläche sichtbar.

Diese Bannerform setzt auf den Spieltrieb bzw. die Neugier des Betrachters. Durch das Freikratzen setzt sich der Betrachter aktiv mit der Werbung auseinander. Das Ziel einer erhöhten Aufmerksamkeit ist erreicht, ohne dabei den User in seinem normalen Surfverhalten zu beeinträchtigen.

1.5.18   Screenflyer

Der Screenflyer bezeichnet ein Banner oder Element, das sich innerhalb der Website bzw. des Browserfensters frei bewegt. Er hat eine starke Ähnlichkeit zum Flying Banner (vgl. Kap. 1.5.8), muss sich jedoch nicht zwangsläufig an einen vorher festgelegten Platz bewegen und dort „verankern". So ist es z.B. auch möglich, dass sich bestimmte Elemente über den Bildschirm bewegen um lediglich auf bereits eingebundene Werbeformen hinzuweisen.

1.5.19   Skyscraper / Bill Board Banner

Der Skyscraper (englisch: skyscraper = Wolkenkratzer), auch Bill Board Banner genannt (englisch: billboard = Plakattafel, Plakatwand) ist nichts anderes als ein sehr großes hochformatiges Werbebanner. Es wird aber trotzdem oft zu den Sonderformen gezählt, wohl wegen seiner besonderen Größe. Oft werden diese Werbebanner am rechten Rand der Website eingebunden.

Durch die herausragende Größe hat der Skyscraper viel Platz für die Werbebotschaft und erlangt eine sehr hohe Aufmerksamkeit.

1.5.20   SMS-Banner

Das SMS-Banner ist eine Kombination aus Werbebotschaft und der Möglichkeit eine kostenlose SMS zu versenden. Ist die SMS abgeschickt worden, so wird der User in der Regel auf die Website des Werbenden weitergeleitet.

Im Vordergrund steht für den User der Nutzen des Banners durch den Versand einer kostenlosen SMS. Mit dem Versand erfolgt der Klick auf das Banner und infolge dessen der Besuch auf der Website des Werbenden. Die Klickrate wird in der Regel überdurchschnittlich hoch sein. Da die User jedoch in erster Linie an dem Versand der SMS interessiert sind, werden sie in den meisten Fällen die Website des Werbenden auch wieder schnell verlassen, wenn sie sich nicht unmittelbar von den dortigen Inhalten angesprochen fühlen.

1.5.21   Sound Banner / Audio Banner

Sound Banner (englisch: sound = Klang, Ton, Geräusch) sind im Grunde keine eigenständige Bannerform. Es handelt sich hierbei lediglich um Banner, die mit einer Klang-Datei verknüpft sind. Beim Aufruf des Banners wird die Klang-Datei abgespielt und versucht so die Aufmerksamkeit des Betrachters auf sich zu lenken. Jedoch ist für den Betrachter nicht unbedingt ersichtlich, welches Element der Website den Klang erzeugt.

Da heute nahezu jeder Computer mit Internetzugang auch Klang-Dateien abspielen kann, ist die Zielgruppe nicht eingeschränkt.

In der Regel werden die Klang-Dateien im Midi- oder Wave-Format integriert, da diese von den gängigen Browsern direkt abgespielt werden können.

1.5.22   Sticky Banner, Sticky Ad oder Scroll Ad

Sticky Banner (englisch: sticky = klebrig) bleiben immer im Sichtfeld des Besuchers einer Website, auch wenn die Seite scrollbar ist. Wird die Seite vom Betrachter weiter gescrollt, so wandert das Banner im Fenster mit. Die Eigenschaft des Banners kommt dementsprechend auch nur zur Geltung, wenn es auf einer scrollbaren Seite integriert wird und der Betrachter davon Gebrauch macht.

Bei der Einbindung des Banners ist darauf zu achten, dass keine Inhalte der Website überlagert werden, da sonst die Wahrnehmung dieser beeinträchtigt wird. Ein Störempfinden des Betrachters wäre die Folge. Empfehlenswert sind dementsprechend schmale Banner, die in einem freien Bereich am Browserrand eingebunden werden. So können sie ungestört ihre Wirkung entfalten.

1.5.23   Video Banner / Streaming Video Ad

Video Banner sind wie Sound Banner im Grunde keine eigenständige Bannerform. Es handelt sich hierbei um eine beliebige Bannerform, die mit einer Videosequenz kombiniert wird.

Durch die Auslieferung des Banners über einen AdServer, wird die Videosequenz interaktiv „gemacht" bzw. verlinkt.

Durch das Abspielen der Videosequenz wird noch stärker als bei einer einfachen Animation die Aufmerksamkeit des Betrachters erreicht. Jedoch sind für das Abspielen in der Regel weitere technische Voraussetzungen auf Seite des Betrachters zu erfüllen. So kann die Installation einer speziellen Software (z.B. Real Media Player oder Windows Media Player) erforderlich sein, was die Zielgruppe einschränken kann.

1.5.24   Übersicht: Werbeformen nach Bezeichnung / Erscheinungsbild

Werbeform / Bezeichnung	Kurzbeschreibung	Kapitel
4to1 Banner	Viergeteilte Banner, die sich zu einem zusammenfügen.	1.5.1
Audio Banner	Mit Klang-Dateien verknüpfte Banner	1.5.21
Bill Board Banner	Großes hochformatiges Banner.	1.5.19
Blend Banner	MouseOver Banner: Der Effekt ist ein Motivwechsels.	1.5.2
Bouncing Banner	Sich bewegende Banner, die an den Browserseiten abprallen.	1.5.3
Confetti Banner	MouseOver Banner: Der Effekt ist fliegendes Konfetti.	1.5.4
Curtain Banner	Banner, das sich wie eine Jalousie von oben nach unten ausrollt.	1.5.5
Expanding Banner	MouseOver Banner: Der Effekt ist eine Vergrößerung des Banners.	1.5.6
Explosion Banner	MouseOver Banner: Der Effekt ist eine simulierte Explosion.	1.5.4
Fake Banner	Banner mit gefälschter Systemfehlermeldung	1.5.7
Flying Banner	Banner fliegt über das Browserfenster an seinen Bestimmungsort.	1.5.8
MouseMove Banner	Neben dem Mauszeiger erscheinendes und dessen Bewegung folgendes Banner.	1.5.9
MouseOver Banner	Bei Mausbewegungen über das Banner verändert sich dessen Erscheinungsbild.	1.5.10
Multiple Link Banner	Banner mit mehreren Bildelementen und unterschiedlichen Links.	1.5.11

Werbeform / Bezeichnung	Kurzbeschreibung	Kapitel
PopUnder Banner	Banner wird in eigenständigem Fenster hinter dem aktiven Browserfenster geladen.	1.5.12
PopUp Banner	Banner wird in eigenständigem Fenster vor dem aktiven Browserfenster geladen.	1.5.13
Real-Time Banner	Banner enthält dynamische Informationen, die regelmäßig aktualisiert werden.	1.5.14
Rotation Banner	Verschiedene Motive werden durch fließende Bewegung nacheinander eingeblendet.	1.5.15
Rumble Banner	MouseOver Banner: Der Effekt ist ein Wackeln des Browserfensters.	1.5.16
Scratchy Banner	Banner, das zum Teil durch Mausbewegung frei gekratzt werden kann.	1.5.17
Screenflyer	Sich innerhalb des Browserfensters frei bewegendes Banner oder Element.	1.5.18
Skyscraper	Großes hochformatiges Banner.	1.5.19
SMS-Banner	Banner mit Versandmöglichkeit für SMS.	1.5.20
Sound Banner	Mit Klang-Dateien verknüpfte Banner.	1.5.21
Sticky Banner / Sticky oder Scroll Ad	Banner, die auch beim Scrollen einer Website immer im Sichtfeld des Betrachters bleiben.	1.5.22
Video Banner / Streaming Video Ad	Mit einer Videosequenz kombinierte Banner.	1.5.23

Tab. 3: Übersicht Werbeformen nach Bezeichnung bzw. Erscheinungsbild

1.6   Sonderwerbeformen

Wie bereits erwähnt, sind die Grenzen zwischen Bannerwerbung und Sonderwerbeformen fließend. Viele der im vorherigen Kapitel genannten Werbeformen lassen sich auch als Sonderwerbeformen bezeichnen.

In diesem Kapitel werden Werbeformen beschrieben, die einen grundlegend neuen Charakter aufweisen. Sie unterscheiden sich eindeutig von den anderen Werbeformen und verfügen nur noch über sehr wenig oder gar keine Gemeinsamkeit mehr mit einem Banner.

Und doch weisen einige der in diesem Kapitel genannten Werbeformen Parallelen zu bereits vorher erklärten Werbeformen auf. Bei den entsprechenden Werbeformen wird auf die ggf. vorhandenen Gemeinsamkeiten hingewiesen.

Abgrenzung: In diesem Kapitel werden Werbeformen beschrieben, die in einem direkten Zusammenhang mit dem Besuch einer Website als Werbeträger stehen. Das bedeutet jedoch nicht, dass die Werbeform auf der Website integriert sein muss. Von Bedeutung ist vielmehr ein für den Betrachter noch unmittelbar erkennbarer Zusammenhang zwischen dem Besuch einer Website und einem Werbemittelkontakt. Dieser Zusammenhang ergibt sich für den Betrachter in der Regel aus der engen zeitlichen Abfolge von Aufruf einer Website oder Anklicken eines Links und einer Werbemitteleinblendung. Weiteres Kriterium zur Abgrenzung ist die Dominanz der Werbebotschaft. So werden in diesem Kapitel (wie auch in den vorherigen) nur Werbeformen beschrieben, bei denen die Werbebotschaft oder auch ein Branding-Effekt im Vordergrund steht. Werbeformen die für sich genommen dem User schon einen Zusatznutzen bescheren (z.B. Gewinnspiele, Screensaver), werden erst im nachfolgenden Kapitel beschrieben.

1.6.1   Cobranded Site

Bei der Cobranded Site wird die Website der Werbeträger im Look & Feel (engl. look = das Aussehen; to feel = empfinden) des Werbenden präsentiert. Das bedeutet eine visuelle Anpassung der Website, bis diese dasselbe Erscheinungsbild aufweist, wie die Website des Werbenden. In der Regel wird dies durch die Anpassung der Farben und Logos erreicht. Natürlich behält der Werbeträger seine ursprüngliche Struktur und Funktionalität.

Wie der Name bereits erahnen lässt, wird mit dieser Werbeform eine Steigerung der Markenbekanntheit angestrebt (englisch: brand = die Marke). Der Klick auf ein Banner zur werbenden Site ist ein eher untergeordnetes Ziel.

1.6.2 Comet Cursor / Logo Cursor

Die Rich Media Anwendung Comet Cursor verändert das Aussehen bzw. die Form des Mauszeigers (Cursors) innerhalb einer Website bei einer Bewegung über eine Werbefläche. Das aktuelle Aussehen wird jeweils an die entsprechende Werbekampagne angepasst und schafft dadurch eine interaktive Verbindung zwischen dem beworbenen Produkt oder der Marke und dem User.

Beispiel: Der Cursor kann bei einer Bewegung über die Werbefläche die Form des beworbenen Produktes oder das Logo des werbenden Unternehmens annehmen.

Der Einsatz dieser Technologie setzt auf Seiten des Betrachters den einmaligen Download eines Mini-Programms (eine Art Browser-Plugin) voraus. Erst nach diesem Download kann der Cursor die entsprechenden Werbeinformationen durch die Veränderung seiner Form übermitteln.

Durch die individuelle Anpassung des Cursors an jede einzelne Werbekampagne kann die Aufmerksamkeit des Betrachters deutlich gesteigert werden und höhere Klickraten erzielt werden.

→ Zum Vergleich siehe auch Kapitel 1.5.9 MouseMove Banner und Kapitel 1.5.10 MouseOver Banner.

1.6.3 Download Wallpaper

Beim Download Wallpaper handelt es sich von seiner Funktion und Form um ein Interstitial (vgl. Kap. 1.6.6). Es wird jedoch nicht bei einem Seitenaufruf eingeblendet sondern beim Start eines Download-Vorgangs. Daher ist diese Werbeform auch nur für Websites von Interesse, die auf Ihren Seiten Dateien oder Inhalte irgendeiner Art zum Download anbieten.

Wird der Download-Vorgang gestartet, so öffnet sich ein ganzseitiges Werbefenster, das erst nach Beenden des Ladevorgangs wieder automatisch geschlossen wird.

Insbesondere für Websites mit zahlreichen Download Möglichkeiten ist diese Werbeform interessant. Einige Programme oder

Spiele werden im Internet innerhalb weniger Wochen millionenfach herunter geladen. Da diese Downloads in der Regel kostenlos angeboten werden, dürften die meisten User eine Werbung billigen.

Nachteilig kann sich das Werbefenster jedoch auf die Downloadgeschwindigkeit des Users auswirken. Verfügt der Betrachter über keine hohe Bandbreite, wird er es vorziehen das Werbefenster zu schließen. Es raubt ihm Zeit und kann ggf. auch höhere Kosten verursachen.

Durch seine Größe erreicht das Download Wallpaper die volle Aufmerksamkeit des Betrachters.

→ Zum Vergleich siehe auch Kapitel 1.6.6 Interstitial.

1.6.4   Dynamate (Dynamites)

Dynamate ist eine Werbeform, die nicht an einem festen Platz auf der Website eingebunden wird. Sie ist unabhängig von allen übrigen Bestandteilen einer Website und kann sich beispielsweise in Form eines animierten Autos oder einer laufenden Person durch das Browserfenster bewegen. Nach Übermittlung der Werbebotschaft verschwindet Dynamate in der Regel wieder vom Bildschirm. Der Zeitpunkt der Einblendung ist variabel und erfolgt in der Regel nicht unmittelbar mit dem Aufruf der Website, sondern zu einem späteren Zeitpunkt.

Kombiniert mit einem eigenen Sound (z.B. Fahr- oder Laufgeräusch) profitiert diese Werbeform von einem sehr starken Überraschungseffekt. Die für sich schon starke Wirkung durch das plötzliche Erscheinen wird durch den Sound noch verstärkt.

Für den Betreiber einer Website ist Dynamate interessant, da keine Bereiche auf der Website für diese Werbung freigehalten werden müssen.

Der Werbende profitiert von der Flexibilität und Lebendigkeit des Dynamates und der dadurch erreichten hohen Aufmerksamkeit des Betrachters. Dynamate kann ab Microsoft Internet Explorer 4.0 und Netscape Navigator 4.0 dargestellt werden.

Die nachfolgenden drei Abbildungen zeigen Ausschnitte aus einer Dynamate Werbung (vgl. Abb. 9 – 11).

Das Dynamate tritt in Erscheinung. Eine Person betritt von rechts das Browserfenster, begleitet von Türen- und Laufgeräusch (s. Abb. 9).

Abb. 9: Dynamate – Ausschnitt 1

Die Person wendet sich dem User zu und übermittelt akustisch eine Werbebotschaft (s. Abb. 10).

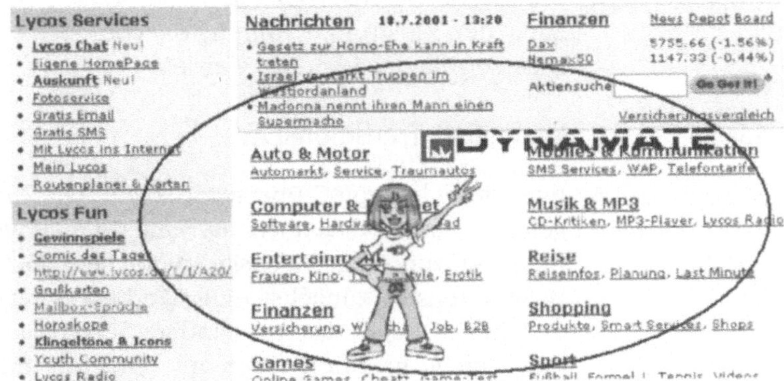

Abb. 10: Dynamate – Ausschnitt 2

Die Person verlässt das Browserfenster nach links (s. Abb. 11).

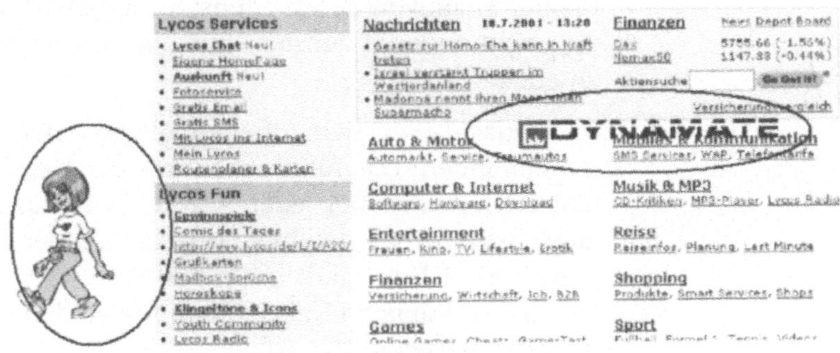

Abb. 11: Dynamate – Ausschnitt 3

(Quelle: ad2net.de – URL: http://www.ad2net.de)

1.6.5   E-Mercials

E-Mercials sind Werbespots, die den gesamten Bildschirm ausfüllen. Sie haben starke Ähnlichkeit mit einem Interstitial (vgl. Kap. 1.6.6), werden jedoch nicht überraschend eingeblendet. Zusätzlich verfügen E-Mercials auch noch über eine dynamische Ausgangsseite. Auf dieser werden interaktive Logos des Werbenden präsentiert.

Durch die Kombination von Animation, Sound und Video kann das gesamte Leistungsspektrum des Internets genutzt werden. Eine hohe Aufmerksamkeit des Betrachters ist auch durch die Größe des Werbespots gewährleistet.

E-Mercials vereinen die Vorteile von TV (Sound und Video) und Internet (Interaktivität). Sie nutzen neueste Technologien wie beispielsweise Macromedia Flash. Das kann zu einer Eingrenzung der Zielgruppe führen, da vom Betrachter entsprechende Browser-Plugins benötigt werden.

1.6.6   Interstitial / Transitional Ad

Interstitial bedeutet übersetzt soviel wie „in Zwischenräumen gelegen" und wird auch als Unterbrecherwerbung bezeichnet. Beim Aufruf einer Website wird dem Betrachter im aktiven Browserfenster zunächst eine Werbebotschaft präsentiert. Diese füllt in der Regel das vollständige Fenster aus, so dass die Werbung nicht in Konkurrenz mit anderen Inhalten der Website steht. Nach wenigen Sekunden oder Anklicken der Werbung gelangt der Betrachter zur gewünschten Website.

Diese Werbeform hat starke Ähnlichkeit mit einem TV-Spot, da sie nicht direkt umgangen werden kann. Der User müsste mit mehreren aktiven Browserfenstern arbeiten und per Multitasking zu einem anderen Fenster springen, um sich der Werbebotschaft zu entziehen.

Interstitials lassen sich auf einer Website zwischen allen Unterseiten einbinden. Das führt dazu, dass der User bei jedem Klick auf einen Link bzw. bei jeder Anforderung einer neuen Unterseite zunächst eine Werbeinblendung hinnehmen muss. Ob der User gewillt ist sich so stark in seinem Surfverhalten einschränken zu lassen, ist fraglich. Das Störempfinden kann dementsprechend über die Maßen groß ausfallen.

Für den Werbetreibenden ist die Werbung in Form eines Interstitials zunächst nur von Vorteil. Er genießt die volle Aufmerksamkeit des Betrachters, da dieser die angeforderte Website erwartet. Grundsätzlich kann ein Störempfinden natürlich auch auf das werbende Unternehmen übertragen werden.

Der Werbeträger vermindert durch die häufige Einblendung der Interstitials jedoch die Attraktivität seiner Website. Die häufige Unterbrechung des Users in seinem Surfverhalten kann sich nachteilig auswirken.

Auch ist zu beachten, dass Interstitials durch ihr großes Format mehr Speicher benötigen. Die Ladezeiten und damit verbundene Wartezeiten können ebenfalls negativ empfunden werden.

Modifikation   Als Modifikation des Interstitials öffnet sich beim Aufruf einer Website im Vordergrund ein zusätzliches Fenster, in dem die Werbebotschaft präsentiert wird. Im Extremfall füllt dieses Fenster den gesamten Bildschirm aus.

In dieser Form hat das Interstitial·Ähnlichkeit mit einem überdimensionalen PopUp Banner. Es erfordert durch seine Größe die volle Aufmerksamkeit des Betrachters, kann jedoch auch vorzeitig geschlossen werden.

→ Zum Vergleich siehe auch Kapitel 1.6.14 Superstitial.

1.6.7   Keyword Targeting

Beim Keyword Targeting (englisch: keyword = Schlagwort; englisch: targeting = zielend) wird eine Werbung (in der Regel Standardbanner oder Textlinks) an bestimmte Suchbegriffe gekoppelt. Voraussetzung für das Keyword Targeting ist eine Suchoption auf der Website. Wird ein Suchbegriff (Keyword) abgefragt, an den eine Werbung gekoppelt ist, so wird dem User anschließend die entsprechende Werbung (zusammen mit den Suchergebnissen) angezeigt.

In dieser einfachen Form ist für den Betrachter nicht ersichtlich, dass er Werbung präsentiert bekommt, die an seinen Suchbegriff gekoppelt wurde. Da in der Regel auf jeder Seite (also auch auf der Seite mit den Suchergebnissen) Werbung geschaltet ist, weiß der Betrachter nicht ob es sich dabei um gezielte oder allgemeine Werbung handelt.

Klassische Beispiele für Websites, die das Keyword Targeting nutzen sind die herkömmlichen Internet-Suchmaschinen (z.B. Google, MSN, Lycos). Zahlreiche Unternehmen werben bei diesen gezielt für Ihre Zielgruppe, indem sie Ihre Werbung an bestimmte Suchbegriffe koppeln.

Viele Suchmaschinen blenden heute nicht mehr (ausschließlich) offensichtliche Werbung ein, sondern präsentieren Keyword gesteuerte Suchergebnisse als sog. Sponsored-Links. Diese als Suchergebnis getarnte Werbung wird vor allen anderen Suchergebnissen präsentiert und durch einen kleinen Hinweis (z.B. Sponsoren Link) als solche kenntlich gemacht.

Bei einer Koppelung von „Suchergebnissen" bzw. Sponsored-Links an einzelne Begriffe ist auf den tatsächlichen inhaltlichen Zusammenhang zwischen Suchbegriff und Link zu achten. Durch die schlichtere und nicht so offensichtlich als Werbung wahrzunehmende Erscheinung könnte sich der Sucher irregeführt fühlen und dadurch die Seriosität der Website anzweifeln. Erfahrene User erkennen in der Regel jedoch die zahlreichen Sponsored-Links und scrollen direkt zu den „tatsächlichen" Suchergebnissen.

1.6.8   Microsite

Bei der Microsite wird eine kleine Website zwischen die ursprüngliche Werbung und die Website des Werbenden geschaltet. Klickt der Besucher z.B. auf ein Werbebanner, so gelangt er zunächst auf diese Zwischenseite, die einen Bezug zwischen dem Banner bzw. der ursprünglichen Website und der Website des Werbenden herstellen soll. Daher wird die Microsite in der Regel auch im Look & Feel der ursprünglichen Website gehalten, die Inhalte sind jedoch die des Werbekunden.

1.6.9   Printing Ad

Ein Printing Ad (englisch: to print = ausdrucken) verfügt in der Regel über ein kleines Druckersymbol. Durch einen Klick auf dieses Symbol können Informationen zu einem (im Banner beworbenen) Produkt, Angebot etc. ausgedruckt werden. Auch in dieser Werbeform ist noch ein regulärer Link integriert, der den Betrachter zur Website des Werbenden weiterleiten kann.

Der Vorteil eines Printing Ad liegt in der Verfügbarkeit von zusätzlichen Informationen, ohne dass die aktuelle Website verlassen werden muss. Der Betrachter hat die Wahl zwischen einem Besuch der Website und Informationen direkt auszudrucken.

Die Funktion eines Printing Ad ist nur mit einem Flash5-Plugin (Flash5 = Flash Version 5) gewährleistet.

Durch die mehrfache Verlinkung innerhalb der Werbeform, weist das Printing Ad eine gewisse Ähnlichkeit mit dem Multiple Link Banner auf (siehe Kapitel 1.5.10).

Abb. 12: Printing Ad

(Quelle: Ad2Net – http://www.ad2net.de)

1.6.10 Redaktionelle Integration

Bei dieser Werbeform wird eine Werbung im Look & Feel des Werbeträgers in das redaktionelles Angebot eingebunden. Look & Feel bedeutet, dass sich die Werbung von seiner Erscheinung und der Wahrnehmung des Betrachters nicht vom Inhalt der Website unterscheidet. So verfügt diese Werbeform in der Regel über Bild und Text, wenn die anderen redaktionellen Inhalte einer Website ebenfalls so ausgelegt sind. Durch einen Klick auf das verlinkte Bild (oder einen weiterführenden Link) gelangt der User direkt zur Website des werbenden Unternehmens.

Wichtig ist bei der redaktionellen Integration das dezente Erscheinungsbild. Dadurch wird die Werbung vom Betrachter nicht als störend empfunden und kann sehr hohe Klickraten erreichen.

Im Vordergrund steht der informative Charakter der Werbung, bzw. erscheint dies dem Betrachter so. Die Werbung wird daher nicht unmittelbar als solche wahrgenommen. Darin liegt letztlich auch die Kunst dieser Werbeform, die Inhalte so zu gestalten, dass sie genauestens auf die Werbung abgestimmt sind und noch eindeutigen Informationscharakter aufweisen.

1.6.11 Shaped Ad

Ein Shaped Ad (englisch: to shape = formen, modellieren) ist eine Art umgeformtes oder ausgeschnittenes PopUp Banner, gehört jedoch zu der Kategorie der DHTML Banner. Beim Aufruf legt sich das Shaped Ad vor die aufgerufene Website (s. Abb. 10).

Der Gestaltung sind durch die Mischung von DHTML und Flash nahezu keine Grenzen gesetzt. So können unter anderem Graphiken, Sounds und Videos innerhalb des Shaped Ad eingesetzt werden. Auch Interaktionen des Betrachters, z.B. durch Auswahl verschiedener Aktionen, sind generell möglich.

Shaped Ads setzen den Microsoft Internet Explorer mit einem Flash5-Plugin beim Betrachter voraus.

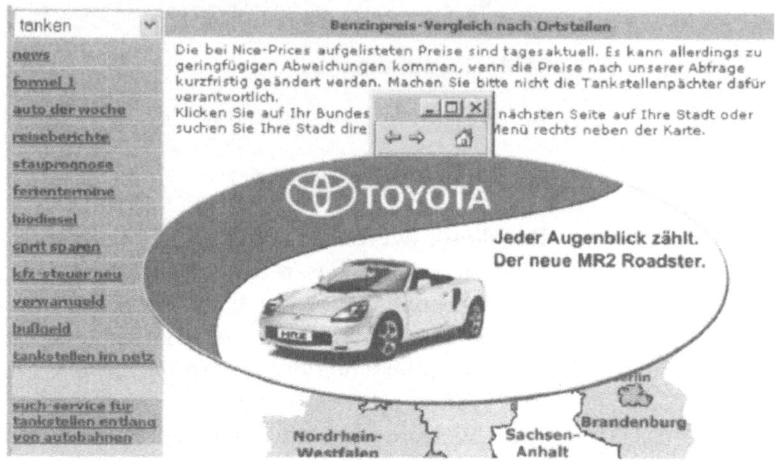

Abb. 13: Shaped Ad „Toyota"

(Quelle: Ad2Net.de – URL: http://www.ad2net.de)

Das Shaped Ad in Abbildung 13 (Toyota) ist mit einer Navigationsleiste versehen. Mit dieser lassen sich die verschiedenen Werbeinhalte manuell ansteuern. Auch kann das Shaped Ad über diese Leiste innerhalb des Browserfensters verschoben und geschlossen werden.

1.6.12 Social Sponsoring

Mit dem Social Sponsoring können internationale Hilfsorganisationen unterstützt werden. Unter der Spendenplattform von OneWorld24 (URL: http://www.oneworld24.de) werden z.B. solche Sponsoring Aktivitäten organisiert. Website Betreiber können Banner auf der Plattform auswählen und auf Ihren Seiten einbinden. Klickt ein User auf die Banner, so öffnet sich ein Fenster mit den Sponsoren der Aktion. Diese Spenden jeweils pro Klick einen gewissen Betrag (z.B. 0,05 Euro).

Der Nutzen für die Sponsoren ist, neben der „guten Tat" durch die Unterstützung der Spendenaktion, auch ein Imagegewinn auf Basis des sozialen Engagements.

Der Nutzen für die Website-Betreiber ist ebenfalls ein Imagegewinn durch die aktive Unterstützung einer wohltätigen Aktion.

1.6.13   Sponsoring

Das Sponsoring ist keine festgelegte Werbeform im eigentlichen Sinne. Vielmehr beschreibt Sponsoring ein Verhältnis zwischen zwei Parteien, dem in der Regel eine längerfristige Partnerschaft zugrunde liegt.

Der Sponsoringnehmer bindet auf seiner Website beliebige Werbeformen ein und erhält im Gegenzug Geld-, Sach- oder Dienstleistungen des Sponsors.

Beliebte Werbeformen für das Sponsoring sind Textlinks, Buttons und Banner die ggf. noch mit einem Zusatz wie „Spnsored by" oder „Powered by" versehen werden.

Die Website BeSonic.com (URL: http://www.besonic.com) lässt z.B. den Songdownload von Creative.com sponsern (s. Abb. 14).

Abb. 14: Sponsoring

(Quelle: Ad2Net.de – URL: http://www.ad2net.de)

Oft anzutreffen sind im Internet Sponsoring Kooperationen zwischen Providern und Webmastern. Der Provider stellt die entsprechende Hardware in Form von Servern bzw. Speicherplatz auf einem Server und die Anbindung ans Internet entweder kostenlos oder vergünstigt zur Verfügung. Als Gegenleistung werden Werbebanner auf den Internetseiten des Website-Betreibers eingeblendet. Ein Beispiel hierfür ist die 1&1 Internet AG mit ihren Webhosting Angeboten. Durch die Teilnahme an der 1&1 BannerCommunity erhält der Website-Betreiber vergünstigte Konditionen. Bei diesem Angebot handelt es sich jedoch um eine Spezialform des Sponsoring, da durch die BannerCommunity nicht nur die Banner der 1&1 Internet AG eingeblendet werden, sondern auch Banner anderer Unternehmen.

Eine weitere beliebte Form des Sponsoring im Internet ist die Integration von Content (englisch: content = der Inhalt). Beispielsweise bietet eine Special-Interest-Site einer Firma die Möglichkeit Beiträge zu speziellen Themen zu verfassen, die ein hohes Fachwissen erfordern. Der Special-Interest-Site Betreiber profitiert von der hohen Qualität der Beiträge, die den Nutzen für seine Besucher steigert und oft die Kundenbindung erhöht. Die Firma, die den Beitrag geschrieben hat, profitiert von dem Imagegewinn durch Kompetenztransfer und kann Ihre Bekanntheit steigern.

1.6.14   Superstitial

Das Superstitial ist eine Weiterentwicklung des PopUp Banner und hat auch starke Ähnlichkeit mit dem modifizierten Interstitial. Im Unterschied zum PopUp und Interstitial wird das Superstitial komplett im Hintergrund geladen, bevor es dem User präsentiert wird. Erst wenn die Werbebotschaft vollständig geladen wurde, „springt" das Superstitial in den Vordergrund.

Das Format ist dem des Interstitials ähnlich und kann im Extremfall bis zu 80 Prozent des gesamten Bildschirms ausfüllen.

Durch den Ladevorgang im Hintergrund wird das Superstitial nicht so schnell als störend empfunden wie andere Werbeformen. Der User wird erst in seinem Surfverhalten beeinträchtigt, wenn die vollständige Werbebotschaft zur Verfügung steht. Interessiert ihn die Werbung nicht, so kann er sie mit einem Klick schließen.

→ Zum Vergleich siehe auch Kapitel 1.6.6 Interstitial.

1.6.15   Textlink

Der Textlink ist die einfachste und zugleich älteste Werbeform im Internet. Eine einfache Textzeile (oder auch mehrere Zeilen) oder einzelne Begriffe werden mit einer anderen (beworbenen)

Website verlinkt. Textlinks können überall auf einer Website eingesetzt werden.

Beim Einsatz auf speziellen Werbeflächen ist ein Textlink in der Regel auch als Werbung zu erkennen. Wird der Textlink jedoch in einem redaktionellen Umfeld platziert, ähnlich wie bei einer Redaktionellen Integration (vgl. Kap. 1.6.10), so ist die Werbung nicht unmittelbar als solche zu erkennen.

Gerade durch seine Unscheinbarkeit kann ein gut gewählter Textlink zum Teil hohe Klickraten erzeugen. Weitere Vorteile sind die einfache Integration in jede beliebige Website und die einfache Erstellung des Werbemittels bzw. Textes.

1.6.16   Wasserzeichen

Beim Wasserzeichen werden Logos von Marken oder Unternehmen farblich abgeschwächt im Hintergrund einer Website eingeblendet. Diese Werbeform zeichnet sich durch die unauffällige Präsenz des Werbenden aus und ist in erster Linie für Branding-Effekte geeignet, da das Wasserzeichen nicht interaktiv ist, sich also nicht anklicken lässt.

1.6.17   Übersicht: Sonderwerbeformen

Werbeform / Bezeichnung	Kurzbeschreibung	Kapitel
Cobranded Site	Website des Werbeträgers im Look & Feel des Werbenden.	1.6.1
Comet Cursor	Anpassung des Mauszeigers an die Werbekampagne bei der Bewegung über eine Werbefläche.	1.6.2
Download Wallpaper	An einen Downloadvorgang gekoppelte Werbung in Form eines Interstitial.	1.6.3
Dynamate / Dynamites	Vielseitige und sehr aufmerksamkeitsstarke Werbeform, die unabhängig von allen Bestandteilen einer Website in Erscheinung tritt.	1.6.4
E-Mercials	Bildschirmfüllende Werbespots mit dynamischer Ausgangsseite.	1.6.5
Interstitial	Unterbrecherwerbung, die im aktiven Browserfenster zwischen zwei Seiten eingeblendet wird.	1.6.6
Keyword Targeting	An einen Suchvorgang nach bestimmten Begriffen gekoppelte Werbung.	1.6.7
Logo Cousor	Anpassung des Mauszeigers an die Werbekampagne bei der Bewegung über eine Werbefläche.	1.6.2
Microsite	Kleine Website zwischen Werbung und Zielseite des Werbenden.	1.6.8
Printing Ad	Banner mit der Möglichkeit Informationen zur Werbung (z.B. Produkt, Dienstleistung) auszudrucken.	1.6.9
Redaktionelle Integration	Integration einer Werbung im Look & Feel des Werbeträgers in dessen redaktionelles Angebot.	1.6.10

Werbeform / Bezeichnung	Kurzbeschreibung	Kapitel
Shaped Ad	Erscheinungsbild eines ausgeschnittenen PopUp Banners.	1.6.11
Social Sponsoring	Werbeform zur Unterstützung internationaler Hilfsorganisationen.	1.6.12
Sponsoring	Beschreibt das Verhältnis zwischen zwei Parteien, das auf dem Austausch von Werbung gegen Geld-, Sach- oder Dienstleistungen beruht.	1.6.13
Superstitial	Großformatige Werbeform, die im Hintergrund des Browserfensters geladen wird. Ist die Werbeinformation vollständig geladen, wird sie vor der aktuellen Website eingeblendet.	1.6.14
Textlink	Text, der in der Regel mit einer Website verlinkt wird.	1.6.15
Transitional Ad	Unterbrecherwerbung, die im aktiven Browserfenster zwischen zwei Seiten eingeblendet wird.	1.6.6
Wasserzeichen	Logos werden farblich abgeschwächt im Hintergrund einer Website eingeblendet.	1.6.16

Tab. 4: Übersicht Sonderwerbeformen

1.7   Spezielle Online Marketing- und Werbeformen

Im Internet haben sich in den Vergangenen Jahren viele weitere Werbeformen bzw. Marketing-Maßnahmen etabliert, die sich stark von den bisher beschriebenen Werbeformen unterscheiden. Im Allgemeinen werden diese Formen auch unter dem Begriff der Sonderwerbeformen zusammengefasst. Grundsätzlich ist dem nichts entgegen zu setzen, da der Begriff „Sonderwerbeform" keinerlei Einschränkung macht, solange es sich um irgendeine Werbeform handelt. Jedoch führt diese Vorgehensweise zu einer nahezu unübersehbaren Anzahl Sonderwerbeformen, die durch die stete Entwicklung neuer Werbeformen immer weiter anwächst.

Der Ansatz in diesem Buch ist anders. In den vorhergehenden Kapiteln wurden verschiedene Kriterien zur Unterscheidung der Banner und Werbeformen präsentiert. Diese Kriterien sollen dem Leser das grundlegende Verständnis einzelner Werbeformen und Gruppen vermitteln, die er dann den verschiedenen Kategorien zuordnen kann.

Abgrenzung: Nach den Sonderwerbeformen im letzten Kapitel, die untereinander zum Teil noch starke Gemeinsamkeiten aufweisen, werden in diesem Kapitel Werbeformen und Marketing-Maßnahmen präsentiert, die nahezu alle einzigartig sind. Viele unterscheiden sich so grundlegend, dass keine Gemeinsamkeiten mehr zu erkennen sind, mit der Ausnahme, dass sie alle einem Werbezweck dienen.

1.7.1   Affiliate Marketing / Associate Programs

Bei dieser Werbeform handelt es sich mehr um ein Online Marketing- und Vertriebskonzept, als um eine Werbeform im eigentlichen Sinne. Der Werbende (genannt Merchant = engl. für Kaufmann, Händler) kooperiert mit anderen Websites (genannt Affiliates = engl. für Partner), die auf der Basis einer erfolgsabhängigen Vergütung, z.B. in Form einer Umsatzbeteiligung, für den Merchant werben.

Für den Merchant ergibt sich ein Vorteil durch die kalkulierbaren Kosten. Je nach Vereinbarung entstehen ihm nur Kosten für eine von ihm festgelegte Leistung. Das kann neben einer Umsatzbeteiligung (Pay per Order) auch die Zahlung einer Vergütung für einen neuen Besucher (Pay per Click) oder für eine Registrierung (Pay per Lead) sein.

Der Affiliate kann in der Regel sein Angebot durch zusätzliche Angebote, Inhalte und Links, die für seine Zielgruppe von hohem Interesse sind, aufwerten. Bedeutendster Vorteil für den Affiliate und Grundlage für die Partnerschaft ist natürlich die Möglichkeit Geld zu verdienen.

In der ursprünglichen Form des Affiliate Marketing wurden die Kunden durch den Affiliate mittels Banner und anderer Werbeformen auf die Website des Merchants geleitet. Um die Attraktivität für den Affiliate zu steigern und dem potentiellen Kunden die angestrebte Aktivität (z.B. Kauf, Registrierung) zu erleichtern, werden die Angebote des Merchants neuerdings oft direkt auf der Seite des Affiliates präsentiert. Der Kunde braucht seine bekannte Umgebung nicht mehr zu verlassen und kann alle gewünschten Aktivitäten auf der Website des Affiliates durchführen. Vorteil für den Affiliate ist insbesondere, dass der Besucher nicht von der Website des Affiliates weggeleitet wird. Vorteil für den Merchant ist, dass sich der neue Kunde in seinem gewohnten Umfeld bewegen kann und sich nicht mit einer neuen Website und neuen Strukturen auseinander setzen muss. Letzteres kann die Wahrscheinlichkeit eines Abbruchs des Besuchs oder des Bestellvorgangs erhöhen.

Weitere ausführliche Informationen zum Affiliate Marketing entnehmen Sie bitte dem *Kapitel 4.2: Affiliate Programme / Partnerprogramme* (insbesondere für Affiliates) und dem *Kapitel 5.7: Website Promotion mit Partnerprogrammen / Affiliate Marketing* (insbesondere für Merchants).

1.7.2   Crossmedia

Crossmedia bezeichnet eine Marketingstrategie, die zur Nutzung von Synergieeffekten verschiedene Marketing-Instrumente online und offline kombiniert. So können beispielsweise gleichzeitig Anzeigen in Tageszeitungen, Fachzeitschriften, TV, Radio und Internet geschaltet werden. Die verschiedenen Anzeigen können gegenseitig unterstützend wirken, wenn z.B. in den traditionellen Medien (Zeitung, TV, Radio) zusätzlich auf eine Website verwiesen wird, die weitere Werbeinformationen präsentiert.

1.7.3   Digitale Karten

Digitale Karten zum Anfassen sind (Werbe-) Postkarten, deren Versand Online in Auftrag gegeben wird.

Die werbende Firma stellt in der Regel verschiedene Kartenmotive auf seiner Website zur Auswahl bereit. Der User wählt ein Motiv aus und trägt den Empfänger und die persönliche Grußbotschaft ein. Im Anschluss wird die Karte von einem Dienstleister (z.B. Postalo URL: http://www.postalo.de) gedruckt und an die Postadresse des Empfängers zugestellt. Handelt es sich bei den Postkarten um hochwertige bzw. werbefreie Motive, so wird dem Versender eine geringe Gebühr für Druck und Versand in Rechnung gestellt. Steht die Werbebotschaft im Vordergrund, so übernimmt in der Regel die werbende Firma alle entstehenden Kosten.

Vorteile

Bietet eine Firma Digitale Karten zum Anfassen auf ihrer Website an, so kann sie in der Regel von höheren Zugriffszahlen und einer höheren Verweildauer der User profitieren. Die Aufmerksamkeit für die beworbenen Produkte oder Dienstleistungen wird gesteigert. Zusätzlich können Daten gesammelt und ausgewertet bzw. weiter verwendet werden (z.B. Emailadressen und Anschriften). Durch den persönlichen Gruß hat die Digitale Karte mit Werbemotiv einen besonderen Stellenwert. Sie hebt sich eindeutig von der anderen unpersönlicheren Werbung ab und wird vom Empfänger aktiver wahrgenommen. Die werbende Firma braucht nicht einmal Adressdaten für die Werbaktion zu beschaffen, da diese vom Versender eingetragen werden.

Auch für den Absender hat die Digitale (Werbe-) Karte einen klaren Vorteil. Er kann persönliche Nachrichten per Post kostenlos übermitteln. Dafür ist er unter Umständen sogar bereit sich zu registrieren oder seine Post- oder Emailadresse anzugeben. Diese Daten können wiederum von der werbenden Firma für eigene Zwecke wie beispielsweise Produktwerbung weiter genutzt werden.

1.7.4   Easy Ad

Das Easy Ad ist ein Flash-Interstitial bzw. Interface (engl. interface = Schnittstelle, Verbindung), das verschiedene interaktive Inhalte wie z.B. Chat-Community, Music- und Videolibrary, Gewinnspiele, Shops und nützliche Links mit Werbebotschaften kombiniert. Der User kann alle Angebote innerhalb des Easy Ad nutzen, ohne dieses verlassen zu müssen. Dadurch bewegt er sich ununterbrochen in einem Werbeumfeld. Die Werbebotschaften dienen in erster Linie einem Branding-Effekt, da der Unterhaltungswert und Nutzen für den User im Vordergrund steht.

Registriert sich der User, so besteht die Möglichkeit das Easy Ad bzw. Interface zu personalisieren und an Freunde und Bekannte zu verschicken.

Von seiner Funktionalität gleicht das Easy Ad einer vollständigen Website mit einer Vielzahl an Inhalten und Unterhaltungsmöglichkeiten. Nur werden diese Inhalte direkt in einer Werbeform präsentiert. Der User muss nicht erst ein Banner oder eine andere Werbeform anklicken um dann auf eine Seite mit den im Easy Ad bereits integrierten Funktionen zu gelangen.

1.7.5   Email Marketing

Der Begriff Email Marketing umfasst alle Werbeformen, die durch einen Email-Dienst (z.B. Newsletter, Mailinglisten) übertragen werden. In der ursprünglichen Form war die Werbung in Emails auf Textzeilen begrenzt. Alternativ konnte auch eine redaktionelle Erwähnung stattfinden, ebenfalls in Textform. Heute ist es durch HTML-Emails möglich auch Banner und andere Werbeformen zu integrieren.

Eine Anzeige in einem renommierten Newsletter, an eine klar definierte Zielgruppe, kann eine sehr hohe Wirkung erzielen und auch beim Leser auf große Akzeptanz stoßen. Die oft klar definierte Zielgruppe und das direkte Interesse des Users am Empfang der News sind die größten Vorteile dieser Werbeform (solange in Maßen geworben wird).

Durch die Vielzahl an unseriösen und häufig erscheinenden Newslettern und unaufgeforderten Werbeemails (Spamming), sinkt jedoch die Akzeptanz der User alle empfangenen Emails auch zu lesen. Werbeemails werden direkt gelöscht (oder automatisiert herausgefiltert) und uninteressante Newsletter werden maximal kurz überflogen. Der Erfolg der Werbung wird in letzterem Fall nur sehr gering sein. Bei Spamming kann es durch verärgerte User sogar zu einem Negativ-Effekt kommen.

Ausführliche Informationen zu Promotion-Maßnahmen für Ihre Website unter Verwendung der Email-Dienste sind in *Kapitel 5.6: Website Promotion mit Email* beschrieben.

1.7.6   Gewinnspiele

Gewinnspiele eignen sich insbesondere um die Bekanntheit eines Unternehmens, eines Produktes oder einer Marke zu steigern. Zusätzlich werden Informationen über den Teilnehmer gesammelt (z.B. Anschrift, Email-Adresse, Alter, Beruf, Bildungsstand), die oft für weitere Marketingzwecke verwendet werden können.

In einer einfachen Form bietet z.B. ein Unternehmen auf einer Website ein Gewinnspiel an, das an die Beantwortung von einer oder mehreren produktspezifischen Fragen gekoppelt ist. Zur Beantwortung der Fragen muss sich der Teilnehmer zunächst mit den Inhalten der Website bzw. dem Produkt auseinandersetzen. Da er in der Regel attraktive Preise gewinnen kann, ist er auch gerne bereit etwas Zeit in das Gewinnspiel zu investieren.

Bei aufwendigeren Gewinnspielen mit sehr wertvollen Preisen kann eine Vielzahl von Informationen abgefragt werden. Diese Informationen bestehen zum einen aus inhaltlichen Fragen zu einem Unternehmen, einem Produkt oder einer Marke und zum anderen aus nutzerbezogenen Fragen. Je aufwendiger das Gewinnspiel gestaltet ist (und je höher die möglichen Gewinne), desto mehr Zeit ist der Teilnehmer bereit zu investieren und desto mehr persönliche Informationen wird er preisgeben.

Während die inhaltlichen Fragen die Bekanntheit der Marke (Unternehmen, Produkt) unterstützen, ermöglichen die gesammelten persönlichen Informationen eine anschließende individuelle Ansprache bzw. Umwerbung des Teilnehmers. Je mehr persönliche Informationen gesammelt wurden, desto individueller kann anschließend jeder Teilnehmer angesprochen werden.

Ist die Teilnahme an einem Gewinnspiel einfach gehalten (nur wenige unternehmens- oder markenrelevante Fragen), so steht in der Regel die Bekanntheit einer Website im Vordergrund. Gewinnspiele können im Internet zu hohen Besucherzahlen führen, da eigene Gewinnspiel-Portale (z.B. Gewinnspiele.de URL: http://www.gewinnspiele.de) über das aktuelle Angebot informieren. Die Qualität der neu generierten Besucher ist jedoch fraglich, da die Teilnehmer unter Umständen ausschließlich an dem Gewinnspiel interessiert sind und die Website und ihre Inhalte nicht weiter beachten.

Bei Gewinnspielen ist das wesentliche Kriterium für die Nutzer zur Teilnahme ein möglicher Gewinn. Sollte es sich um ein außergewöhnliches, vielleicht sehr kniffeliges Gewinnspiel handeln, so kann auch der persönliche Ehrgeiz und der Wettbewerb gegen andere Teilnehmer zu bestehen ein entscheidender Faktor sein. (→ Zum Vergleich siehe auch nachfolgendes Kapitel 1.7.7 Online Games.)

1.7.7 Online Games

Im Gegensatz zu den Gewinnspielen steht bei den Online Games fast ausschließlich der Wettbewerb gegen andere Teilnehmer zu bestehen bzw. der eigentliche Spielcharakter im Vordergrund. Online Games sind in der Regel kleine Spiele, die entweder direkt online ausgeführt werden können oder zunächst herunter geladen und auf dem PC des Spielers installiert werden müssen.

Durch den hohen Unterhaltungswert von Computerspielen, kann ein Unternehmen innerhalb kürzester Zeit weltbekannt werden und das Spiel Kultstaus erlangen (z.B. Moorhuhn-Spiel).

Entwickelt ein Unternehmen ein Online Game und kombiniert es dezent mit Werbung, so ist die Werbewirkung praktisch unbegrenzt. Beliebte Spiele verbreiten sich innerhalb des Internets in kürzester Zeit und können mehrere Millionen Besucher auf eine Website leiten.

Der besondere Motivationsfaktor für die Spieler ist die in der Regel unbegrenzte Anzahl an Mitspielern (theoretisch könnten alle Internetnutzer an einem Online Game teilnehmen). Es entbrennt ein regelrechter Wettstreit in die oberen Positionen der erfolgreichsten Spieler aufzusteigen und dies ist meist nur mit viel Übung und Geschicklichkeit zu erreichen.

Online Games können ggf. zeitlich begrenzt eingesetzt und mit einem Gewinn für die erfolgreichsten Spieler ausgestattet werden. In diesem Fall hat das Online Game eine stärkere Ähnlichkeit mit einem Gewinnspiel.

1.7.8 OSM Web-Promotion

Bei dieser speziellen Werbeform wird das klassische Beispiel der Werbegeschenke mit Nutzeneffekt (z.B. Tasse oder Kugelschreiber mit Werbeaufdruck) aus dem Offline Bereich auf das Internet übertragen. Dass geschieht in einer einfachen Form. Unternehmen bieten auf Ihren Websites Inhalte mit integrierter Werbebotschaft kostenlos zur Nutzung oder Weiterverwendung für andere Unternehmen auf deren Websites an. Besonders beliebt sind kleine Scripte und Programme für z.B. Gästebücher oder Foren. Diese Scripte / Programme können von jedem Interessenten in der Regel ohne großen Aufwand auf jeder Website integriert und angepasst werden, solange der Werbe- bzw. Ursprungshinweis nicht entfernt wird.

Vorteile

Die Vorteile der OSM Web-Promotion sind offensichtlich. Zum einen erscheint das werbende Unternehmen in einem positiven Licht, da es nützliche Inhalte kostenlos anbietet. Diese Inhalte stellen in den meisten Fällen eine wirkliche Bereicherung für andere Websites dar und erhöhen deren Attraktivität.

Zum anderen wird das werbende Unternehmen als Sponsor von Inhalten einer Vielzahl von Besuchern der entsprechenden Websites präsentiert. Die gesponserte Website dient als Multiplikator. Jeder Besucher nimmt erstens die Werbebotschaft des Unternehmens an sich zur Kenntnis und erfährt gleichzeitig, dass auch er diese Inhalte selber kostenlos nutzen kann (z.B. auf seiner eigenen Website). Ein Link führt ihn dann bei Bedarf direkt zu der Website des Sponsors, wo er auch auf die kostenlosen Inhalte zugreifen kann.

1.7.9   Permission Marketing

Das Permission Marketing (englisch: permission = die Erlaubnis, die Genehmigung) ist keine eigenständige Werbeform im eigentlichen Sinne. Vielmehr bezeichnet Permission Marketing das Verhältnis vom Werbenden zum Werbeempfänger. Letzterer gibt sein Einverständnis bzw. bekundet sein ausdrückliches Interesse zum Empfang von Werbung oder Informationen zu bestimmten Produkten oder Themengebieten.

Die Übermittlung der Inhalte bzw. der Werbung kann dabei über verschiedene Werbeformen erfolgen. Am besten geeignet und am weitesten verbreitet ist derzeit jedoch das Permission Marketing mittels Email.

Der Vorteil für den Versender der Werbeinformationen ist das ausdrückliche Interesse des Empfängers am Erhalt dieser Informationen. So können Streuverluste weitestgehend minimiert werden und Negativeffekte durch unwillkommene Werbung ausgeschlossen werden.

Der Empfänger der Werbeinformationen profitiert von dem Nutzen der individuellen Informationen. Er braucht sich nicht mehr selbständig auf die Suche nach neuen Produktinformationen zu begeben und diese aus einer Vielzahl anderer Informationen auszusortieren. So kann der Empfänger z.B. bei der Markteinführung eines neuen Produktes, der Sortimentserweiterung eines Online-Shops oder einer Neuauflage des Buches *Website Marketing* unmittelbar informiert werden und erspart sich die mühevolle und zeitraubende Informationssuche.

1.7.10   Screensaver / Bildschirmschoner

Die Screensaver (englisch: screensaver = der Bildschirmschoner) dienten ursprünglich dem Schutz des Monitors und erfüllten dadurch eine eher technische Funktion. Heute dienen sie meist der Unterhaltung und werden daher auch verstärkt von Unternehmen für Werbezwecke eingesetzt und auf der Unternehmenswebsite kostenlos zum Download angeboten.

Die Kunst der Entwicklung eines erfolgreichen Bildschirmschoners liegt in der geschickten Kombination aus Unterhaltungswert und Werbebotschaft. Ein gelungener Bildschirmschoner kann im Internet schnell an Bekanntheit gewinnen und zu vielen neuen Besuchern und Downloadvorgängen führen.

Vorteil für das werbende Unternehmen ist, neben der Steigerung der Besucherzahlen für den Downloadvorgang, dass die Werbebotschaft auch offline übermittelt wird. Ggf. können zusätzliche Werbebotschaften eingeblendet werden, sofern der User online ist, während der Bildschirmschoner aktiviert wird.

Bildschirmschoner dienen in erster Linie einem Branding-Effekt. Im Vordergrund steht der Nutzen und Unterhaltungswert für den Betrachter. Unter Umständen kann die Attraktivität der Bildschirmschoner und infolge dessen die Anzahl der Werbekontakte bzw. die Verweildauer auf dem PC durch die Integration von Interaktiven Inhalten (z.B. Spiele) noch gesteigert werden.

Im weiteren Sinne sind Bildschirmschoner auch ein Beispiel für Permission Marketing (vgl. Kap. 1.7.9), da der User durch den Downloadvorgang die Einblendung von Werbung unmittelbar akzeptiert.

1.7.11   Suchmaschinen Marketing

Das Suchmaschinen Marketing ist keine Werbeform im engeren Sinne, sondern umfasst alle Maßnahmen die dazu beitragen, dass eine Website möglichst oft, von einer klar definierten Zielgruppe, anhand websiterelevanter Begriffe, mittels Internet Suchmaschinen gefunden und im folgenden aufgerufen wird.

Durch die unüberschaubare und stetig steigende Anzahl an Websites wird es für den User immer schwieriger die relevanten Informationen bzw. gesuchten Seiten im Internet zu finden. Ein Großteil der User bedient sich daher der Hilfe von Internet Suchmaschinen.

Durch die Vielzahl der Websites steigt auch die Anzahl der gefundenen Websites bzw. Suchergebnisse (Treffer) zu einem Begriff. Dies macht es umso wichtiger, dass eine Seite möglichst unter den ersten gefundenen Suchergebnissen angezeigt wird. Mittlerweile bieten Unternehmen Dienstleistungen an, die zu einer besseren Platzierung innerhalb der Suchergebnisse führen sollen.

Das Suchmaschinen Marketing ist im eigentlichen Sinne eine Promotion Maßnahme für eine Website. Ausführliche Informationen entnehmen Sie daher bitte dem *Kapitel 5.1: Website Promotion mit Suchmaschinen.*

1.7.12   Web Decoder

Der Web Decoder ist eine sehr spezielle Werbeform, die eine Verbindung von Offline- und Online-Medium herstellt. Er ist daher auch nur für eine spezielle Zielgruppe von besonderer Bedeutung, z.B. um bestehende Kunden oder neue Kunden offline anzusprechen und zu einem Online-Besuch zu bewegen.

Der Web Decoder ist eine Karte, die eine nicht lesbare (codierte) Information beinhaltet. Decodiert wird diese Botschaft erst durch den Besuch einer Website. In der Regel wird der Nutzer vor der Decodierung zunächst aufgefordert gewisse Angaben zu seiner Person zu machen (z.B. Name, Anschrift, Alter, Geschlecht). Sind alle erforderlichen Angaben übermittelt, wird ein spezielles Feld auf dem Bildschirm eingeblendet. Hält der Nutzer den Web Decoder genau auf dieses Feld, werden die codierten Daten durch Farbüberlagerungen lesbar und können anschließend (per Eingabefeld, Email, SMS, Telefon oder Post) an das Unternehmen übermittelt werden. Gekoppelt ist die Web Decoder Karte bzw. die Übermittlung der codierten Botschaft in der Regel an ein Gewinnspiel, eine Verlosung oder sonstige Incentives (englisch: incentive = der Anreiz, der Stimulus).

Weitere Informationen zum Web Decoder erhalten Sie bei Profeel (URL: http://www.profeel.de).

1.7.13   Wireless Advertising

Wireless Advertising ist keine Werbeform im klassischen Medium Internet, sondern beschreibt die Werbemaßnahmen mit Hilfe des Mobilfunks. Dieses sind zum einen die SMS (Short Message Service) und zum anderen die Werbung im Mobilen Internet mittels WAP und GPRS (WAP = Wireless Application Protokoll; GPRS = General Packet Radio System).

SMS können in zwei verschiedenen Varianten genutzt werden. Erstens die Commercial SMS, bei der die volle Textnachricht dem Werbenden zur Verfügung steht. Und zweitens die Sponsored SMS, bei der nur ein kleiner Teil der Textnachricht (in der Regel 30 Zeichen) für die Werbebotschaft genutzt werden. Commercial SMS werden bisher fast ausschließlich nach Einverständnis des Empfängers verschickt (Permission Marketing). Die Sponsored SMS setzt grundsätzlich auch das Einverständnis des Empfängers voraus. Jedoch bezieht sich dieses Einverständnis auf den inhaltlichen Teil der SMS (z.B. Sportergebnisse, Nachrichten, Börsenkurse), so dass dieser durch eine eingefügte Werbebotschaft vergünstigt oder kostenlos angeboten werden kann. Das Einverständnis bezieht sich nicht auf den Empfang einer konkreten Werbebotschaft.

Die Werbung per Sponsored SMS hat nur insofern eine Verbindung zum Internet, als dass in der Werbebotschaft häufig die URL eines Unternehmens versehen mit einer Kurzinfo eingeblendet wird. Commercial SMS werden von vielen Unternehmen im Internet zur Steigerung der Attraktivität ihrer Website genutzt (z.B. durch den Versand von Klingeltönen und Logos). Daher ist die SMS für die Internetbranche auch eher ein Promotion Instrument für eine Website, als eine Online-Werbeform.

Das Mobile Internet ist, im Gegensatz zur SMS, ein dem Internet vergleichbarer Bereich, in dem sich Online-Werbeformen durchgesetzt haben. Diese sind nicht unmittelbar mit den gängigen Online-Werbeformen vergleichbar, haben jedoch eine gewisse Ähnlichkeit. Derzeit haben sich zwei Werbeformen für das Mobile Internet etabliert.

Auf der einen Seite Interstitials, die, wie im Internet, den Nutzenvorgang des Users für kurze Zeit unterbrechen. Jedoch sind sie aufgrund des Mediums wesentlich einfacher gehalten. Die Interstitials werden entweder nach wenigen Sekunden wieder ausgeblendet und der User kehrt zur ursprünglichen Seite zurück oder sie ermöglichen dem User die Wahl, zum Angebot des Werbenden zu wechseln. Auf der anderen Seite sind im Mobilen Internet Werbelinks integriert, die, wie im „normalen" Internet, zum Inhalt eines anderen Anbieters weiterführen.

1.7.14   Xtra-bar

Xtra-bar ist weniger eine Werbeform als vielmehr ein Softwaretool mit direktem Zusatznutzen für den User. Durch die Integration neuer Funktionen in den Internetbrowser oder Desktop kombiniert die Xtra-bar geschickt dezente Werbung mit einer Funktionserweiterung für den User.

Eine Funktionserweiterung des Browsers ist grundsätzlich nicht neu. Von der Firma ProDyne (URL: http://www.prodyne.de) wurde ein solches Tool unter der Bezeichnung Xtra-bar als Werbeform für Online-Unternehmen entwickelt, das die Tool- und Werbefunktion kombiniert.

Die möglichen Zusatzfunktionen der Xtra-bar sind dabei sehr vielseitig. Neben der Präsentation von Links zu Produkt- und Unterhaltungsangeboten, kann die Xtra-bar auch als News- und Börsenticker eingesetzt werden. Die Übermittlung von Nachrichten an ein Diskussionsforum ist per Eingabefeld möglich, je nach dem, welche Funktionen das werbende Unternehmen unterstützen möchte bzw. integriert hat. Auch eine individuelle Design-Anpassung des Browsers kann durch die Auswahl der sog. „Skins" (engl. skin = die Haut, die Verkleidung) ermöglicht werden. Diese Funktion lässt einen Browser z.B. im Corporate Design einer Website erscheinen und ist damit immer als Branding-Effekt für den User präsent.

Ein bekanntes vergleichbares Beispiel zur Xtra-bar ist die Google Toolbar™, eine spezielle Suchleiste von Google, die Suchfunktionen direkt in den Internetbrowser integriert. Das Tool kann auf der Website von Google (URL: http://toolbar.google.com/intl/de) herunter geladen werden (s. Abb. 15).

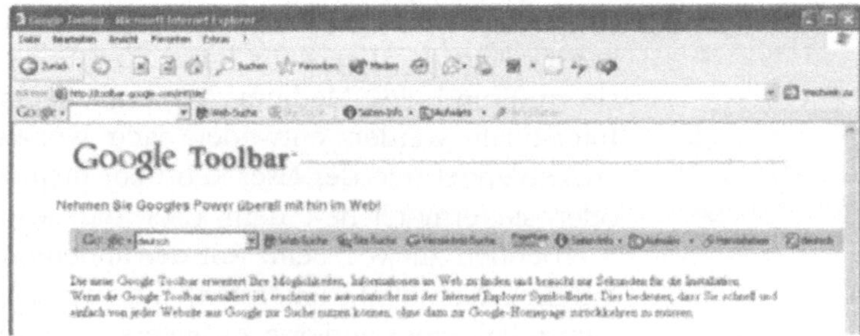

Abb. 15: Google Toolbar™

(Quelle: Google – URL: http://www.google.de)

In Abbildung 15 ist eine einfache Version der Google Toolbar™ in den Browser integriert. Der Ausschnitt der Seite von Google innerhalb des Browserfensters zeigt eine bereits weiterentwickelte Version der Toolbar™.

1.7.15   Übersicht: Spezielle Online Marketing- und Werbeformen

Werbeform / Bezeichnung	Kurzbeschreibung	Kapitel
Affiliate Marketing	Vertriebskonzept auf Basis von Kooperationen mit erfolgsabhängiger Vergütung.	1.7.1
Bildschirmschoner	Bildschirmschoner mit integrierter Werbebotschaft.	1.7.10
Crossmedia	Marketingstrategie unter Einbeziehung verschiedener Marketing-Instrumente (online und offline).	1.7.2
Digitale Karten	(Werbe-) Postkarten, deren Versand online beauftragt wird.	1.7.3
Easy Ad	Aufwendiges Flash-Interstitial, das verschiedene interaktive Inhalte mit Werbebotschaften kombiniert.	1.7.4
Email Marketing	Werbeformen, die mittels eines Email-Dienstes übertragen werden.	1.7.5
Gewinnspiele	Durch Verlosung / Gewinnmöglichkeit werden User zur Lösung von Aufgaben und Beantwortung von Fragen motiviert.	1.7.6
Newsletter	Spezielle Form des Email Marketing.	1.7.5
Online Games	Spiele unterschiedlicher Art werden mit (dezenter) Werbung kombiniert.	1.7.7

Werbeform / Bezeichnung	Kurzbeschreibung	Kapitel
OSM Web-Promotion	Inhalte (z.B. Gästebuch, Forum) mit integrierter Werbung werden zur kostenlosen Nutzung für Website-Betreiber angeboten.	1.7.8
Permission Marketing	Bezeichnet das Verhältnis zwischen Werbendem und Werbeempfänger. Der Werbempfänger gibt sein Einverständnis oder bekundet sein eindeutiges Interesse zum Empfang von ausgewählten Werbebotschaften.	1.7.9
Screensaver	Bildschirmschoner mit integrierter Werbebotschaft.	1.7.10
Suchmaschinen Marketing	Maßnahmen, die dazu beitragen, dass eine Website von Suchmaschinen gefunden und von Suchenden aufgerufen wird.	1.7.11
Web Decoder	Offline Werbeform mit codiertem Bereich, die online decodiert werden kann.	1.7.12
Wireless Advertising	Werbemaßnahmen im Mobilfunkbereich.	1.7.13
Xtra-bar	Softwaretool, das einen Zusatznutzen für den User mit Werbung kombiniert.	1.7.14

Tab. 5: Übersicht spezielle Online Marketing- und Werbeformen

1.8   Werbeformate: Werbeformen und ihre Größen

In den vorhergehenden Kapiteln wurden die unterschiedlichen Online-Werbeformen anhand ihrer Funktionalität, ihrer zugrundeliegenden Software und ihrer Bezeichnung bzw. ihres Erscheinungsbildes unterschieden.

In diesem Kapitel werden die Werbeformen anhand ihrer Größe (in Pixel) differenziert und einzelnen Bezeichnungen zugeordnet. Das Kriterium Größe erlaubt eine nahezu unendliche Anzahl verschiedener Werbeformen bzw. Kategorien. Aus diesem Grund werden hier nur die wichtigsten Größen genannt, die weitestgehend etabliert bzw. standardisiert sind oder vom DMMV (Deutscher Multimedia Verband e.V. URL: http://www.dmmv.de) und international vom IAB (Interactive Advertising Bureau URL: http://www.iab.net) als Standard favorisiert werden.

Da die dargestellte Größe in Pixel unmittelbar die Datei-Größe in Kilobyte (KB) beeinflusst, wird ggf. auch auf Standards bzw. Limits in diesem Bereich verwiesen. Die Limits werden im Allgemeinen so festgelegt, dass das Werbemittel möglichst schnell geladen wird und keine unnötigen Wartezeiten beim User verursacht. Das bedeutet nicht, dass die Werbeformen grundsätzlich auf die angegebene KB-Größe beschränkt sind, jedoch orientieren sich insbesondere größere Unternehmen mehr und mehr an diesen Standards und lassen nur in seltenen Fällen Abweichungen zu. Letztlich ist es sowohl im Interesse des Website-Betreibers als auch im Interesse des Werbenden, dass die Website und das Werbemittel vollständig geladen werden und nicht wegen zu langen Ladezeiten der Nutzenvorgang abgebrochen wird.

Im Folgenden werden Bezeichnungen der Werbeformen und ihre standardisierten Größen genannt. Beachten Sie, dass einige Bezeichnungen, wie „Banner" oder „Button", keine eindeutige Festlegung auf eine der in den vorherigen Kapiteln genannten Werbeformen ist. In den oben genannten Fällen lassen sich den Bezeichnungen zahlreiche Varianten der Werbeformen zuordnen. Auch Rich Media Banner werden in den Größen der hier gelisteten Formate erstellt. So kann z.B. das „Voll-Banner (468 x 60 Pixel)" als „Statisches Banner" aber auch als „Rich Media Banner" vorliegen.

1.8.1   Banner

Die in diesem Kapitel aufgeführten Banner werden in der Basisform als statische oder animierte Banner erstellt. Grundsätzlich können sie aber auch weitere Elemente enthalten und in einer der zahlreichen Rich Media Formen vorliegen. In der Basisform sollte die Dateigröße nicht mehr als 15 KB betragen.

Das Voll-Banner (Full-Size-Banner) oder auch als Standard-Banner bezeichnet und davon abgeleitete Werbeformate:

Voll-Banner

Abb. 16: Voll-Banner (468 x 60 Pixel)

Rich Media Banner

Wird das Voll-Banner als Rich Media Banner erstellt, so gilt als Ausgangsdateigröße ebenfalls ein Maximum von 15 KB. Weitere 85 KB können nachgeladen werden, wenn der User die Maus über das Banner bewegt oder das Banner anklickt (vgl. Kap. 1.5.6 Expanding Banner).

In letzterem Fall kann auch die Größe des Banners auf maximal die vierfache Höhe erweitert werden (max. 486 x 240 Pixel).

Halb-Banner

Abb. 17: Halb-Banner (234 x 60 Pixel)

Drittel-Banner

Abb. 18: Drittel-Banner (156 x 60 Pixel)

(Quelle Abb. 16 – 18: Filmundo – URL: http://www.filmundo.de)

Weitere Bannerformate, die nicht unmittelbar aus dem Standard-
banner abgeleitet werden können:

OMS-Banner

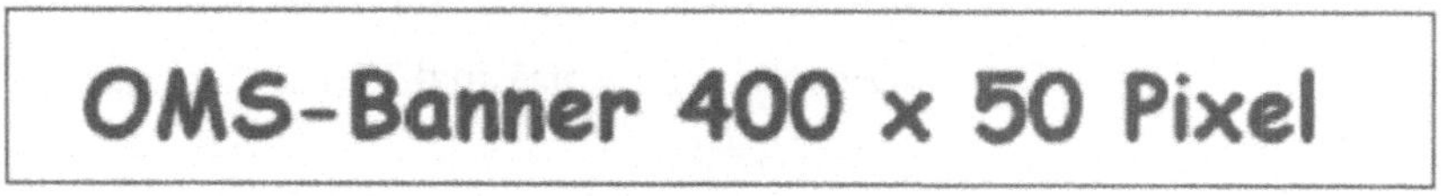

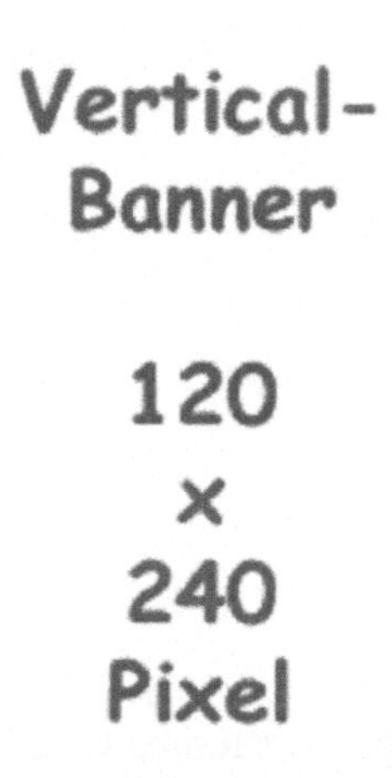

Abb. 19: OMS-Banner (400 x 50 Pixel)

**Vertical-
Banner**

Abb. 20: Vertical Banner (120 x 240 Pixel)

<table><tr><td>

1.8.2

</td><td>

Buttons

Buttons werden in der Basisform wie auch die oben genannten Banner in statischer oder animierter Form erstellt. Doch auch sie können mit weiteren Elementen erweitert werden.

Die Dateigröße sollte maximal 15 KB betragen.

</td></tr></table>

Großes Quadrat

Abb. 21: Großes Quadrat / Square Button (125 x 125 Pixel)

Kleines Quadrat

Abb. 22: Kleines Quadrat (75 x 75 Pixel)

Button 1

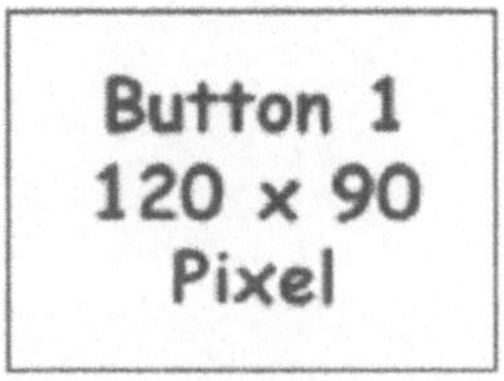

Abb. 23: Button 1 (120 x 90 Pixel)

Button 2

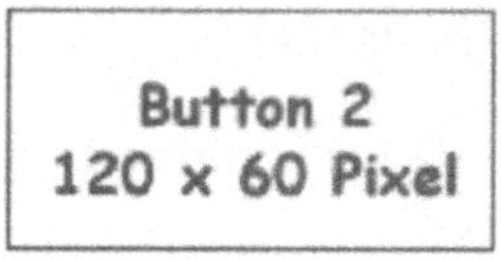

Abb. 24: Button 2 (120 x 60 Pixel)

Großer Button

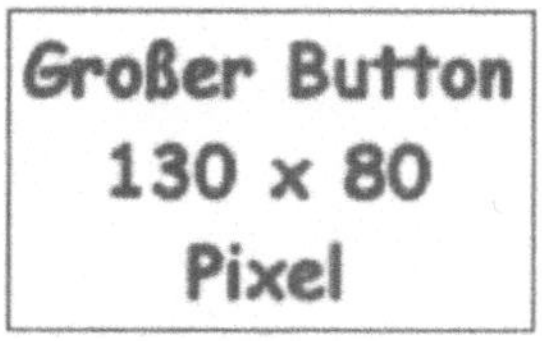

Abb. 25: Großer Button (130 x 80 Pixel)

Kleiner Button

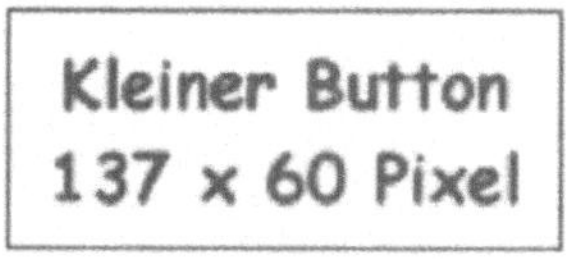

Abb. 26: Kleiner Button (137 x 60 Pixel)

Micro-Bar

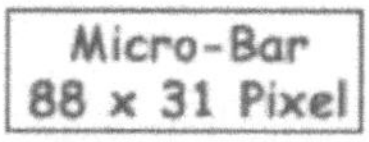

Abb. 27: Micro-Bar (88 x 31 Pixel)

1.8.3   Interstitials

Die reine Werbebotschaft der Interstitials kann standardisiert in
der Größe von 336 x 280 Pixel vorliegen (vgl. Abb. 29 Large
Rectangle in Kapitel 1.8.5). Da dieses Format nicht den kompletten Bildschirm ausfüllt, wird die verbleibende Fläche ausgeblendet (z.B. in schwarz oder weiß), damit die Werbebotschaft nicht
zu anderen Inhalten in Konkurrenz steht.

Die Dateigröße beträgt in dieser Form max. 20 KB.

1.8.4   PopUp Banner

Der IAB favorisiert zwei unterschiedliche PopUp Banner-Formate:

PopUp 1

Das PopUp 1 Banner (auch Square PopUp genannt) hat eine Größe von 250 x 250 Pixel. Die Dateigröße beträgt max. 20 KB.

Abb. 28: PopUp 1 / Square PopUp (250 x 250 Pixel)

PopUp 2

Das PopUp 2 Banner hat eine Größe von bis zu 550 x 550 Pixel. Die Dateigröße beträgt max. 100 KB. Dieses Format kann aufgrund seiner überdimensionalen Größe hier nicht dargestellt werden.

1.8.5   Rectangles / Rechtecke

Rectangles (englisch: rectangle = Rechteck) sind letztlich nichts anderes als Banner und Buttons. Sie werden jedoch aufgrund ihrer rechteckigen Form und einer gewissen Größe (sie sind deutlich größer als Buttons) gesondert erfasst. Die Dateigröße sollte max. 20 KB betragen.

Rich Media Rectangle

Die in diesem Kapitel abgebildeten Rectangles können alle auch als Rich Media Werbeform vorliegen. In diesem Fall gilt für die Datei eine Ausgangsgröße von max. 25 KB.

Bewegt der User die Maus über das Rectangle oder klickt er es an, so können zusätzlich bis zu dreimal je max. 50 KB nachgeladen werden.

Large Rectangle

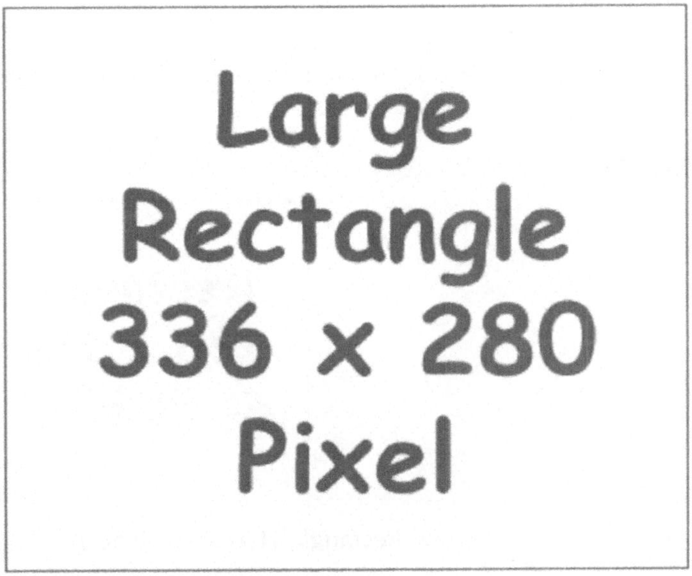

Abb. 29: Large Rectangle (336 x 280 Pixel)

**Medium
Rectangle**

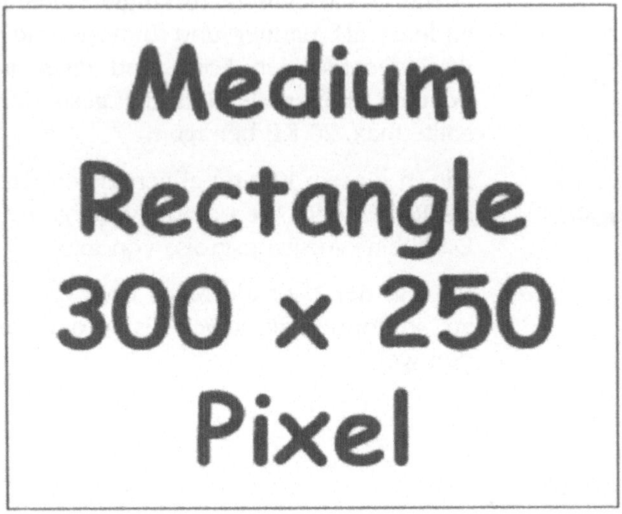

Abb. 30: Medium Rectangle (300 x 250 Pixel)

Rectangle

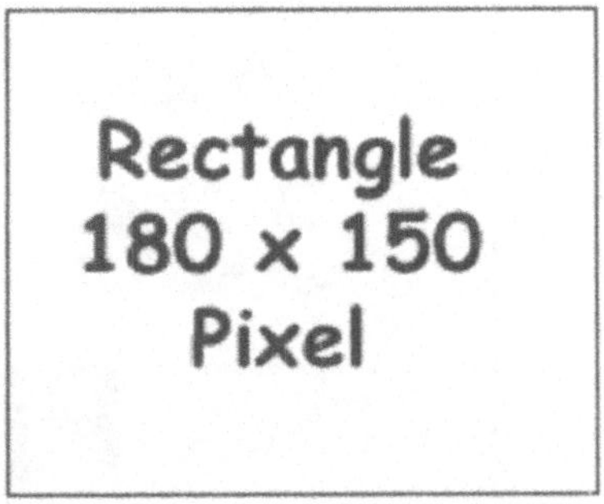

Abb. 31: Rectangle (180 x 150 Pixel)

**Vertical
Rectangle**

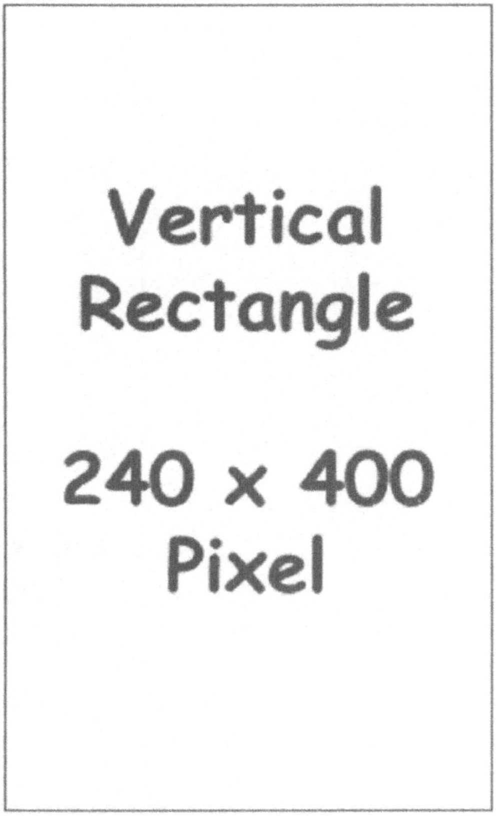

Abb. 32: Vertical Rectangle (240 x 400 Pixel)

1.8.6   Skyscraper

Skyscraper werden vom IAB in zwei verschiedenen Größen favorisiert. In einer einfachen Form als statische oder animierte Skyscraper wird für beide Formate eine Dateigröße von max. 15 KB empfohlen.

**Rich Media
Skyscraper**

Grundsätzlich können auch Skyscraper als Rich Media Form erstellt werden. Für diese Formen ist eine Ausgangsgröße der Datei von max. 20 KB empfohlen.

Wie bei den Rectangles (vgl. Kap. 1.8.5) können zusätzlich bis zu dreimal je max. 50 KB nachgeladen werden, wenn der User die Maus über den Skyscraper bewegt oder ihn anklickt.

Skyscraper

Abb. 33: Skyscraper (120 x 600 Pixel)

**Wide
Skyscraper**

Abb. 34: Wide Skyscraper (160 x 600 Pixel)

1.8.7 Übersicht: Werbeformate

Werbeform / Bezeichnung	Formate	Max. Dateigröße in Kilobyte (KB)		Kapitel
	Größe in Pixel	normal	Rich Media*	
Banner				1.8.1
Voll-Banner	468 x 60 Pixel	15 KB	15 + 85 KB	1.8.1
Halb-Banner	234 x 60 Pixel	15 KB	-	1.8.1
Drittel-Banner	156 x 60 Pixel	15 KB	-	1.8.1
OMS-Banner	400 x 50 Pixel	15 KB	-	1.8.1
Vertical Banner	120 x 240 Pixel	15 KB	-	1.8.1
Buttons				1.8.2
Großes Quadrat	125 x 125 Pixel	15 KB	-	1.8.2
Kleines Quadrat	75 x 75 Pixel	15 KB	-	1.8.2
Button 1	120 x 90 Pixel	15 KB	-	1.8.2
Button 2	120 x 60 Pixel	15 KB	-	1.8.2
Großer Button	130 x 80 Pixel	15 KB	-	1.8.2
Kleiner Button	137 x 60 Pixel	15 KB	-	1.8.2
Micro-Bar	88 x 31 Pixel	15 KB	-	1.8.2
Interstitials				1.8.3
Interstitial	336 x 280 Pixel	20 KB	-	1.8.3
PopUp Banner				1.8.4
PopUp 1	250 x 250 Pixel	20 KB	-	1.8.4
PopUp 2	Bis zu max. 550 x 550 Pixel	100 KB	-	1.8.4
Rectangles / Rechtecke				1.8.5
Rectangle	180 x 150 Pixel	25 KB	25 + 3x je 50 KB	1.8.5
Medium Rectangle	300 x 250 Pixel	25 KB	25 + 3x je 50 KB	1.8.5

Werbeform / Bezeichnung	Formate	Max. Dateigröße in Kilobyte (KB)		Kapitel
	Größe in Pixel	normal	Rich Media*	
Large Rectangle	336 x 280 Pixel	25 KB	25 + 3x je 50 KB	1.8.5
Vertical Rectangle	240 x 400 Pixel	25 KB	25 + 3x je 50 KB	1.8.5
Skyscraper				1.8.6
Skyscraper	120 x 600 Pixel	20 KB	20 + 3x je 50 KB	1.8.6
Wide Skyscraper	160 x 600 Pixel	20 KB	20 + 3x je 50 KB	1.8.6
*Bei Rich Media können zusätzliche Elemente (auch mehrmals) nachgeladen werden, wenn der User die Maus über die Werbeform bewegt oder anklickt (gek. durch „+ x KB" vgl. z.B. Skyscraper „20 + 3x je 50 KB").				

Tab. 6: Übersicht Werbeformate und Dateigröße

1.9   Abschließende Hinweise zu Werbeformen und Formaten

In den vorhergehenden Kapiteln sind nahezu alle bedeutenden Online-Werbeformen erfasst. Mit großer Wahrscheinlichkeit werden Sie dennoch im Internet weitere Werbeformen und Bezeichnungen ausfindig machen können. Durch die ständige Suche der Werbewirtschaft nach neuen wirksameren Werbeformen und die stetige Weiterentwicklung der Altbekannten werden die Online-Werbeformen immer vielfältiger. Einige werden sich langfristig etablieren und andere werden wieder vom Markt verschwinden.

Der Namensgebung der Werbeformen und Formate ist, wie in den vorhergehenden Kapiteln bereits deutlich wurde, keine Grenze gesetzt. Prüfen Sie deshalb Werbeformen mit neuen Bezeichnungen auf ihren tatsächlichen Innovationsgehalt. Handelt es sich um eine Ihnen bereits bekannte Werbeform, die leicht variiert und mit neuem Namen versehen wurde oder ist eine Werbeform mit grundsätzlich neuem Charakter und neuen Funktionen entwickelt worden? Mit etwas Übung werden Sie schnell die Gemeinsamkeiten der verschiedenen Werbeformen durchschauen und auch in neuen Werbeformen altbekannte Muster wieder erkennen.

Die Vergabe von Namen und Bezeichnungen der Online-Werbeformen ist derzeit noch nicht allgemeinverbindlich geregelt. Daher ist es möglich, dass Sie unter einer Bezeichnung verschiedene Definitionen im Internet ausfindig machen können. Dies trifft insbesondere auf neuere oder nicht so weit verbreitete Werbeformen zu. Die großen Media-Agenturen und Online-Vermarkter sowie das IAB und der DMMV sind um eine Standardisierung der Werbeformen und Bezeichnungen bemüht. Diese Bestrebungen sind letztlich darauf zurückzuführen, dass Kampagnen der Werbekunden auch international und Branchen bzw. Agentur übergreifend problemlos ermöglicht werden sollen. Arbeitet jede Media-Agentur und jeder Online-Vermarkter mit eigenen Bezeichnungen und unterschiedlichen Werbeformen, so ist ein solches Ziel nicht gewährleistet.

Formate   Die in Kapitel 1.8 beschriebenen Werbeformate sind nur ein geringer Teil der technisch möglichen und im Internet vertretenen Formate. Einige der beschriebenen Formate, wie z.B. das Voll-Banner und der Skyscraper, haben sich bereits etabliert und sind auf vielen Websites in genau diesem Format anzutreffen.

Sind Sie Website-Betreiber, so richten Sie sich bitte nicht ausschließlich nach den hier beschriebenen Formaten. Schauen Sie zuerst, welche Werbeformate sich sinnvoll auf Ihrer Website einsetzen lassen. Klären Sie dann mit Ihrem Vermarkter oder Ihren Werbepartnern, welche Formate diese bevorzugen. Oft kann es sinnvoll sein, ein eigenes Format mit einem Werbekunden für eine größere Kampagne zu entwickeln, wenn dieses Ihrer Website entgegen kommt und auch für den Werbekunden Vorteile, z.B. in der Form höherer Klickraten, mit sich bringt.

Auch als Werbekunde können Sie mit Ihren Partnern oder Agenturen individuelle Lösungen entwickeln, wenn es für eine bestimmte Kampagne erforderlich oder von Vorteil ist.

Nutzen Sie die vielfältigen Möglichkeiten der Online-Werbeformen und Formate. Lassen Sie sich nicht in Ihrer Kreativität einschränken! Was letztlich zählt ist der Erfolg – und nur der gibt Ihnen Recht, nicht das, was andere tun oder Standard ist!

Werbewirkung Herkömmliche Werbeformen wie das Voll-Banner sind nach wie vor das wichtigste und am weitesten verbreitete Online Werbemedium. Dennoch haben sie in den letzten Jahren durch sinkende Klickraten und aufdringliche Werbeaktionen vieler Website-Betreiber an Bedeutung verloren. Dieser Prozess hat zu der Entwicklung immer neuer und aufwendigerer Werbeformen beigetragen und die Bedeutung von Sonderwerbeformen unterstützt. Dieser Umstand führt letztlich auch zu einer immer größer werdenden Vielfalt der Online-Werbeformen und Formate.

Bei einigen der in diesem Kapitel beschriebenen Werbeformen wird bereits auf besondere Wirkungseigenschaften hingewiesen, wie z.B. eine sehr hohe Aufmerksamkeitswirkung auf den Betrachter. In dem nachfolgenden zweiten Kapitel wird die Wirksamkeit verschiedener Online-Werbeformen eingehender untersucht und Ergebnisse aus der Praxis, verschiedenen Studien und Umfragen präsentiert. Mittlerweile gibt es für das Internet eindeutige Erkenntnisse, die Ihnen Auskunft über die Erinnerungsleistung des Betrachters, Branding-Effekte, optimale Einblendraten und die ideale Gestaltung und Platzierung von Werbeformen zur Steigerung der Klickrate Auskunft geben.

Für die Übersicht und zum besseren Auffinden einzelner Werbeformen sind in Kapitel 1.10 zunächst noch mal alle besprochenen Werbeformen in alphabetischer Ordnung mit Kurzbeschreibung und Kapitelangabe aufgelistet.

1.10   Übersicht: Tabelle der Werbeformen (alphabetisch)

Werbeform / Bezeichnung	Kurzbeschreibung	Kapitel
4to1 Banner	Viergeteilte Banner, die sich zu einem zusammenfügen.	1.5.1
Affiliate Marketing	Vertriebskonzept auf Basis von Kooperationen mit erfolgsabhängiger Vergütung.	1.7.1
Animierte Banner	Banner mit animierten Bildern, Texten oder Kombinationen aus Bildern und Texten.	1.3.2
Audio Banner	Mit Klang-Dateien verknüpfte Banner.	1.5.21
Bildschirmschoner	Bildschirmschoner mit integrierter Werbebotschaft.	1.7.10
Bill Board Banner	Großes hochformatiges Banner.	1.5.19
Blend Banner	MouseOver Banner: Der Effekt ist ein Motivwechsels.	1.5.2
Bouncing Banner	Sich bewegende Banner, die an den Browserseiten abprallen.	1.5.3
Cobranded Site	Website des Werbeträgers im Look & Feel des Werbenden.	1.6.1
Comet Cursor	Anpassung des Mauszeigers an die Werbekampagne bei der Bewegung über eine Werbefläche.	1.6.2
Confetti Banner	MouseOver Banner: Der Effekt ist fliegendes Konfetti.	1.5.4
Crossmedia	Marketingstrategie unter Einbeziehung verschiedener Marketing-Instrumente (online und offline).	1.7.2
Curtain Banner	Banner, das sich wie eine Jalousie von oben nach unten ausrollt.	1.5.5
DHTML-Banner	Erweitertes HTML Banner, das durch zusätzliche Befehlselemente den Einsatz von dynamischen Elementen ermöglicht.	1.4.1

Werbeform / Bezeichnung	Kurzbeschreibung	Kapitel
Digitale Karten	(Werbe-) Postkarten, deren Versand online beauftragt wird.	1.7.3
Download Wallpaper	An einen Downloadvorgang gekoppelte Werbung in Form eines Interstitial.	1.6.3
Dynamate / Dynamites	Vielseitige und sehr aufmerksamkeitsstarke Werbeform, die unabhängig von allen Bestandteilen einer Website in Erscheinung tritt.	1.6.4
Easy Ad	Aufwendiges Flash-Interstitial, das verschiedene interaktive Inhalte mit Werbebotschaften kombiniert.	1.7.4
Email Marketing	Werbeformen, die mittels eines Email-Dienstes übertragen werden.	1.7.5
E-Mercials	Bildschirmfüllende Werbespots mit dynamischer Ausgangsseite.	1.6.5
Expanding Banner	MouseOver Banner: Der Effekt ist eine Vergrößerung des Banners.	1.5.6
Explosion Banner	MouseOver Banner: Der Effekt ist eine simulierte Explosion.	1.5.4
Fake Banner	Banner mit gefälschter Systemfehlermeldung	1.5.7
Flash-Banner	Im Flash Datenformat erstellte Banner für vektorbasierende Graphiken. Ermöglicht den Einsatz fließender Animationen und multimedialer Effekte (Rich Media).	1.4.3
Flying Banner	Banner fliegt durch das Browserfenster an seinen Bestimmungsort.	1.5.8
Gewinnspiele	Durch Verlosung / Gewinnmöglichkeit werden User zur Lösung von Aufgaben und Beantwortung von Fragen motiviert.	1.7.6
HTML-Banner	Banner mit erweiterter Funktionalität und Interaktivität durch den Einsatz von HTML.	1.3.4

Werbeform / Bezeichnung	Kurzbeschreibung	Kapitel
Interstitial	Unterbrecherwerbung, die im aktiven Browserfenster zwischen zwei Seiten eingeblendet wird.	1.6.6
Java-Banner	Auf Java-Applet basierende Banner, die einen hohen Grad an Interaktivität ermöglichen. Alle Medienelemente wie Audio, Video und Graphik lassen sich integrieren (Rich Media).	1.4.2
Keyword Targeting	An einen Suchvorgang nach bestimmten Begriffen gekoppelte Werbung.	1.6.7
Logo Cousor	Anpassung des Mauszeigers an die Werbekampagne bei der Bewegung über eine Werbefläche.	1.6.2
Microsite	Kleine Website zwischen Werbung und Zielseite des Werbenden.	1.6.8
MouseMove Banner	Neben dem Mauszeiger erscheinendes und dessen Bewegung folgendes Banner.	1.5.9
MouseOver Banner	Bei Mausbewegungen über das Banner verändert sich dessen Erscheinungsbild.	1.5.10
Multiple Link Banner	Banner mit mehreren Bildelementen und unterschiedlichen Links.	1.5.11
Nanosite-Banner	Banner mit erweiterter Funktionalität und Interaktivität, das eine kpl. funktionsfähige Website beinhaltet.	1.3.5
Newsletter	Spezielle Form des Email Marketing.	1.7.5
Online Games	Spiele unterschiedlicher Art werden mit (dezenter) Werbung kombiniert.	1.7.7
OSM Web-Promotion	Inhalte (z.B. Gästebuch, Forum) mit integrierter Werbung werden zur kostenlosen Nutzung für Website-Betreiber angeboten.	1.7.8

Werbeform / Bezeichnung	Kurzbeschreibung	Kapitel
Permission Marketing	Bezeichnet das Verhältnis zwischen Werbendem und Werbeempfänger. Der Werbeempfänger gibt sein Einverständnis oder bekundet sein eindeutiges Interesse zum Empfang von ausgewählten Werbebotschaften.	1.7.9
PopUnder Banner	Banner wird in eigenständigem Fenster hinter dem aktiven Browserfenster geladen.	1.5.12
PopUp Banner	Banner wird in eigenständigem Fenster vor dem aktiven Browserfenster geladen.	1.5.13
Printing Ad	Banner mit der Möglichkeit Informationen zur Werbung (z.B. Produkt, Dienstleistung) auszudrucken.	1.6.9
Real-Time Banner	Banner enthält dynamische Informationen, die regelmäßig aktualisiert werden.	1.5.14
Redaktionelle Integration	Integration einer Werbung im Look & Feel des Werbeträgers in dessen redaktionelles Angebot.	1.6.10
Rotation Banner	Verschiedene Motive werden durch fließende Bewegung nacheinander eingeblendet.	1.5.15
Rumble Banner	MouseOver Banner: Der Effekt ist ein Wackeln des Browserfensters.	1.5.16
Scratchy Banner	Banner, das zum Teil durch Mausbewegung frei gekratzt werden kann.	1.5.17
Screenflyer	Sich innerhalb des Browserfensters frei bewegendes Banner oder Element.	1.5.18
Screensaver	Bildschirmschoner mit integrierter Werbebotschaft.	1.7.10
Shaped Ad	Erscheinungsbild eines ausgeschnittenen PopUp Banners.	1.6.11

Werbeform / Bezeichnung	Kurzbeschreibung	Kapitel
Shockwave-Banner	Shockwave Banner basieren auf einer Software der Firma Macromedia. Sie ermöglichen den Einsatz multimedialer Effekte und verfügen über eine hohes Maß an Interaktivität (Rich Media).	1.4.4
Skyscraper	Großes hochformatiges Banner.	1.5.19
SMS-Banner	Banner mit Versandmöglichkeit für SMS.	1.5.20
Social Sponsoring	Werbeform zur Unterstützung internationaler Hilfsorganisationen.	1.6.12
Sound Banner	Mit Klang-Dateien verknüpfte Banner.	1.5.21
Sponsoring	Beschreibt das Verhältnis zwischen zwei Parteien, die auf dem Austausch von Werbung gegen Geld-, Sach- oder Dienstleistungen beruht.	1.6.13
Statische Banner	Banner mit statischem Bild, Text oder Kombination aus Bild und Text.	1.3.1
Sticky Banner / Sticky oder Scroll Ad	Banner, die auch beim Scrollen einer Website immer im Sichtfeld des Betrachters bleiben.	1.5.22
Suchmaschinen Marketing	Maßnahmen, die dazu beitragen, dass eine Website von Suchmaschinen gefunden und von Suchenden aufgerufen wird.	1.7.11
Superstitial	Großformatige Werbeform, die im Hintergrund des Browserfensters geladen wird. Ist die Werbeinformation vollständig geladen, wird sie vor der aktuellen Website eingeblendet.	1.6.14
Textlink	Text, der in der Regel mit einer Website verlinkt wird.	1.6.15
Transaktive Banner	Banner mit erweiterter Funktionalität und Interaktivität durch den Einsatz von Shockwave oder Flash. Interaktives Banner mit hohem Informationsgehalt.	1.3.3

Werbeform / Bezeichnung	Kurzbeschreibung	Kapitel
Transitional Ad	Unterbrecherwerbung, die im aktiven Browserfenster zwischen zwei Seiten eingeblendet wird.	1.6.6
Video Banner / Streaming Video Ad	Mit einer Videosequenz kombinierte Banner.	1.5.23
Wasserzeichen	Logos werden farblich abgeschwächt im Hintergrund einer Website eingeblendet.	1.6.16
Web Decoder	Offline Werbeform mit codiertem Bereich, die online decodiert werden kann.	1.7.12
Wireless Advertising	Werbemaßnahmen im Mobilfunkbereich.	1.7.13
Xtra-bar	Softwaretool, das einen Zusatznutzen für den User mit Werbung kombiniert.	1.7.14

Tab. 7: Übersicht aller beschriebenen Werbeformen (alphabetisch)

Werbewirkung im Internet

Mit der wachsenden Verbreitung des Internets etabliert es sich auch mehr und mehr als neues Werbemedium. Während vor wenigen Jahren der Vermerk einer URL in TV- und Printwerbung eher die Seltenheit war, ist es heute schon Standard. Die verschiedenen Werbemedien wachsen zusammen und das Internet leistet hervorragende Unterstützung für die herkömmlichen Werbemedien, wenn es gilt weiterführende Informationen zur Verfügung zu stellen (vgl. Kap. 1.7.2 Crossmedia).

Auch als eigenständiges Werbemedium hat das Internet an Bedeutung gewonnen. Insbesondere viele Online-Unternehmen nutzen das Internet als bevorzugtes Werbemedium und unterstützen Ihre Kampagnen ggf. durch zusätzliche Offline Werbung (z.B. Printanzeigen und TV-Spots). Doch die Vorzüge des Internets als Werbemedium werden zunehmend auch von Offline-Unternehmen erkannt und genutzt. Dadurch steigt der Bedarf an Informationen über die Wirkung von Online-Werbung und einzelnen Werbeformen. Anfangs wurde die Wirkung oft auf die Klickrate begrenzt, doch sagt diese nichts aus über die Image-Wirkung, einen Branding-Effekt und eine eventuell gesteigerte und offline erfolgte Kaufabsicht.

Die Wirkung der verschiedenen Werbeformen (Werbemittel) im Internet ist das entscheidende Kriterium für die Werbemittelwahl. Die individuelle Gestaltung der Werbemittel kann den Erfolg bzw. die Werbewirksamkeit erheblich beeinflussen. Nur wer die Vorteile der einzelnen Werbemittel konsequent zu nutzen weiß, erspart sich viel Mühe und Kosten vergeblicher Werbemaßnahmen.

Da das Internet einem stetigen Wandel unterliegt, kann sich auch die Bedeutung bzw. Wirkung einzelner Werbeformen verändern. Es ist für Entscheidungsträger daher umso wichtiger, um die aktuellen Erkenntnisse der Online-Werbewirkung zu wissen und sie zur Erreichung ihrer individuellen Ziele nutzen zu können.

Dieses Kapitel vermittelt die wichtigen Grundlagen der Online-Werbewirkung und schafft damit die Basis für Ihren individuellen Online-Werbeerfolg.

2.1   Vorgehensweise und Themenschwerpunkte

**Vorgehens-
weise**

In diesem Kapitel werden bedeutende Studien und Ergebnisse aus der Werbewirksamkeitsforschung vorgestellt und wesentliche Erkenntnisse der Online-Werbewirkung zusammengefasst.

Die einzelnen Studien werden hinsichtlich ihrer Untersuchungsschwerpunkte in drei Themenbereiche unterteilt, die in drei Kapitel untergliedert sind:

- Kapitel 2.2: Wirkungsweisen von Online-Werbung

- Kapitel 2.3: Wirkungselemente von Online-Werbeformen

- Kapitel 2.4: Wirkung einzelner Werbeformen

Jeder Studie ist ein einzelnes Unterkapitel innerhalb der drei Bereiche zugeordnet.

Aus den einzelnen Studien werden für die Praxis relevante Erkenntnisse wiedergegeben. Die Bedingungen und Hintergründe der einzelnen Studien werden nicht im Einzelnen erläutert. Für Interessierte ist jede Studie bzw. jedes Kapitel mit Quellenangaben und oft auch mit einer direkten Download-URL versehen. So ist ein schneller Zugriff auf die einzelnen Studien gewährleistet.

Schwerpunkte

Unter anderem werden Informationen zu den folgenden Themenschwerpunkten bzw. Fragestellungen vermittelt, die es Ihnen als Mediaplaner, Website-Betreiber oder Werbegestalter erleichtern sollen, eine optimale Werbewirkung zu gewährleisten und Ihre Ziele zu erreichen:

- Wie lässt sich die Aufmerksamkeitsleistung der Werbemittel steigern?

- Wie lässt sich die Klickrate steigern?

- Wie lässt sich die Werbeerinnerung steigern?

- Wie lässt sich die Markenbekanntheit (Brand Awareness) steigern?

- Wie lässt sich das Markenimage (Brand-Image) verbessern?

- Wie lässt sich das Produktinteresse steigern?

- Wie lässt sich die Kaufbereitschaft steigern?

- Was sind wesentliche Bannerelemente?

- Wie gestalte ich ein Banner optimal?

- Was ist die optimale Einblendrate (Kontaktmenge oder Kontakthäufigkeit)?

Nutzen Sie die Erkenntnisse und Informationen dieses Kapitels als Grundlage für Ihren Online-Werbeerfolg!

2.2 Wirkungsweisen von Online-Werbung

Zu der Fragestellung der Wirkungsweise von Online-Werbung lassen sich zwei Wirkungsdimensionen unterscheiden:

- Kommunikationsleistung

- Interaktionsleistung

Kommunika-tionsleistung

Die Kommunikationsleistung umfasst die Beeinflussung der Einstellung des Betrachters. In diesem Bereich wird der Frage nachgegangen, wie sich das Wissen und die Einstellung des Users mit dem Werbemittelkontakt verändern. Auf dieser Ebene können für eine Marke wichtige Werte vermittelt werden, wenn eine Werbeform dafür geeignet ist, diese auch zu kommunizieren. Zu den bedeutenden Messkriterien der Kommunikationsleistung zählen die Markenbekanntheit, das Markenimage und die Markensympathie.

Interaktions-leistung

Die Interaktionsleistung umfasst die Beeinflussung des Verhaltens des Betrachters. In diesem Bereich wird der Frage nachgegangen, wie sich das Verhalten des Users mit dem Werbemittelkontakt verändert. Messkriterien sind z.B. die Klickrate, die Anzahl der direkt erfolgten Online-Einkäufe oder auch das Hinterlassen von Informationen z.B. durch Registrierung.

Dass Online-Werbung wirken kann, ist hinreichend bekannt. Unmittelbar messbar ist jedoch in den meisten Fällen nur die Klickrate. In den nachfolgenden Studien sollen daher die Wirkungsweisen von Online-Werbung über die Klickrate hinaus ermittelt werden.

2.2.1 Der Kinnie Report

Der Kinnie Report (Quelle: „Kinnie Report – Markenaufbau im Netz – Eine Fallstudie zur Werbewirkung" G+J EMS GmbH URL: http://www.ems.guj.de) ist das Ergebnis einer von der G + J

Electronic Media Sales GmbH und der diffferent GmbH (URL: http://www.diffferent.de) durchgeführte Studie zur Werbewirkung und dem Markenaufbau im Internet.

Für diese Studie wurden von Mitte Juli bis Mitte September 2001 mehr als drei Millionen AdImpressions (Werbemittelkontakte) zur Kampagne des Produktes Kinnie ausgeliefert. Bei Kinnie, einer Kräuterlimonade von der Insel Malta, handelt es sich um eine real existierende, aber in Deutschland bis zu diesem Zeitpunkt noch nahezu unbekannte und offline nicht käufliche Marke.

Die Voraussetzungen der Kinnie Studie sind ideal, um die Wirkung einer Online-Werbekampagne zu untersuchen, da Fremdeinflüsse weitestgehend ausgeschlossen werden können.

Das Ziel der Kinnie Studie war, eine Wirkung der Online-Werbung über den Klick hinaus nachzuweisen und in welcher Form sich diese Wirkung bemerkbar macht (z.B. gesteigerte Markenbekanntheit).

Der Kinnie Report liefert einige wichtige Erkenntnisse, die für Werbetreibende und für Online-Vermarkter von Bedeutung sind. Die wichtigsten Ergebnisse der Studie werden im Folgenden kurz präsentiert. Im Anschluss an die Ergebnisse wird jeweils auf die allgemeine Bedeutung der Ergebnisse hingewiesen.

2.2.1.1   Steigerung der nutzerbezogenen Klickwahrscheinlichkeit

Die nutzerbezogene Klickwahrscheinlichkeit ermittelt den prozentualen Anteil der User, die ein Werbemittel anklicken.

Beispiel: Werden 10.000 AdImpressions 1.000 Usern präsentiert und daraus folgen 100 AdClicks (Klick auf ein Werbemittel), so ergibt sich eine nutzerbezogene Klickwahrscheinlichkeit von 10 Prozent. (Zum Vergleich: die Klickrate beträgt nur 1 Prozent.)

In der Kinnie Studie wurde die nutzerbezogene Klickwahrscheinlichkeit unter Berücksichtigung der Kontakthäufigkeit eines Users mit einem Werbemittel ermittelt. Dadurch lässt sich feststellen, wie groß die Wahrscheinlichkeit ist, dass ein User ein Werbemittel z.B. nach dem ersten oder nach dem fünften Kontakt anklickt. Ziel dieses Verfahrens ist zu ermitteln, wie viele Werbemittelkontakte sinnvoll sind, bzw. nach wie vielen Kontakten sich keine bedeutende Steigerung der Klickwahrscheinlichkeit mehr ergibt.

Die Kinnie Studie ermittelte eine nutzerbezogene Klickwahrscheinlichkeit von 0,4 Prozent beim ersten Werbemittelkontakt. Bereits beim zweiten Kontakt konnte diese auf 1,3 Prozent gesteigert werden. Dies entspricht einer Steigerung von mehr als 200 Prozent durch einen zusätzlichen Werbekontakt. Dieser Effekt des starken Wachstums der Klickrate mit einer Erhöhung der Werbemittelkontakte setzte sich bis zum sechsten Kontakt auf 2,6 Prozent fort. Erst danach trat eine Verlangsamung des Prozesses bzw. eine gewisse Sättigung ein.

Zum Vergleich: Die Klickrate der gesamten Kampagne betrug 0,4 Prozent, die nutzerbezogene Klickwahrscheinlichkeit 0,9 Prozent.

Fazit

Das Ergebnis der Kinnie Studie zeigt deutlich, dass die nutzerbezogene Klickwahrscheinlichkeit durch eine Erhöhung der Werbemittelkontakte gesteigert werden kann. Es erscheint sinnvoll, einem User mit ein und demselben Werbemittel maximal sechsmal zu kontaktieren, da es danach nicht mehr zu einer signifikanten Steigerung der Klickwahrscheinlichkeit kommt.

Dieses Ergebnis ist insbesondere für den Einsatz von Software zur Steuerung einer Werbekampagne (AdServer) von Bedeutung. Ein geeigneter AdServer ermöglicht das „Verfolgen" eines Users mit ein und demselben Werbemittel innerhalb einer Website, bis zu einer gewissen Kontakthäufigkeit. Hat ein User z.B. nach dem sechsten Kontakt mit dem Werbemittel noch keinen AdClick (Klick auf ein Werbemittel) generiert, so würde ihm dieses Werbemittel nicht mehr weiter präsentiert. Der Austausch gegen ein neues Werbemittel könnte erfolgen.

Durch die aus der Kinnie Studie gewonnenen Ergebnisse scheint der Einsatz einer solchen Software sinnvoll. Die Kontakthäufigkeit würde auf ca. sechs festgelegt.

2.2.1.2   Klickunabhängige Websitebesuche

Bei den meisten Werbekampagnen wird nur der Anteil der Besucher einer Website als Erfolg der Kampagne gewertet, die ein Werbemittel angeklickt haben (Anzahl AdClicks).

In der Kinnie Studie wurde festgestellt, dass 4,5 Prozent der Besucher der eingerichteten Website Bekinnie.de (URL: http://www.bekinnie.de) die Website eigenständig aufgesucht haben, obwohl sie vorher Werbekontakt hatten. Sie suchten die Website also nicht mittels eines Klicks auf die Webemittel auf, sondern gaben die URL unmittelbar in den Browser ein.

Fazit

Die Kinnie Studie belegt, dass eine Werbekampagne eine erfolgsrelevante Wirkung hat, die nicht unmittelbar durch Messung der AdClicks erfasst wird. Eine Website kann durch eine Werbekampagne zusätzliche Besucher generieren, obwohl diese nicht unmittelbar mit der Kampagne in Verbindung gebracht werden können. Dieses Ergebnis hat auch Aussagekraft zur Markenwirkung einer Bannerkampagne. Das eigenständige Aufsuchen einer Website erfordert eine wesentlich stärkere Auseinandersetzung mit Namen und Marke als der Klick auf ein Banner. Der Name oder die Marke müssen aktiv erinnert bzw. aufgeschrieben werden.

Für die Bannergestaltung lässt das oben präsentierte Ergebnis den Schluss zu, dass es vorteilhaft ist, die URL im Banner mit anzuzeigen bzw. dass die beworbene Marke mit der Ziel-URL übereinstimmen sollte. Wird ausschließlich die Marke (ohne URL) beworben, so ist z.B. für den deutschen Markt auch die gleichnamige deutsch Toplevel Domain mit der Endung DE zu sichern. Die meisten User werden bei einem eigenständigen Besuch der Website mittels URL-Direkteingabe in den Browser als erstes versuchen die Marke über die deutsche Domain aufzusuchen. Führt diese Domain jedoch zu einer anderen Website oder schlimmstenfalls zur Konkurrenz, so kann die Wirkung der Webekampagne nicht vollständig genutzt werden.

2.2.1.3   Steigerung der Markenbekanntheit

Bereits durch die klickunabhängigen Besuche (vgl. Kap. 2.2.1.2) wurde deutlich, dass eine Online Werbekampagne auch eine gewisse Markenwirkung haben kann. Durch Umfragen unter den Usern, die mit den Bannern zur Kinnie Studie in Kontakt gekommen waren, ließ sich zudem eine deutliche Steigerung der Markenbekanntheit nachweisen.

Die Kinnie Studie ergab eine Steigerung der Markenbekanntheit mit wachsender Anzahl Werbekontakte. Während vor der Werbekampagne zur Studie nur 3,7 Prozent der Befragten aussagten die Marke Kinnie zu kennen, waren es nach der Kampagne ca. zehn Prozent. Da keine weiteren Werbemaßnahmen im entsprechenden Zeitraum durchgeführt wurden, ist die Steigerung von ca. sechs Prozent eindeutig auf die Bannerkampagne zurückzuführen.

Bei einer höheren Anzahl Werbekontakte (ab sieben Kontakten) wurde eine Sättigungstendenz der Markenbekanntheit beobachtet (14,3 %). Ab zehn Kontakten wurde eine gewisse Sättigungsgrenze erreicht und die Markenbekanntheit stagnierte bei 14,5 %.

Ein weiteres bedeutendes Ergebnis der Kinnie Studie zur Markenbekanntheit: Bei Nutzern, die in den vorhergehenden 12

Monaten Lebensmittel über das Internet bestellt hatten, war die Marke Kinnie mit 16 Prozent deutlich bekannter, als bei denen, die keine Lebensmittel online eingekauft hatten (neun Prozent).

Fazit: Die Markenbekanntheit lässt sich durch eine erhöhte Zahl an Werbemittelkontakten steigern. Die ideale Anzahl Werbekontakte zur optimalen Steigerung der Markenbekanntheit beträgt sieben bis neun, da ab sieben Kontakten eine Sättigung einsetzt, deren Grenze bei zehn erreicht wird.

Zur Steigerung der Markenbekanntheit empfiehlt sich insbesondere eine Platzierung der Werbung in einem zielgruppenaffinen Umfeld. Die Markenbekanntheit kann dort überdurchschnittlich stark gesteigert werden, wie das Ergebnis der Kinnie Studie zeigt.

2.2.1.4   Imagewirkung der Werbemittel

Für die Bewerbung einer Marke ist neben der Steigerung der Bekanntheit insbesondere das Image von Bedeutung.

Die Studie „Kinnie Report" ergab keinen direkten Zusammenhang zwischen der Anzahl der Werbemittelkontakte und dem Image der Marke Kinnie.

Eindeutigen Einfluss auf das Image hatte dagegen die Gestaltung der Werbemittel. So erzeugten Banner mit entsprechend imagegerichteter Bild- und Wortwahl eine vergleichsweise stärkere Imageverbesserung als solche, die mit einem günstigen Preisangebot warben.

Wie schon bei der Steigerung der Markenbekanntheit (vgl. Kap. 2.2.1.3) wurden auch bei der Veränderung der Imagewirkung im zielgruppenaffinen Umfeld bessere Resultate ermittelt. So wurde das Image der Marke Kinnie von Usern, die bereits Lebensmittel im Internet gekauft hatten positiver bewertet, als von den Nicht-Lebensmittelkäufern.

Fazit   Eine Online Werbekampagne ist auch geeignet, um das Image einer Marke aufzubauen oder zu beeinflussen. Im Unterschied zu den Erkenntnissen zur Markenbekanntheit, konnte in diesem Fall jedoch kein Zusammenhang zwischen der Anzahl der Werbemittelkontakte und einer Image-Veränderung nachgewiesen werden.

Für die Imagewirkung von besonderer Bedeutung ist dagegen die Gestaltung der Werbemittel. So können bei geeigneter Gestaltung Werbemittel entweder zu einem verbesserten Image führen oder aber zusätzliche Produktinformationen oder Kaufanreize (z.B. Preis) liefern.

In zielgruppenaffinen Umfeldern kann eine vergleichsweise bessere Imagewirkung erzielt werden.

2.2.1.5   Kaufbereitschaft

Neben einer Steigerung der Neugier gegenüber dem Produkt Kinnie durch die Bannerkampagne wuchs auch die Kaufbereitschaft. Knapp die Hälfte der Befragten User gab an, dass sie sich vorstellen könnten, Kinnie in jedem Fall oder eher zu kaufen.

Fazit

Die gewonnen Ergebnisse lassen keinen allgemeingültigen Schluss zu, dass Online Werbekampagnen die Kaufbereitschaft oder das Interesse steigern. Die Einflussvariablen sind zu vielfältig, als dass sich eine solche Aussage fundiert behaupten ließe. Außer Frage steht aber, dass eine Online-Kampagne die Kaufbereitschaft steigern kann, wenn z.B. Bannergestaltung und Schaltung zielgruppengerichtet erfolgen.

2.2.1.6   Zusammenfassung der Erkenntnisse der Kinnie Studie

1) Die Kinnie Studie belegt deutlich, dass Online-Werbung in vielfältiger Weise wirkt.

2) Die Markenbekanntheit kann durch Online-Werbung gesteigert und das Image verbessert werden.

3) Die Markenbekanntheit wächst mit der Anzahl der Werbemittelkontakte pro User.

4) Eine Imagewirkung ist von der Anzahl der Werbemittelkontakte pro User unabhängig.

5) Eine Imagewirkung ist abhängig von der Gestaltung der Werbemittel.

6) Online-Werbung kann auch zu nicht Klick basierten Websitebesuchen führen.

7) Online-Werbung kann (unter Berücksichtigung mehrerer Aspekte) die Kaufbereitschaft steigern.

8) Die besten Resultate bzgl. Marken- und Imagewirkung ist in zielgruppenaffinen Umfeldern zu verzeichnen. Dies unterstreicht die Bedeutung der Auswahl der Werbeträger.

9) Unter dem Aspekt der optimalen Steigerung der Markenbekanntheit, sind sieben bis neun Werbemittelkontakte pro User anzustreben.

10)   Unter dem Aspekt der Optimierung der nutzerbezogenen Klickwahrscheinlichkeit, sind sechs Werbemittelkontakte pro User anzustreben.

11)   Insgesamt kann eine Kontakthäufigkeit von sechs bis neun optimale Werbewirkungs-Ergebnisse erzielen.

<u>Quelle</u>: „Kinnie Report – Markenaufbau im Netz – Eine Fallstudie zur Werbewirkung", G+J EMS GmbH

<u>Bezugsquelle</u>: URL: http://www.ems.guj.de oder direkter Download: URL: http://www.ems.guj.de/download/download.php?file=kinnie.pdf

2.2.2   Die EMS / MediaTransfer Banner-Studie

Eine im Jahre 1998 von G+J EMS in Zusammenarbeit mit MediaTransfer (URL: http://www.mediatransfer.de) durchgeführte Studie untersuchte die Wirkung von Werbebannern im Internet (Quelle: „Berichtsband zur EMS/MediaTransfer-Banner-Studie", G+J EMS GmbH URL: http://www.ems.guj.de). Ziel der Studie war es, allgemeine Wirkungsweisen von Werbebannern im Internet aufzuzeigen.

Werbeerinnerung

Diese Studie belegt bei den Befragten eine hohe gestützte und ungestützte Erinnerung an eingeblendete Banner.

Bei einer Ad-hoc-Befragung konnten sich 25 % der Befragten ungestützt an ein zuvor eingeblendetes Banner erinnern. Gestützt stieg der Anteil auf insgesamt 36 % an.

Von den Personen, die erst am nächsten Tag zu den Bannern befragt wurden, konnten sich lediglich 16% gestützt an diese erinnern.

Brand-Image

Weiterhin wurde festgestellt, dass die positiven Aspekte eines Markenbildes durch den Kontakt mit den Werbebannern deutlich verstärkt werden konnten. Das Markenimage konnte verbessert werden.

Bei den Personen, die sich langfristig an die Banner erinnern konnten, wurde ein positiveres Markenbild festgestellt, als bei denen, die sich nur ad-hoc erinnern konnten.

AdClick

Auf Basis der Personen, die sich ad-hoc an die Banner erinnern konnten (36 %) wurde die Anzahl der AdClicks ermittelt. Von diesen Personen klickte gerade mal ein Fünftel ein Banner an. Das bedeutet, dass die spontane Erinnerungs-Wirkung des Banners fünfmal größer war, als die Klickrate der Basisgruppe.

Ergebnisse

Die Ergebnisse der EMS/MediaTransfer-Banner-Studie machen deutlich, dass Werbebanner eine Wirkung über den Klick hinaus haben. Eine Beschränkung der Werbewirkung ausschließlich auf den Klick wird der Online-Werbung nicht gerecht. Jedoch ist zu beachten, dass der Klick ein leichter messbares Erfolgskriterium ist. Zudem vermittelt der Klick einen beständigen Erfolg während die Erinnerung nach kurzer Zeit deutlich abnimmt. Die erzielten AdClicks durch eine Werbekampagne sind als Erfolgskriterium in sich abgeschlossen. Sie sagen zwar nichts aus über weiterführende Marketingziele, Aufenthaltsdauer eines Users auf einer Website und ggf. gesteigerte Verkaufszahlen, doch sind sie ein wichtiger Teil zur Erfolgsmessung. So vermittelt eine hohe Klickrate zumindest die Sicherheit, ein ansprechendes Banner in einem gut gewählten Umfeld platziert zu haben.

Insbesondere für den Aufbau einer Marke vermitteln die Ergebnisse dieser Studie positive Ergebnisse.

1) Die Wirkung der Bannerwerbung gemessen an der Erinnerungs-Leistung ist deutlich größer als die Klickrate.

2) Bannerwerbung kann die positiven Aspekte eines Markenbildes deutlich verbessern.

3) Bannerwerbung ist auch für langfristige Marketingziele geeignet.

4) Auch ohne Klick erzielen Banner deutliche Branding-Effekte

Quelle: „Berichtsband zur EMS/MediaTransfer-Banner-Studie", G+J EMS GmbH

Bezugsquelle: URL: http://www.ems.guj.de oder direkter Download: URL: http://www.ems.guj.de/download/download.php?file=Media_Transfer_Bannerstudie.pdf

2.2.3   Zusammenfassung zur Wirkungsweise von Online-Werbung

Die beiden vorgenannten Studien belegen deutlich, dass Online-Werbung auch über den Klick hinaus wirkt. Genau genommen stellt der Klick sogar nur den geringsten, wenn auch den am einfachsten zu messenden Teil der Werbewirkung dar. In einer Tabelle werden die wesentlichen Wirkungsweisen und die wichtigsten Wirkungsparameter von Online-Werbung zusammengefasst (s. Tab. 8).

Wirkung / Parameter	Info
Branding-Effekte	Online-Werbung kann umfangreiche Branding-Effekte erzielen und daher auch zum Aufbau einer Marke beitragen.
Kaufbereitschaft	Die Kaufbereitschaft kann durch Online-Werbung erhöht werden.
Klick	Die nutzerbezogene Klickwahrscheinlichkeit kann durch sechs Werbemittelkontakte optimiert werden. Online-Werbung kann auch zu klickunabhängigen Websitebesuchen führen.
Kontakthäufigkeit	Sechs bis neun Werbemittelkontakte erscheinen zur übergreifenden Optimierung der Werbewirkung empfehlenswert.
Markenbekanntheit	Die Markenbekanntheit kann mit der Anzahl der Werbemittelkontakte zunehmen. Sieben bis neun Werbemittelkontakte können eine optimale Steigerung der Markenbekanntheit erzielen.
Markenimage	Das Markenimage kann durch den Werbemittelkontakt verbessert werden. Eine Veränderung des Markenimage ist weniger von der Anzahl der Werbemittelkontakte als von der Gestaltung der Werbemittel abhängig.
Werbeerinnerung	Die Erinnerung an Werbebanner kann wesentlich größer sein, als die Klickrate.
Zielgruppenaffinität	Die Werbewirkung kann durch die Auswahl zielgruppenaffiner Umfelder verbessert werden.

Tab. 8: Übersicht Wirkungsweisen von Online-Werbung

2.3　Wirkungselemente von Online-Werbeformen

Im vorhergehenden Kapitel wurden ausschließlich grundlegende Wirkungsweisen von Online-Werbung bzw. die Werbewirkung über den Klick hinaus untersucht.

In diesem Kapitel werden die Werbebanner anhand ihrer einzelnen Wirkungselemente etwas genauer analysiert. Dabei wird der Frage nachgegangen, welche Werbe- bzw. Bannerelemente sich besonders gut zur Steigerung der Werbewirkung bzw. einzelner Werbewirkungsziele eignen.

Die folgenden Fragestellungen sollen im einzelnen Aufschluss geben, wie Sie Ihre Banner an Ihren individuellen Marketingzielen ausrichten können:

- Welche Elemente steigern die Aufmerksamkeit?
- Welche Elemente steigern die Klickrate?
- Welche Elemente steigern die Werbeerinnerung?
- Welche Elemente steigern die Kaufbereitschaft?
- Welche Elemente verbessern das Markenimage?
- Welche Elemente steigern die Markenbekanntheit?

Neben der Untersuchung einzelner Elemente (z.B. Texte, Bilder) wird auch analysiert, in welcher Form, Größe oder Dominanz die einzelnen Elemente in die Werbeformen integriert werden sollten, um optimal zu wirken. Auch andere Variablen, die nicht ein Element der Werbeformen sind (z.B. Werbeträger), werden auf Ihren Einfluss auf die Werbewirkung berücksichtigt.

Auch in diesem Kapitel werden Studienergebnisse präsentiert, die zum Teil noch die Wirkungsweise von Online-Werbung betreffen. Wesentliches Unterscheidungskriterium zum vorhergehenden Kapitel ist jedoch, dass in den Studien auch (oder ausschließlich) die Wirkungsweise einzelner Elemente berücksichtigt wird.

2.3.1　Werbewirkungsstudie 2000 der 100world.com

Eine Studie zur Werbewirkung der 100world.com AG (Quelle: „100world Werbewirkungsstudie 2000", 100world.com AG, Nürnberg, URL: http://www.100world.com) aus dem Jahr 2000 untersuchte die Werbewirkung im Internet anhand qualitativer

Kriterien. Ziel der Studie war es zu ermitteln, welche Werbewirkungen sich mit Bannern erzielen lassen. Die Ergebnisse bestätigen die zum Teil schon in der EMS/MediaTransfer-Banner-Studie (vgl. Kap. 2.2.2) gewonnenen Erkenntnisse.

Brand-Image Durch den Kontakt mit einem Banner kann der einem Unternehmen zugesprochene Markenwert deutlich gesteigert werden. Die Einstellung des Users zur Marke bzw. zum Werbetreibenden wird dabei von seiner Einstellung zum Werbeträger geprägt. Der Erfolg eines Werbemittels / einer Werbekampagne wird durch die Einstellung zum Werbeträger unmittelbar beeinflusst.

Werbeerinnerung Die Erinnerung der User an die Banner wird insbesondere durch die Bildelemente eines Banners gestützt. Die Studie ermittelte einen Anteil der bildlichen Erinnerung von 65 Prozent. Deutlich gesteigert werden kann die Bannererinnerung auch durch die Unterstützung von crossmedialen Kampagnen.

Ebenfalls unterstützend für die Werbeerinnerung wirkt die Likeability des Banners. Die Likeability drückt das persönliche Sympathieempfinden bzw. das Gefallen eines Users für einen Banner aus. Ist diese Sympathie größer, so steigt auch die Erinnerung an das entsprechende Banner.

AdClick Die Likeability beeinflusst ebenfalls die Bereitschaft ein Banner anzuklicken. Je größer die Likeability, desto höher die Wahrscheinlichkeit eines AdClicks.

Hauptgrund für den AdClick sind bei den meisten Usern spontanes Interesse, Neugier oder ein erwarteter Zusatznutzen. Wird die geweckte Erwartung durch die Zielwebsite nicht gedeckt, so wird eine positive Gesamtwerbewirkung in Frage gestellt.

Ergebnisse

1) Der Einfluss der Einstellung eines Users zum Werbeträger auf die Einstellung zur Marke bzw. gegenüber dem Werbetreibenden verdeutlicht die Bedeutung der Auswahl geeigneter Träger für eine Werbekampagne. Die Werbeträgerwahl ist demnach in erster Linie an qualitativen Kriterien auszurichten und nicht ausschließlich auf die Klickrate zu reduzieren.

2) Die Likeability verdeutlicht die Bedeutung der Bannergestaltung. Banner sind an der vermuteten Nutzenerwartung der Zielgruppe auszurichten. Werden durch das Banner falsche Erwartungen geweckt, so kann der User

enttäuscht werden. Das Ergebnis der Werbewirkung wird dadurch negativ beeinflusst.

3) Auf Bildelemente eines Banners stützt sich ein großer Teil der Erinnerungsleistung. Banner sind daher für einen idealen Werbeerfolg mit Bildern und einem Logo zu versehen.

4) Crossmediale Kampagnen unterstützen die Werbewirkung nachweislich.

Quelle: „100world Werbewirkungsstudie 2000 – Ergebnisse und Empfehlungen aus der Online-Forschung der Bannerwerbung", 100world.com AG, Nürnberg

Bezugsquelle: URL: http://www.100world.com, kann per Email angefordert werden unter info@100world.com.

2.3.2   OnWW Band 1 – Werbewirkung im Internet

Die von der Plan.net Media im Jahr 2001 veröffentlichte Studie zur Online-Werbewirkung untersuchte die Wirkung von Bannern im Internet (Quelle: „OnWW - OnlineWerbeWirkung Band 1: Studie zur Messung der Werbewirkung von Bannern im Internet". Plan.net Media GmbH URL: http://www.plan-net.de). Zielsetzung der Studie war es, allgemeingültige Erkenntnisse zur klassischen (kognitiven) Wirkung von Online-Werbung zu gewinnen. Gemeint sind damit die vielfältigen Wirkungsmöglichkeiten jenseits des Klicks, also z.B. eine Imageveränderung, eine Marken- oder Werbeerinnerung oder die Kaufabsicht.

Werbe-erinnerung

Durch die Studie konnte belegt werden, dass Banner aktiv wahrgenommen werden. Ein großer Teil der befragten User konnte sich an Bannerwerbung und die beworbenen Marken erinnern. Grundsätzlich nimmt die Erinnerung mit wachsender zeitlicher Distanz zum Bannerkontakt ab.

Crossmediale Spillover-Effekte

Erstaunlich ist, dass auch User vorgaben, sich an ein vorgelegtes Banner erinnern zu können, dass sie nie zuvor gesehen hatten. Besonders stark ist diese (unbegründete) Erinnerung bei besonders bekannten Marken, die auch in anderen Medien häufig Werbung schalten. Die Erinnerung kann nur auf ähnliche Banner oder offline Kampagnen zurückgeführt werden.

Brand-Image

Der Bannerkontakt bzw. die Erinnerung an ein zuvor gesehenes Banner führte bei den befragten Usern zu einem verbesserten empfundenen Markenimage. User, die das Banner angeklickt haben, bewerteten das werbende Unternehmen bzw. die Marke deutlich besser als „Nichtklicker".

AdClick

Die meisten befragten User gaben als Grund für den Klick auf ein Banner Neugier (45%) oder Interesse am Produkt (37%) an. Erst danach kamen die Werbebotschaft (28%), ein ansprechendes Bannermotiv (13%) und eine gute Animation (8%). User, die das Banner angeklickt hatten, bewerteten es durchschnittlich besser, als die „Nichtklicker".

Grundsätzlich klicken ziellose Internetnutzer (Surfer) häufiger Banner an, als informationsorientierte Nutzer (Seeker).

**Kauf-
bereitschaft**

Die von den befragten Usern als positiv bewerteten Banner korrelierten in der Regel auch mit einer gesteigerten Informations- bzw. Kaufbereitschaft. Allerdings ließ sich in diesem Fall Ursache und Wirkung nicht eindeutig analysieren. So ist es möglich, dass ein positiv empfundenes Banner die Kaufbereitschaft erhöht. Es ist aber auch möglich, dass eine positive Bannerempfindung durch ein starkes Interesse bzw. die hohe Kaufbereitschaft begründet wird.

**Banner-
gestaltung**

Durch die Studie wurde ermittelt, dass ein ideales „Response-Banner" (engl. response = Reaktion) Branding, Nutzenversprechen und Handlungsaufforderung kombiniert. Im Einzelnen sollte ein optimales Banner die folgenden Kriterien bzw. Elemente kombinieren, um eine höhere Bannererinnerung und eine höhere Klickrate zu erzielen:

- ein dominant präsentiertes Logo

- eine auffällige Gestaltung im Corporate Design

- ein klar und positive formuliertes Nutzenversprechen

- eine kurze und leicht verständliche Aussage

- die Abstimmung der Aussage auf das Werbeumfeld bzw. die Zielgruppe

- eine dezente Handlungsaufforderung

Laut den Ergebnissen der Studie führt eine ausschließliche Orientierung bei der Bannergestaltung auf die Klickrate oder auf einen Branding-Effekt zu schlechteren Ergebnissen. So werden z.B. Banner, die stark auf den AdClick ausgerichtet sind wesentlich schlechter erinnert, als Response-Banner. Auch Image-Banner konnten keine besseren Erinnerungswerte erzielen, als die Response-Banner; allerdings war die Widererkennung höher.

Für eine Gestaltung nach den oben genannten Kriterien sprechen auch die Ergebnisse der Studie, die darauf hinweisen, dass der Nutzungsgrund für das Internet in erster Linie der schnelle Zugriff auf Informationen (48%) und die Suche nach nützlichen Informationen (46%) ist. Unterhaltung und Zeitvertreib (17%) spielt derzeit noch eine untergeordnete Rolle.

Ergebnisse Auch in dieser Studie wird deutlich, dass Werbung im Internet sehr vielfältig wirken kann.

1) Das Werbe- und Markenbewusstsein (Erinnerung) wird durch den Bannerkontakt gesteigert, verliert jedoch mit zunehmender zeitlicher Distanz an Wirkung.

2) Das Markenimage kann durch den Bannerkontakt deutlich verbessert werden. Durch einen AdClick wird dieser Effekt noch verstärkt.

3) Der AdClick erfolgt in erster Linie aus Gründen der Neugier und des spontanen Interesses. Auch wenn die befragten User die Werbebotschaft, dass Bannermotiv und eine gute Animation nicht als Hauptgrund für den Klick angaben, so ist doch zu beachten, das eben diese letztgenannten Kriterien oft erst Neugier und spontanes Interesse auslösen.

4) Surfer klicken Banner häufiger an als Seeker.

5) Das optimale Response-Banner vereint die oben genannten Kriterien und konzentriert sich nicht ausschließlich auf AdClicks oder einen Branding-Effekt.

Quelle: „OnWW - OnlineWerbeWirkung Band 1: Studie zur Messung der Werbewirkung von Bannern im Internet". München: Plan.net media GmbH, 2001.

Bezugsquelle: URL: http://www.onww.de, direkter Download möglich URL: http://www.onww.de/data/downloads/onww1_full.pdf

2.3.3   The Five Golden Rules of Online Branding

Die von AdRelevance, 24/7 Media und Dynamic Logic durchgeführte Studie untersuchte die Branding- (Marken-) Wirkung von Werbebannern im Internet (Quelle: „Five Golden Rules of Online Branding" AdRelevance URL: http://www.adrelevance.com). Die Im Oktober 2000 veröffentlichte Studie ermittelt insbesondere die Wirkung der Bannerkontakte auf eine Veränderung der Brand Awareness, die Werbeerinnerung und die Kaufbereitschaft bei den befragten Personen.

Ergebnisse

1) Im Durchschnitt erhöht Bannerwerbung die Brand Awareness um 7%, die Werbeerinnerung um 27% und die Kaufbereitschaft um 2%.

2) Die Wahrnehmung bzw. das Verständnis der Werbebotschaft steigt mit der Größe des Banners und mit dem Verständnis das Interesse an dem Produkt / der Marke.

3) Auch die Logogröße beeinflusst das Verständnis der Werbebotschaft positiv. Je größer das Logo im Verhältnis zum Banner, desto klarer wird die Werbebotschaft verstanden.

4) Es wird eine Größe des Logos von mindestens 14% der Bannergröße empfohlen.

5) Übermittelt ein Banner viele Informationen, die dem User das Gefühl vermitteln bereits ausreichend informiert zu sein, sinkt das Interesse an weiteren Informationen. In diesem Fall kann der AdClick ausbleiben.

6) Die Abbildung eines menschlichen Gesichts kann das Interesse an zusätzlichen Informationen (und damit die Klickrate) steigern.

7) Die Kontaktmenge eines Users mit einem Banner beeinflusst die Brand Awareness positiv. Durch eine Steigerung von einen auf vier oder mehr Kontakte kann die Brand Awareness verdoppelt werden.

8) Mit zunehmender Anzahl Elemente sinkt die Brand Awareness, die Werbeerinnerung und die Kaufbereitschaft.

9) Banner sollten max. 15 verschiedene Text und Bild Elemente beinhalten.

Das ideale Branding Banner wirkt nach den Erkenntnissen der vorliegenden Studie umso besser, je stärker die Gestaltung an den folgenden Kriterien ausgerichtet ist:

- maximale Bannergröße

- großes Logo (mind. 14% der Bannergröße)

- wenige Text und Bild Elemente (max. 15)

- Abbildung eines menschlichen Gesichts

Quelle: „The Five Golden Rules of Online Branding" AdRelevance

Bezugsquelle: URL: http://www.adrelevance.com oder direkter Download URL: http://www.adrelevance.com/intelligence/intel_report_001016.pdf

2.3.4   Banner Brand Impact - Wirksamkeit von Bannerwerbung

Für die Banner Brand Impact Studie wurden von März bis April 2000 Personen in Deutschland, Frankreich, Großbritannien, Schweden und Spanien zur Wirkung verschiedener Werbebanner befragt (Quelle: „Pan-Europäische Grundlagenstudie zur Wirksamkeit von Bannerwerbung" (BBI), AdLINK Internet Media AG URL: http://www.adlink.de). Ziel der Studie ist die Ermittlung eines tatsächlichen Einflusses der Banner auf Brand-Images (engl. brand image = Markenansehen).

Ergebnisse:

1) Es wurde eine eindeutige Wirkung der Banner auf die Bewertung und Wahrnehmung einer Marke nachgewiesen.

2) Trotz der begrenzten Kommunikationsfläche eines Banners können die Markeninhalte bzw. die Markenprofile vom Betrachter nachvollzogen werden.

3) Die einzelnen Kommunikationsinhalte eines Banners werden vom Betrachter sehr spezifisch wahrgenommen und beeinflussen unmittelbar das Image-Profil.

4) Zur Zeit der Erhebung wurde Bannerwerbung von den befragten Personen nicht als Werbung bewertet (Jahr 2000). Mit der Stärke der Entwicklung des Marktes fiel diese Bewertung jedoch schwächer aus.

5) Mehrheitlich wurde der Bannerwerbung für die Zukunft eine hohe Bedeutung zugesprochen.

6) Bannerwerbung wird grundsätzlich nicht als störend wahrgenommen.

7) Die Entwicklung und Gestaltung der Werbebanner muss sehr sorgfältig erfolgen.

8) Banner mit schnell wechselnden Objekten werden negativer wahrgenommen.

9) Eine hohe Anzahl an Objekten und Inhalten in einem Banner erfordert vom Betrachter ein hohes Maß an Aufmerksamkeit. Wird diese Aufmerksamkeit nicht erreicht, so werden die Banner negativer bewertet.

10) Crossmediale Kampagnen beeinflussen die Wahrnehmung und Bewertung der Banner nachhaltig. Aus diesem Grund soll Bannerwerbung auf die Gesamtkommu-

nikation abgestimmt werden (Verwendung etablierter Schlüsselelemente wie Farben, Schlüsselaussagen und Marken).

11) Der Klick auf ein Banner erfolgt am häufigsten aus Interesse und Neugier. Die Auswahl der Werbeträger und die Bestimmung der Zielgruppe kommt daher eine große Bedeutung zu und muss sorgfältig erfolgen.

12) Eine Aufforderung des Banners zum Klick oder zur Interaktion vermittelt dem Betrachter das Gefühl, dass eine schnelle Kontaktaufnahme möglich ist. Die Klickrate kann dadurch gesteigert werden.

Fazit

Die Studie belegt die Wirkung von Bannerwerbung auf Brand-Images und verdeutlicht insbesondere die Bedeutung der Konzeption und Gestaltung der Banner. Auch die Ermittlung der Zielgruppe und die Auswahl der Werbeträger sowie die optimale Platzierung der Banner sind entscheidend für den Erfolg der Bannerwerbung. Insgesamt ermittelte die Studie eine positive Wirkung und ein recht positives Bild der Banner unter den befragten Personen.

Quelle: „Pan-Europäische Grundlagenstudie zur Wirksamkeit von Bannerwerbung" (European Ad-Form Research 1; BBI Banner-Brand-Impact), AdLINK Internet Media AG

Bezugsquelle: URL: http://www.adlink.de, Download nach Registrierung möglich.

2.3.5   Umfeld- und Texteffekte bei Bannerwerbung

In der Studie „Umfeld- und Texteffekte bei Bannerwerbung – Ein Experiment zur Optimierung von Werbewirkung" (Quelle: ComCult Research GmbH URL: http://www.comcult.de) wird der Frage nachgegangen, wie die Wirkung von Bannern zur Werbung einer Marke optimiert werden kann. Die Erhebung zur Studie erfolge im Jahr 2002, daher wurde die grundsätzliche Wirkung von Bannern z.B. zur Steigerung der Markenbekanntheit, auf Grundlage der Erkenntnisse anderer Studien (z.B. „Kinnie-Report", vgl. Kap. 2.2.1) nicht mehr untersucht.

Die ComCult-Studie untersuchte als mögliche Optimierungsquellen das redaktionelle Umfeld, in dem die Banner geschaltet werden und die Gestaltung der Banner, anhand ihrer Texteffekte. Diese zwei Kriterien können vom Werbetreibenden unmittelbar beeinflusst werden.

Zwei Bannertypen

Für die Untersuchung wurden zwei verschiedene Bannertypen verwendet, Image-Banner und Argumente-Banner. Die Image-Banner zeichneten sich durch vergleichsweise wenig Text und wenige oder keine stichhaltigen Produktargumente aus. Die Argumente-Banner wiesen vergleichsweise viel Text und viele stichhaltige Argumente auf und sprachen dadurch eher das rationale Verständnis des Betrachters an.

Beide Banner orientierten sich durch die Integration eines großen Logos und eines menschlichen Gesichts an den Ergebnissen der Studie „The Five Golden Rules of Online Branding" (vgl. Kap. 2.3.3).

Ergebnisse

1) Zur Steigerung der Markenbekanntheit auf thematisch zum beworbenen Produkt / Marke passenden Websites, sind <u>Argumente-Banner</u> besser geeignet.

2) Zur Steigerung der Markenbekanntheit auf thematisch <u>nicht</u> zum beworbenen Produkt / Marke passenden Websites, sind <u>Image-Banner</u> besser geeignet.

3) Bezogen auf die Markenbekanntheit lässt sich die beste Werbewirkung mit Argumente-Bannern auf Websites mit thematisch übereinstimmenden Inhalten erzielen.

4) Eine annähernd hohe Werbewirkung lässt mit Image-Bannern in nicht themenspezifischen Umfeldern erzielen.

5) Durch eine Optimierung der Bannerinhalte und Werbeträger kann bei gleicher Werbewirkung ein erheblicher Teil der Werbeausgaben eingespart werden (in der Studie 50%).

6) Es wurde eine höhere Resistenz gegenüber Online-Werbung bei „Wenig-Lesern", „Gering-Involvierten", „Wenig-Denkbedürftigen" und „Nicht-Mögern" einer Website festgestellt. Bei diesen Personen konnte nur eine wesentlich geringere Markenbekanntheit erreicht werden.

7) Bei den zuvor genannten Personengruppen mit höherer Resistenz gegenüber Online-Werbung, konnte die Markenbekanntheit deutlich gesteigert werden, wenn in themenspezifischen Umfeldern mit Argumente-Bannern geworben wurde.

Fazit

Die Ergebnisse der ComCult Studie verdeutlichen die Bedeutung der Werbemittelgestaltung und der Werbeträgerwahl. Nur wenn die „richtigen" Werbemittel auch auf der „richtigen" Website bzw. in einem zum Werbemittel passenden Umfeld platziert werden, kann die optimale Werbewirkung erzielt werden.

Die Studie verdeutlicht auch, dass in nicht zum beworbenen Produkt passenden Umfeldern durch den Einsatz von Image-Bannern eine sehr große Werbewirkung erzielt werden kann.

Grundsätzliche Empfehlung aus den Ergebnissen der Studie:

- Schalten Sie Argumente-Banner in thematisch zum Produkt passenden Umfeldern.

- Schalten Sie Image-Banner in <u>nicht</u> thematisch zum Produkt passenden Umfeldern.

Quelle: „Umfeld- und Texteffekte bei Bannerwerbung – Ein Online-Experiment zur Optimierung von Werbewirkung", ComCult Research GmbH, Berlin.

Bezugsquelle: URL: http://www.comcult.de, Download nach Registrierung möglich.

2.3.6   Zielgerichtete Bannergestaltung

In einer Studie zur zielgerichteten Bannergestaltung wurde die Wirkung unterschiedlicher Gestaltungselemente eines Banners untersucht (Quelle: „OnWW – OnlineWerbeWirkung Band 2: Zielgerichtete Bannergestaltung – Eine systematische Untersuchung über die Wirkung unterschiedlicher Bannertypen". Plan.net media GmbH URL: http://www.plan-net.de). Einzelne Elemente eines Banners werden auf Ihre Wirkungsweise anhand zweier Kriterien bzw. Marketingziele unterteilt:

- Der Direct Response (engl. direct response = direkte Reaktion) bezeichnet bei der Online-Werbung den Klick auf das Banner und eine ggf. im Anschluss folgende Transaktion.

- Die kognitive Werbewirkung umfasst alle Wahrnehmungsaspekte wie die Erinnerung und die Einstellung zu einer Werbung, einer Marke oder einem Unternehmen. Weiterhin werden auch die Branding-Effekte Markenbekanntheit, Markenimage und ein ggf. vorhandenes Kaufinteresse diesem Bereich zugeordnet bzw. daraus abgeleitet.

Ziel der Studie ist, die einzelnen Gestaltungselemente anhand ihrer Wirkung auf den Betrachter bzgl. des Direct Response und der kognitiven Wirkung zu analysieren.

Für die Studie wurden Banner mit unterschiedlichen Schwerpunkten für ein fiktives Reiseunternehmen mit dem Namen „ParadiseFound" erstellt und in einem zielgruppenaffinen Umfeld platziert.

Im Folgenden werden die wesentlichen Ergebnisse der Studie zu unterschiedlichen Bannertypen wiedergegeben.

2.3.6.1   Statische Banner

Das statische Banner ist nicht animiert und wurde für diese Studie mit einem Logo, einem klaren Nutzenversprechen und einer indirekten Handlungsaufforderung versehen.

Vorteile   Die Vorzüge des statischen Banners ergeben sich durch seine Einfachheit, die ein seriöses Bild des Unternehmens bzw. der Marke vermittelt. Es wirkt positiv auf das Markenimage und ist aufgrund seiner hohen Erinnerungswerte gut für den Markenaufbau geeignet.

Nachteile   Die Klickrate ist trotz hoher erreichter Aufmerksamkeit bei dem statischen Banner geringer, als bei anderen Bannern. Da nur ein einzelnes Bild dargestellt werden kann, ist das statische Banner weniger geeignet, um komplexe Botschaften zu übermitteln.

2.3.6.2   Imagebanner

Das Imagebanner ist ein animiertes Banner, mit starker Ausrichtung an Image und Seriosität. Für diese Studie wurde ein Banner mit einem Logo, einem zurückhaltenden Nutzenversprechen, dem Namen des Unternehmens und einer indirekten Handlungsaufforderung in drei Bildfolgen kombiniert.

Vorteile   Die Ergebnisse der Studie ergaben die besten Werte alle Banner in den Beurteilungskategorien „Gefallen" und „Beurteilung". Das Imagebanner ist ideal für die Bekanntmachung einer Marke und wird auch gut erinnert.

Nachteile   Die Klickrate ist bei Imagebannern ohne konkretes Nutzenversprechen vergleichsweise gering.

2.3.6.3	### Das lange Banner

Das lange Banner bezeichnet in dieser Studie ein animiertes Banner mit einem längeren Text, der in acht Bildfolgen dargestellt wird. Auch dieses Banner beinhaltet das Logo der Marke.

Vorteile

Das Banner erzielte gute Erinnerungswerte und ein sehr positives Image des Unternehmens bzw. der Marke. Auch die Klickrate war überdurchschnittlich hoch, was auf ein gutes Textkonzept zurückgeführt wird.

Nachteile

Entscheidend für das lange Banner ist demnach die Wortwahl und Wortfolge bzw. die Textgestaltung. Wird das Interesse des Betrachters geweckt, so kann ein Banner auch lange Texte beinhalten. Als Vorteil ergibt sich daraus eine längere Betrachtungsdauer des Users, da er die vollständige Botschaft verstehen möchte. Ist das Banner, wie in diesem Fall mit einem permanent sichtbaren Logo kombiniert, so führt die längere Betrachtungsdauer auch zu besseren Erinnerungswerten.

2.3.6.4   URL-Banner

Für das URL-Banner wurde ein animiertes Banner in vier Bildfolgen erstellt. Das Banner beinhaltet kein Logo und die Marke bzw. URL wird erst in der vierten Bildfolge eingeblendet.

Vorteile

Das Banner führte zu einer sehr guten Erinnerungsleistung bei den Betrachtern. Diese gute Erinnerung wird auf die Gewöhnung der Betrachter an die Einblendung einer einzelnen URL z.B. aus der TV- und Printwerbung zurückgeführt.

Nachteile

Die Klickrate bei dem URL-Banner ist unterdurchschnittlich. Die Werbebotschaft scheint schwer verständlich zu sein und es entsteht der Eindruck, dass das Banner nicht direkt weitere interessante Informationen anzubieten hat.

Fazit

Das Ergebnis dieser Studie war, dass auch bei URL-Banner nicht auf die Verwendung eines Logos verzichtet werden sollte. Das Logo scheint für die Informationsvermittlung und für die Verständlichkeit der Botschaft für den Betrachter von besonderer Bedeutung zu sein.

2.3.6.5   Logo am Schluss-Banner

Das Logo am Schluss-Banner ist ein animiertes Banner in vier Bildfolgen. Erst bei der vierten Bildfolge wird das Logo eingeblendet und dadurch die Marke bzw. das werbende Unternehmen erkennbar.

Vorteile

Die Klickrate ist deutlich höher als bei dem URL-Banner. Dies wird auf die positivere Wirkung eines Logos im Vergleich zu einer URL zurückgeführt. Vorteile kann das Logo am Schluss-Banner haben, wenn in erster Linie Produktaussagen und Bildmotive übermittelt werden sollen, da das Logo in diesem Fall auch ablenkend wirken kann.

Nachteile

Die Erinnerungswerte sind deutlich schlechter, als bei Bannern mit permanent sichtbarem Logo. Für die Branding-Effekte wie den Markenaufbau ist das Banner in dieser Form daher weniger geeignet.

2.3.6.6   Erotikbanner

Das Erotikbanner kombiniert ein permanent sichtbares Logo mit einer indirekten Handlungsaufforderung und einem erotischen Bildmotiv.

Vorteile

Das Erotikbanner erzielte eine außergewöhnlich hohe Klickrate. Auch wurde das Banner geschlechtsunspezifisch sehr gut erinnert.

Nachteile

Die Textbotschaft des Banners wurde im Gegensatz zum Bildmotiv eher schlecht erinnert. Die Aussage der weiblichen User führte zu einer negativeren Bewertung bzgl. des Gefallens des Banners. Die Marke wird bei dem erotischen Banner wesentlich schlechter bewertet als bei anderen Bannern. So empfanden die befragten Personen das Unternehmen bzw. die Marke weder als sympathisch noch als innovativ und entwickelten auch kein Interesse am Unternehmen. Zudem wird das Banner zwar als gut verständlich bewertet, aber als unanständig und unglaubwürdig eingeschätzt. Die Imagewirkung des Banners war vergleichsweise schlecht und auch wurde es als nicht zum Unternehmen passend eingestuft.

Fazit

Für die ausschließliche Steigerung der Klickrate ist ein erotisches Banner gut geeignet. Als Grundvoraussetzung für den Einsatz des Banners gilt jedoch ein Bezug des erotischen Motivs zu Produkt und Marke. Andernfalls können negative Image-Effekte die Marke belasten. Wesentliche Textbotschaften scheinen nicht gut kommuniziert werden zu können, da das erotische Motiv des Banners von der Textbotschaft ablenkt.

2.3.6.7 Bilddominante Banner

Das bilddominante Banner kombiniert ein Logo, verkleinerte Texte und vergrößerte Bilder in vier Sequenzen eines animierten Banners.

Vorteile

Das Banner wird von den befragten Usern sehr gut erinnert. Insgesamt gefällt es den Usern gut und sie beurteilen es als zum Unternehmen bzw. zur Marke passend (die Bilder sind in der Studie dem thematischen Umfeld des Unternehmens bzw. der Marke angepasst). Dem Unternehmen wurde zudem ein sehr positives und gutes Image zugesprochen.

Nachteile

Die Klickrate des bilddominanten Banners ist nachweislich schlechter als bei vielen anderen Bannern. Auch scheinen die Bilder den Betrachter von der Textbotschaft und einer darin übermittelten Handlungsaufforderung abzulenken. Zur Übermittlung einer Werbebotschaft ist diese Bannerform daher weniger geeignet.

2.3.6.8 Textdominante Banner

Das textdominante Banner verzichtet vollkommen auf den Einsatz von Bildern. In vier Sequenzen wird jeweils das Logo mit einer großen Textbotschaft dargestellt.

Nachteile

In allen Bereichen wurde das textdominante Banner von den Usern negativer beurteilt, als andere Banner. Es konnte weder ein positives Image vermitteln noch Interesse am werbenden Unternehmen wecken. Insgesamt wurde es als einfach, ernst und herkömmlich beurteilt. Die Erinnerungswerte waren schlechter als bei anderen Bannern und auch die Response (engl. response = die Reaktion, in der Online-Werbung bezeichnet die Response den Klick) erzielte deutlich schlechtere Ergebnisse.

Fazit

Da das textdominante Banner in keinem der untersuchten Bereiche Vorteile nachweisen konnte, wird von der Verwendung abgeraten.

2.3.6.9 Aggressive Banner

Das aggressive Banner zeichnet sich durch die Verwendung einer sehr deutlichen und provokanten (Text-)Ansprache aus. Neben dieser veränderten Textbotschaft beinhaltet das Banner ebenfalls ein Logo und Bilder, die in vier Bildfolgen dargestellt werden.

Vorteile

Die aggressive Ansprache der User erwirkt eine hohe Aufmerksamkeit, die sich in einer außergewöhnlich hohen Klickrate bemerkbar macht. Den befragten Personen gefiel das Banner gut. Das Unternehmen bzw. die Marke wurde als sympathisch bewertet und die aggressive Textbotschaft nicht als störend empfunden.

Nachteile

Die direkte und aggressive Bannergestaltung wurde als nicht zum Produkt bzw. Unternehmen passend bewertet. Die Erinnerungswerte des Banners sind sehr schlecht, was es für den Markenaufbau unbrauchbar macht.

Fazit

Wie so oft, ist auch bei diesem Banner die Zielgruppenansprache ein bedeutendes Kriterium, um den Erfolg der Werbung zu gewährleisten. Eine direkte und aggressive Ansprache des Betrachters ist daher an den Interessen der Zielgruppe auszurichten.

2.3.6.10 Signalfarben-Banner

Für diese Bannervariante wurde lediglich ein normales animiertes Banner, mit Logo, Text und Bildern, mit einer grellen Hintergrundfarbe versehen.

Vorteile

Das Banner kann durch die Signalfarbe Aufmerksamkeit wecken und eine hohe Klickrate erzeugen. Die Farbe wirkt nicht störend und das Banner wird durchweg als gut bewertet. Auch kann es die Neugier auf die werbende Website wecken.

Nachteile

Die Erinnerungswerte des Banners sind außergewöhnlich schlecht. Ursache kann ein Ablenkungseffekt der Farbe von Logo und Textbotschaft sein.

Fazit

Für einen Branding-Effekt scheint das Banner ungeeignet. Die Erinnerungswerte sind dafür zu schlecht. Zur Steigerung der Klickrate kann das Signalfarben-Banner eingesetzt werden, wobei ggf. Kompromisse bei der Orientierung am Corporate Design erforderlich sind.

2.3.6.11 Animationseffekt-Banner

In dem Animationseffekt-Banner wurden nicht nur wechselnde Bilder und Texte eingeblendet, sondern auf einen direkten fortlaufenden Effekt aus der Animation gesetzt (z.B. über mehrere Bilder durch das Banner laufendes Kamel). Zusätzlich enthielt das Banner auch ein permanent sichtbares Logo. Das Banner wurde in sieben Bildfolgen dargestellt.

Vorteile

Das Banner konnte eine positive Imagewirkung erzielen. Das Banner wurde als gut und zum Unternehmen passend bewertet. Auch das Unternehmen wurde als sympathisch und innovativ wahrgenommen.

Nachteile

Die Klickrate ist geringer als bei anderen Bannern und die Erinnerungswerte sind außergewöhnlich schlecht. Die eigentliche Botschaft des Banners konnte nicht vermittelt werden.

Fazit

Die Vermutung liegt nahe, dass zu viel Animation von der wesentlichen Werbebotschaft ablenkt. Die positive Imagewirkung ist in erster Linie auf die aufwendigere Animation zurückzuführen bzw. auf die mit der Animation verbundene Innovationssuggestion.

2.3.6.12   Form-Banner

Diese Bannerform enthielt Logo, Text und Bilder und wurde an den unteren Ecken abgerundet, hebt sich dadurch also von den normal eckigen Formaten ab.

Nachteile

Die Aufmerksamkeit des Betrachters konnte durch die abweichende Form nicht gesteigert werden. Das Form-Banner erzielte eine schlechtere Wahrnehmungswerte und eine schlechtere Erinnerung. Auch auf die Klickrate hatte die besondere Form keinen Erfolg. Insgesamt gefiel den befragten Personen diese Bannerform nicht.

2.3.6.13   Half-Size-Banner / Halb-Banner

Das Halb-Banner enthielt alle wesentlichen Elemente eines animierten Banners. Text, Logo und Bilder wurden fünf Sequenzen dargestellt.

Vorteile

Das Banner verzeichnete trotz der nur halb so großen Werbefläche keine überdurchschnittlich schlechte Klickrate. Da Halb-Banner in der Regel günstiger gebucht werden können, ist dies als Vorteil auszulegen.

Nachteile

Die Erinnerungsleistung ist bei diesem Banner wesentlich schlechter, als bei einem Banner normaler Größe. Auch wirkte das Banner durch die Vielzahl an Informationen auf relativ kleinem Raum weniger verständlich und konnte kein positives Image vermitteln. Für Branding-Effekte scheint das Banner weniger geeignet als ein Voll-Banner.

2.3.6.14   Fake-HTML-Banner

In dieser Bannerform wird zusätzlich zu einem permanent sichtbaren Logo, Bildern und Textbotschaften ein vorgetäuschtes Menüfeld integriert (engl. fake = die Fälschung, der Schwindel). Das Menüfeld suggeriert eine Auswahlmöglichkeit, die jedoch beim Auswahlversuch unmittelbar zum Klick und zum Besuch der beworbenen Seite führt.

Vorteile

Das Fake-HTML-Banner erzeugte von den in dieser Studie untersuchten Bannern die höchste Klickrate. Zur Steigerung der Klickrate scheinen Fake-Elemente in Bannern ein optimales Mittel zu sein.

Nachteile

Das Banner erzeugte schlechte Erinnerungswerte und wurde insgesamt recht negativ bewertet. So entsprach das Banner bei den befragten Personen nicht den Vorstellungen von einem guten Banner. Auch wurde es als störend empfunden und vermittelte einen unseriösen Eindruck.

Fazit

Aufgrund der obigen Erkenntnisse ist das Fake-HTML-Banner ausschließlich zur Steigerung der Klickrate geeignet. Von seriösen Unternehmen und für Branding-Effekte ist es wenig geeignet.

2.3.6.15   Hier-klicken-Banner

Das Hier-klicken Banner blendet in der letzten (vierten) Bildfolge ein blinkendes Element mit der Beschriftung „Hier klicken!" ein. Alle bewährten Elemente wie Logo, Bilder und Text sind ebenfalls enthalten.

Vorteile

Die direkte Handlungsaufforderung hat eine direkte positive Wirkung auf die Klickrate. Das Blinken der Handlungsaufforderung scheint zusätzlich verstärkend zu wirken.

Nachteile

Von allen Bannern verzeichnete das Hier-klicken-Banner die schlechtesten Erinnerungswerte. Auch wurde das Banner von vielen Befragten als nicht zum Unternehmen passend und störend bewertet.

Fazit

Die Wirkung einer plumpen und direkten Handlungsaufforderung kann, wie in diesem Beispiel, einen minderwertigeren Eindruck bei den Betrachtern hinterlassen bzw. zu einem negativen Markenimage führen. Für die Einführung einer Marke scheint das Banner weniger geeignet.

2.3.6.16 Gewinnspielbanner

Das Gewinnspielbanner integriert neben dem Logo, Bildern und Textbotschaften einen Hinweis auf ein Gewinnspiel, unter Ankündigung des Hauptpreises.

Nachteile Das Banner erzielte keine positive Klickrate und erscheint dem Betrachter eher schwer verständlich. Die Erinnerungsleistung beschränkte sich auf das Gewinnspiel und konnte keine positiven Imagewerte erzielen. Den befragten Personen schien das Banner keine interessanten Informationen zu bieten und machte daher auch nicht neugierig auf die Website bzw. einen Klick.

Fazit Zur Traffic-Steigerung ist das Banner ungeeignet, da es keine positive Klickrate erzielen konnte. Zu berücksichtigen ist aber, dass andere Gewinnspielbanner höhere Klickraten erzielen können. Für Branding-Effekte ist das Banner aufgrund der schlechten Erinnerungsleistung und Imagewerte ebenfalls weniger geeignet.

2.3.6.17 Platzierung der Banner

In der Studie konnte belegt werden, dass Banner in einem themenspezifischen Umfeld bessere Ergebnisse erzielen. So wurden neben der Schaltung der Banner im zielgruppenaffinen Umfeld auch Kontrollbanner in nicht zielgruppengerichteter Umgebung platziert. Die Klickrate war in dem zielgruppenaffinen Umfeld deutlich höher als bei der Kontrollgruppe. Auch wurden Banner im affinen Umfeld positiver wahrgenommen und von den befragten Personen als weniger störend beschrieben.

Der Auswahl der Werbeträger und der Bestimmung der Zielgruppe ist daher große Bedeutung beizumessen. Eine zielgruppenspezifische Platzierung der Werbebanner ist wesentliches Kriterium für den Erfolg einer Kampagne.

2.3.6.18 Zusammenfassung zur zielgerichteten Bannergestaltung

Die OnWW Studie zu zielgerichteter Bannergestaltung liefert auch allgemeingültige Erkenntnisse. Vorteilhaft für diese Studie war insbesondere das Verfahren ein fiktives Unternehmen zu bewerben, da Fremdeinflüsse weitestgehend ausgeschlossen werden konnten. Zudem ermöglicht es weitestgehende Handlungsfreiräume bzgl. der Gestaltung und Platzierung der Banner, da weder auf ein Corporate Design noch auf ein evtl. etabliertes Image Rücksicht genommen werden muss.

Aus den Ergebnissen der verschiedenen im Zusammenhang dieser Studie untersuchten Banner, kann folgende Erkenntnis festgehalten werden:

Merke!

> ***Zielgerichtete Bannergestaltung:***
>
> Die Bannergestaltung ist an der Zielsetzung des werbenden Unternehmens auszurichten. Je nach Verwendung unterschiedlicher Elemente kann die Direct-Response in Form der Klickrate oder auch die Branding-Wirkung optimiert werden. Bei einer ausschließlichen Konzentration auf die Steigerung der Klickrate können Markenziele eindeutig negativ beeinflusst werden und das Image eines Unternehmens Schaden nehmen.

Wichtige Bannerelemente

Für die Optimierung eines Banners mit dem Ziel eine möglichst hohen Klickrate und gleichzeitig eine möglichst starker Branding-Wirkung zu erzielen, ist die Verwendung der hier aufgelisteten Elemente zu empfehlen:

1) Logo: Ein Logo sollte in allen Animationssequenzen des Banners permanent sichtbar sein.

2) Bilder: Der Einsatz von unternehmens- bzw. produktbezogenen Bildern unterstützt die Werbebotschaft. Vorteil der Bilder ist, dass sie vom menschlichen Gehirn schneller aufgenommen und leichter erinnert werden.

3) Text: Auch Text kann für eine Brandingwirkung vorteilhaft sein. Zudem bietet Text den Vorteil den Betrachter direkter ansprechen zu können und ggf. ausführlichere Informationen zu übermitteln.

4) Nutzenversprechen: Die Botschaft des Banners sollte dem Betrachter einen unmittelbaren Nutzen verdeutlichen. Dies erhöht das Verständnis und dadurch die Wahrscheinlichkeit, dass der Betrachter das Banner anklickt.

5) Corporate Design: Für Branding-Effekte empfiehlt sich die Gestaltung der Banner im Corporate Design. So können positive Effekte aus Cross medialen Kampagnen genutzt werden.

Für alle Elemente gilt, dass Sie nicht das Gesamtbild des Banners dominieren dürfen. Werden einzelne Elemente zu groß und zu dominant dargestellt, so lenken sie von anderen Elementen, die zur Erreichung der Werbeziele grundlegend erforderlich sind, ab.

Obwohl mittlerweile animierte Banner die Werbeflächen im Internet dominieren, ist zu beachten, dass auch statische Banner eine sehr gute Werbewirkung erzielen. Überzeugen können statische Banner vor allem durch Ihre Einfachheit und die leichte Verständlichkeit. Zudem können sie sehr seriös wirken.

Als negative Beispiele seien noch die folgenden Erkenntnisse der Studie zusammengefasst:

1) Gewinnspiele Banner wirken nicht zwangsläufig besser als andere Banner. Es ist daher sehr auf die Gestaltung und das Werbeumfeld zu achten.

2) Hier-klicken-Banner können zwar hohe Klickraten erzielen, aber negative Imageeffekte mit sich bringen.

3) Fake-HTML-Banner fördern die Klickrate, können sich aber ebenfalls negativ auf das Image auswirken.

4) Erotische Motive steigern ebenfalls die Klickrate und die Aufmerksamkeit, sollten jedoch nur eingesetzt werden, wenn die Motive zum Unternehmensimage passen.

5) Zu viel Animation kann von der eigentlichen Werbebotschaft ablenken und führt nicht zwangsläufig zu einer höheren Klickrate.

6) Auf Bilder sollte in keinem Fall verzichtet werden, da das textdominante Banner keine positive Werbewirkung verzeichnen konnte.

Für die einfache Auswahl geeigneter Bannerelemente zur Erreichung einzelner Werbeziele, werden in der nachfolgenden Tabelle die jeweils wirksamsten Elemente den einzelnen Zielen zugeordnet (s. Tab. 9).

Ziel	Wirksame Bannerelemente
Klickrate steigern	<ul><li>Scheinbar interaktive Bildelemente (Fake-HTML)</li><li>Erotische Motive</li><li>Aggressive Texte</li><li>Klare Handlungsaufforderung („Klick hier!")</li><li>Signalfarben verwenden</li></ul>
Markenimage verbessern	<ul><li>Markenname einbinden</li><li>Klare und zielgruppengerichtete Texte</li><li>Permanent sichtbares Logo</li><li>Produkt- bzw. unternehmensbezogene Bilder</li><li>Auffällige Farben</li></ul>
Markenbekanntheit steigern	<ul><li>Logo, permanent sichtbar</li><li>Erotische Motive</li><li>Bilder, produkt- bzw. unternehmensbezogen</li><li>Klare und zielgruppengerichtete Texte</li></ul>
Kaufinteresse steigern	<ul><li>Klare und zielgruppengerichtete Texte (auch aggressiv und provokant)</li><li>Klare Handlungsaufforderung („Klick hier!")</li><li>Logo ggf. erst in letzter Sequenz, kann Neugier steigern</li></ul>

Tab. 9: Die Wirksamkeit einzelner Bannerelemente auf verschiedene Werbeziele

Bei der Ausrichtung der Werbeformen an einzelnen Zielen sind die Wirkungen einzelner Elemente auf andere Marketingziele zu berücksichtigen. Die Tabelle erfasst lediglich die Elemente, die jeweils einem einzelnen Ziel am förderlichsten sein können. Stimmen Sie Ihre Banner in jedem Fall auf alle Marketingziele ab. Andernfalls riskieren Sie einem Ziel förderlich zu sein und allen anderen Zielen zu schaden.

Quelle: „OnWW – OnlineWerbeWirkung Band 2: Zielgerichtete Bannergestaltung – Eine systematische Untersuchung über die Wirkung unterschiedlicher Bannertypen". München: Plan.net media GmbH, 2001.

Bezugsquelle: URL: http://www.onww.de, direkter Download   möglich URL: http://www.onww.de/data/downloads/onww2_full.pdf.

2.3.7   Zusammenfassung zu den Wirkungselementen von Online-Werbeformen

In den einzelnen Kapiteln bzw. Studien sind viele Banner-Elemente anhand Ihrer Werbewirkung analysiert. Die sehr unterschiedliche Wirkung der einzelnen Elemente auf die verschiedenen Werbeziele verdeutlicht, dass zur Optimierung der Werbewirkung eine genaue Ausrichtung und Gestaltung der Werbeformen an den individuell gesetzten Marketingzielen erfolgen muss. Als allgemeine Grundlage für eine möglichst übergreifende Werbewirkung lässt sich jedoch folgendes festhalten.

Das ideale Banner

Das ideale (seriöse) Banner für eine vielschichtige Werbewirkung sowohl unter Direct-Response als auch unter Branding-Aspekten, beinhaltet als Basis die folgenden Elemente:

- Logo: Ein Marken- oder Firmenlogo permanent sichtbar (in alles Bildsequenzen).

- Bilder: Ausgewählte Bilder, die zum Produkt, Unternehmen oder der Marke passen.

- Text: Wohlformulierte, an der Zielgruppe ausgerichtete Texte, die ein klares Nutzenversprechen und ggf. eine dezente Handlungsaufforderung beinhalten.

Dieses Banner ist zur Erreichung einer optimalen Werbewirkung in einem themenspezifischen Umfeld zu platzieren.

Je nach individuellem Werbeziel, kann dieses Banner mit weiteren Elementen kombiniert werden. Um die Gestaltung der Werbeformen und die Ausrichtung an den einzelnen Marketingzielen zu vereinfachen, sind die einzelnen Banner-Elemente und Einflussvariablen sowie ihre Werbewirkungen in der nachfolgenden Tabelle zusammengefasst (s. Tab. 10).

Element / Einflussvariable	Werbewirkung	
	positiv	**negativ**
Animationseffekte	Eine aufwendige Animation kann eine positive Imagewirkung erzielen. Auch Banner mit vielen Sequenzen können positiv wirken, wenn die Wortwahl und Textgestaltung Interesse wecken.	Eine aufwendige Animation kann zu niedrigeren Klickraten und einer schlechteren Erinnerungsleistung führen (Ablenkungseffekt). Schnell wechselnde Objekte können negativ wahrgenommen werden.
Bannergröße	Mit zunehmender Größe wird die Aufmerksamkeitsleistung erhöht und das Verständnis der Werbebotschaft nimmt zu. Mit dem Verständnis steigt das Produktinteresse.	Kleine Banner können zu einer schlechteren Erinnerungsleistung führen. Je mehr Informationen auf kleinem Raum, desto schlechter das Verständnis und die Imagewirkung.
Bilder	Steigern die Erinnerungsleistung und unterstützen die Werbebotschaft.	Sollten ein Banner nicht dominieren, da sonst die Werbebotschaft schlechter vermittelt werden kann und die Klickrate sinkt.
Crossmedia	Crossmediale Kampagnen unterstützen die Online-Werbewirkung. Eine Abstimmung aller Kampagnen ist erforderlich (z.B. am Corporate Design).	Nicht bekannt.
Elemente Anzahl	Verschiedene Elemente steigern die Werbewirkung.	Zu viele Elemente (max. 15) beeinflussen die Brand Awareness, die Werbeerinnerung und auch die Kaufbereitschaft negativ.

Element / Ein-flussvariable	Werbewirkung	
	positiv	**negativ**
Erotische Elemente	Können die Klickrate steigern und werden leicht erinnert.	Können sich negativ auf andere Werbeziele wie Image und Glaubwürdigkeit auswirken.
Fake-HTML-Elemente	Können die Klickrate steigern.	Können als unseriös und störend empfunden werden und dem Image schaden.
Informationen	Können Neugier und Interesse steigern.	Zu viele Informationen können die Klickrate negativ beeinflussen.
Klickaufforderung	Kann die Klickrate steigern.	Kann dem Image und der Erinnerungsleistung schaden und auch als störend empfunden werden.
Logo	Je größer das Logo im Verhältnis zum Banner (min. 14%), desto klarer wird die Werbebotschaft verstanden.	Ist das Logo nicht permanent sichtbar, nimmt die Erinnerungsleistung rapide ab.
Menschliches Gesicht	Kann das Interesse des Betrachters und die Klickrate steigern.	Nicht bekannt.
Signalfarben	Können die Aufmerksamkeit und die Klickrate steigern.	Die Erinnerungsleistung verschlechtert sich (Ablenkungseffekt).
Text	Erzielt auch Branding-Effekte. Ein klar und positiv formuliertes Nutzenversprechen erhöht das Verständnis und die Klickwahrscheinlichkeit.	Sollte Banner nicht dominieren, da sonst in allen Bereichen eine schlechtere Werbewirkung erzielt werden kann.
Werbeträger	Bei Schaltung in themen-affinen Umfeldern kann die Werbewirkung gesteigert werden.	Nicht bekannt.

Tab. 10: Übersicht Elemente und Einflussvariablen der Werbewirkung

2.4 Die Wirkung einzelner Werbeformen

Auf Basis der bisher gewonnenen Erkenntnisse lassen sich Banner für unterschiedliche Marketingziele gestalten und ihre Werbewirkung optimieren. Eine Vielzahl an Informationen zur Wirkung von Animationen, Bannergröße, Bild- und Textelementen und weitere schaffen eine solide Grundlage für die zielgerichtete Nutzung des Internets als Werbemedium.

Um die Grundlage noch zu erweitern, werden Werbeformen und ihre spezifische Werbewirkung in diesem Kapitel näher betrachtet. Das Banner mit zunehmender Größe auch eine erhöhte Aufmerksamkeit erzielen und animierte Banner mehr Informationen vermitteln können, erscheint recht einleuchtend. Doch wie wirken die (Sonder-) Werbeformen wie PopUp oder Superstitial im Detail?

Zu einzelnen weiter verbreiteten Werbeformen liegen bereits Studienergebnisse vor, die eine Planung und Auswahl für eine Kampagne anhand der unterschiedlichen Wirkungsweisen ermöglichen. Diese Studienergebnisse bzw. die wesentlichen Erkenntnisse der Studien schaffen die Basis um Vor- und Nachteile einzelner Werbeformen genauer zu erfassen und nutzbar zu machen.

2.4.1 Studie zur Wirkung von Werbeformen

Die AdEffects Studie (Quelle: „AdEffects 2002 – Die Studie zur Wirkung von Werbeformen". Hamburg: Tomorrow Focus Sales GmbH) untersucht die Wirkung der Werbeformen PopUp, DHTML-Banner, Sticky Ad und Skyscrape. Ziel der Studie war herauszufinden, welche Werbeform für welche Werbeziele am besten geeignet ist.

Untersucht wurden die vier unterschiedlichen Werbeformen anhand ihrer Stärken und Schwächen in den folgenden Wirkungsbereichen:

- Aufmerksamkeitsleistung

- Werbeerinnerung und Werbemittelbeurteilung

- Markenbekanntheit und Markenbeurteilung

- Produktinteresse

- AdClick-Rate (Direct-Response)

2.4.1.1   PopUp

Von den vier untersuchten Werbeformen erzielte das PopUp Banner insgesamt die besten Ergebnisse. Es erreichte die höchste Klickrate und konnte die größte Markenbekanntheit begründen. Die Erinnerungsleistung der befragten Personen war bei dem PopUp Banner ebenfalls am höchsten. Durch das Einblenden des Banners in einem eigenständigen kleinen Browserfenster vor der aufgerufenen Seite, wird das PopUp sehr schnell wahrgenommen. Das PopUp Banner scheint aufgrund der vorliegenden Ergebnisse sowohl für eine Branding-Kampagne als auch für eine Direct-Response orientierte Kampagne optimal geeignet zu sein.

2.4.1.2   DHTML-Banner

Das DHTML-Banner erzielte die zweithöchste Klickrate und ist daher neben dem PopUp auch gut für Direct-Response Kampagnen geeignet. Es erzielte die höchste Aufmerksamkeit der Betrachter und gefiel den befragten Personen von allen Werbemitteln am besten.

Die Vorteile des DHTML-Banners liegen vor allem in seiner Gestaltungsvielfalt. So kann durch eine kreative Gestaltung eine sehr hohe Aufmerksamkeit erreicht werden, ohne dem User das Gefühl einer Unterbrechung zu geben.

2.4.1.3   Skyscraper

Nach dem DHTML-Banner konnte der Skyscraper die größte Aufmerksamkeitsleistung erzielen. Für Branding-Kampagnen ist der Skyscraper aufgrund guter Erinnerungswerte, deutlich gesteigerter Markenbekanntheit und einem gesteigerten Produktinteresse gut geeignet. Zur Steigerung der Klickrate ist diese Werbeform nicht optimal. Es konnten keine außergewöhnlich guten Klickraten erzielt werden.

2.4.1.4   StickyAd

Auch das StickyAd konnte wie schon der Skyscraper keine außergewöhnlich hohe Klickrate erzielen. Die Werbeerinnerung, Markenbekanntheit und Werbemittelbeurteilung fielen nicht besonders positiv aus. Allerdings konnte das StickyAd das Produktinteresse deutlich steigern und erzielte auch eine gute Markenbeurteilung.

Aufgrund seiner besonderen Funktion, wird das StickyAd erst sehr spät wahrgenommen, wenn der User eine Seite weiter scrollt. Bei der Platzierung ist daher ein Umfeld mit sehr großen bzw. umfangreichen Seiten, die ein Scrollen unbedingt erforderlich machen, zwingende Voraussetzung für einen Werbeerfolg.

2.4.1.5   Zusammenfassung

Bei den vier innerhalb dieser Studie getesteten Werbeformen handelt es sich um neuere und innovativere Werbeformen. Sie scheinen zur Verbesserung der Markenbeurteilung alle gut geeignet zu sein. Einzig der Skyscraper erreichte im Vergleich zu den anderen drei Werbeformen unterdurchschnittliche Werte.

Hinsichtlich der Markenbekanntheit schnitt das StickyAd deutlich schlechter als die anderen Werbeformen ab. Dies ist auf die geringere Aufmerksamkeitsleistung zurückzuführen. Grundsätzlich ist zur Steigerung der Markenbekanntheit ein wiederholter Werbemittelkontakt erforderlich.

In Anbetracht der Klickrate scheint für eine Response orientierte Werbekampagne das PopUp als auch das DHTML-Banner am besten geeignet. Der bekannte Banner-Burnout Effekt, also die Verringerung der Klickrate mit einer fortschreitenden Werbedauer konnte in dieser Studie bei allen Werbemitteln nachgewiesen werden.

Effizienz-Analyse

Im Zusammenhang der Studie wurde auch eine Effizienz-Analyse durchgeführt. Diese berücksichtigte die Kosten der einzelnen Werbeformen, wobei Skyscrape und DHTML-Banner um 50 Prozent teurer als StickyAd und PopUp waren. In Bezug auf die Verbesserung der Markenbekanntheit und des Markenimages, wurde das PopUp mit Abstand als am effizientesten ermittelt.

Quelle: „AdEffects 2002 – Die Studie zur Wirkung von Werbeformen". Hamburg: Tomorrow Focus Sales GmbH, 2002.

Bezugsquelle: URL: http://sales.tomorrow-focus.de, Download nach Registrierung möglich.

2.4.2   Streaming Media

Millward Brown IntelliQuest untersuchte in einer Studie 1999 die Wirkung von Streaming Media Werbeformen im Vergleich zu normalen Bannern. Unter Streaming Media werden die Werbeformen zusammengefasst, die z.B. animierte Bild- und Videosequenzen kombiniert mit Ton mit einem besonderen Übertragungsverfahren, das auch bedingt für niedrige Übertragungsraten geeignet ist übermitteln. Für Streaming Media wird eine der verschiedenen Softwarelösungen (z.B. RealPlayer™) benötigt, die eine Übermittlung von multimedialen Dateien (z.B. Videosequenzen) und die Darstellung auf dem PC des Betrachters ermöglichen.

Ergebnisse

1) Streaming Media scheint bis zu fünfmal so effektiv zu wirken wie normale Banner und ist dabei mindestens so effektiv wie TV-Spots.

2) Die Aufmerksamkeitsleistung von Streaming Media Werbeformen ist überdurchschnittlich hoch.

3) Die Markenbekanntheit kann durch Streaming Media überdurchschnittlich stark erhöht werden.

4) Das Markenimage konnte nachweislich verbessert werden.

Fazit

Die Ergebnisse der Studie sprechen aufgrund der sehr starken Werbewirkung grundsätzlich für den Einsatz von Streaming Media Werbeformen. Beachtet werden muss allerdings, dass diese Werbeformen in der Regel relativ viel Speicher erfordern und für einen schnellen Empfang eine hohe Bandbreite beim Betrachter voraussetzen. Andernfalls können Ladezeitverzögerungen auch negative Effekte mit sich bringen.

In der Studie wird darauf hingewiesen, dass die Werbeform mit Streaming Media auf die Erwartungen der Betrachter und das Leistungsvermögen des werbenden Unternehmens sorgfältig abgestimmt werden müssen. Andernfalls kann eine sehr positive Werbebotschaft hohe Erwartungen wecken, die ggf. von dem Produkt oder der Marke nicht erfüllt werden können.

<u>Quelle</u>: „Streaming Media on the Web: The Involvement of TV Style Ads In a – Lean Forward - Medium". Millward Brown IntelliQuest, 2000. "BrandImpact™ results for 800.com advertising on RealPlayer". Millward Brown IntelliQuest, 1999.

<u>Bezugsquelle</u>: URL: http://www.intelliquest.com/resources

2.4.3   Comet Cursor

In einer von Millward Brown ItelliQuest im Jahr 1999 durchgeführten Studie wurde die Werbewirkung des Comet Cursor näher untersucht. Zur Erinnerung: Comet Cursor setzen ein zusätzliches Software Tool voraus, das die Form des Mauszeigers verändern kann. Bewegt der User den Mauszeiger über die Werbefläche (Banner), so können Form und Farben verändert werden (vgl. Kap. 1.6.2). Diese Studie stellt Vergleichsergebnisse vor, da sowohl User befragt wurden, bei denen der Comet Cursor zum Einsatz kam, als auch User, die das notwendige Tool nicht auf Ihrem PC installiert hatten und daher die Effekte nicht wahrnehmen konnten.

Ergebnisse

1) Die Wahrnehmung der Werbung konnte mittels Comet Cursor um das Zehnfache gesteigert werden. Während das normale Banner eine Wahrnehmung von 22 Prozent erreichte, konnten mit Comet Cursor 222 Prozent erzielt werden.

2) Die Werbeerinnerung kann unter dem Einsatz eines Comet Cursors von 17 Prozent (einfaches Banner) auf 39 Prozent gesteigert werden.

3) Die Klickrate konnte durch den Einsatz eines Banners mit Verwendung des Comet Cursor nahezu verdoppelt werden. So ließ sich in der Studie die Klickrate gegenüber einem einfachen Banner um 97 Prozent erhöhen.

4) Das Markenimage konnte durch den Einsatz des Comet Cursor deutlich verbessert werden.

5) Auch die Kaufbereitschaft kann unter Einsatz des Comet Cursor erhöht werden. So lag die Kaufbereitschaft der befragten Personen, die Kontakt mit dem Comet Cursor hatten, um 29 Prozent höher als bei denen, die nur das normale Banner präsentiert bekamen.

Fazit

Sowohl für Branding-Effekte als auch zur Steigerung der Klickrate scheint der Comet Cursor gut geeignet zu sein. Die Kommunikationseffizienz ließ sich in allen Bereichen deutlich steigern. Zudem findet mit dem User ein direkterer Kontakt statt, da die Maus unverzichtbares Utensil für die Internetnutzung ist. Der User wird direkter angesprochen.

Zu beachten bleibt, dass die Bereitschaft der User zur Betrachtung von Werbebotschaften ein zusätzliches Tool herunter zu laden und danach zu installieren, nicht immer gegeben sein wird. Auch kann die Veränderung des Mauszeigers von Seekern ggf. als störend empfunden werden, da sie von der zielgerichteten Suche nach Informationen abgelenkt werden.

Quelle: „Evaluating the Effectiveness of the Comet Cursor". Millward Brown IntelliQuest, 1999.

Bezugsquelle: URL: http://www.intelliquest.com/resources

2.4.4   Rich Media

Bereits im Jahr 1999 untersuchte Millward Brown ItelliQuest in einer Studie die Wirkung der Rich Media Werbeformen im Internet. Rich Media Banner können wesentlich anspruchsvollere und aufwendigere Werbebotschaften übermitteln, als herkömmliche animierte Banner. Ziel dieser Studie war zu ermitteln, ob sich die aufwendigere Gestaltung der Banner auch in der Werbewirkung widerspiegelt.

Ergebnisse

1) Die Klickrate konnte durch den Einsatz von Rich Media Bannern überdurchschnittlich stark gesteigert werden. Während normale Banner in der Studie eine Klickrate von 0,98 Prozent erzielten, konnten Rich Media Banner mit einer Klickrate von 4,32 Prozent ein um mehr als das Vierfache besseres Ergebnis liefern.

2) Die Werbewahrnehmung wurde mittels Rich Media Banner gegenüber normalen Bannern deutlich gesteigert.

3) Die gesteigerte Werbewahrnehmung wirkte sich auch positive auf die Markenwahrnehmung aus. Auch diese konnte im Vergleich zu normalen Bannern deutlich gesteigert werden.

4) Das Markenimage konnte signifikant verbessert werden.

5) Das Produktinteresse bzw. die Kaufbereitschaft wurde durch Rich Media leicht gesteigert.

Fazit

Die relativ neuen und innovativen Rich Media Banner lassen Online-Werbung für den Betrachter unterhaltsamer erscheinen. Daher kann der Werbetreibende von einer stärkeren Wirkung profitieren. Grundsätzlich sind Rich Media Banner sowohl für Branding-Effekte als auch zur Steigerung der Direct Response (Klickrate) gut geeignet. Der Erfolg einer Kampagne liegt jedoch bei den Rich Media Bannern, wie auch bei allen anderen Werbeformen nicht in der Werbeform allein, sondern in der Auswahl der geeigneten Werbeumfelder und Zielgruppen unter Einsatz wohl formulierter Werbebotschaften.

Quelle: "Advertising Effectiveness Research: The Wired Digital Rich Media Study". Millward Brown IntelliQuest, 1999

Bezugsquelle: URL: http://www.intelliquest.com/resources

2.4.5   Superstitial

Die Online-Werbeform Superstitial erreicht schon aufgrund ihrer enormen Größe und der Einblendung vor einem anderen Browserfenster hohe Aufmerksamkeit. In einer Studie von Harris Interactive und Unicast Communication aus dem Jahr 2001 wurde die Wirkung der Superstitials mit der von TV-Spots verglichen.

Ergebnisse

1) Superstitials wurden von den befragten Personen nahezu ebenso positiv beurteilt wie TV-Spots. Verglichen mit einer im allgemeinen um ca. 50 Prozent schlechteren Bewertung der Online-Werbung gegenüber TV-Werbung ist das Ergebnis noch aussagekräftiger.

2) Ein großer Teil der User bewertete Superstitials als mit TV-Werbung vergleichbar.

3) Die Markenerinnerung wurde durch die Superstitials im Allgemeinen nicht im selben Umfang gesteigert wie durch TV-Spots. Dennoch konnten bei einigen Superstitials vergleichbar gute Ergebnisse erzielt werden.

4) Die Verwendungs- bzw. Kaufabsicht wurde durch Superstitials in annähernd demselben Umfang gesteigert, wie durch TV-Spots. Bei einer untersuchten Marke war das Superstitial dem TV-Spot sogar überlegen.

Fazit

Die Ergebnisse zeigen, dass Superstitials bezogen auf ihr Erscheinungsbild und ihre Werbewirkung am ehesten mit TV-Spots verglichen werden könne. Auch wenn die Werbewirkung der Superstitials noch etwas schlechtere Ergebnisse liefert, als die der TV-Werbung, kann ein Kostenvergleich ggf. zugunsten der Superstitials ausfallen.

Quelle: "A Comparison of Superstitial® Ad Units Relative to Television Commercials". Harris Interactive and Unicast Communications, 2001

Bezugsquelle: URL: http://www.unicast.com

2.4.6   Zusammenfassung

Die wesentlichen Erkenntnisse der Studien und die wichtigen Wirkungseigenschaften der einzelnen Werbeformen sind aus der nachfolgenden Tabelle ersichtlich (s. Tab. 11).

Werbeform	Wirkungseigenschaften	Kapitel
Comet Cursor	• sehr hohe Aufmerksamkeitsleistung (+ 1.000 % gegenüber Banner ohne Comet Cursor) • sehr hohe Werbeerinnerungswirkung (ca. + 130 %) • sehr hohe Klickrate (+ 97 %) • deutliche Verbesserung des Marken-image • Steigerung der Kaufbereitschaft	2.4.3
DHTML-Banner	• hohe Klickrate • sehr hohe Aufmerksamkeitsleistung • „gefällt den Usern gut" • gut für Direct-Response geeignet	2.4.1.2
PopUp	• wird sehr schnell wahrgenommen • gute Erinnerungsleistung • hohe Steigerung der Markenbekanntheit • sehr hohe Klickrate • gut für Branding-Kampagne und Direct-Response geeignet	2.4.1.1
Rich Media	• sehr hohe Klickrate (viermal höher als bei normalen Bannern) • hohe Aufmerksamkeitsleistung • Verbesserung des Markenimage	2.4.4

Werbeform	Wirkungseigenschaften	Kapitel
StickyAd	• deutliche Steigerung des Produktinteresses • positive Markenbeurteilung • vergleichsweise geringe Klickrate • vergleichsweise geringe Steigerung der Markenbekanntheit und Werbeerinnerungsleistung	2.4.1.4
Streaming Media	• sehr hohe Aufmerksamkeitsleistung • sehr hohe Steigerung der Markenbekanntheit • Verbesserung des Markenimage • bis zu fünfmal so effektiv wie normale Banner	2.4.2
Superstitial	• sehr positive Beurteilung durch User • sehr hohe Markenerinnerung • hohe Steigerung der Kaufbereitschaft	2.4.5

Tab. 11: Übersicht Wirkungseigenschaften von Werbeformen

Anmerkung   Bei der Auswahl geeigneter Werbeformen ist grundsätzlich zu beachten, dass eine Werbeform umso mehr Aufmerksamkeit erlangt und als Folge dessen umso aktiver wahrgenommen wird, je dominanter sie ist. Eine Werbeform wie das PopUp und das Interstitial können sehr dominant wirken, da sie den User aktiv in seinem Verhalten unterbrechen. Nimmt der User die Werbung als tatsächliche Unterbrechung oder vielmehr als Störung seiner Tätigkeit wahr, so kann auch ein negativer Werbeeffekt nicht ausgeschlossen werden.

Ein Störempfinden ist umso wahrscheinlicher, je aktiver der User im Internet nach bestimmten Informationen sucht (Seeker). User, die sich eher ziellos durch das Internet bewegen, mehr der Unterhaltung wegen (Surfer), sind dagegen solchen Unterbrechungen gegenüber wesentlich aufgeschlossener.

2.5 Bedeutende Erkenntnisse der Online-Werbewirkung

Die zahlreichen Studien machen deutlich, dass Online-Werbung in vielfältiger Weise wirkt. Die detaillierten Erkenntnisse geben Aufschluss darüber, in welcher Form Online-Werbung wirkt und in welchem Maße die Einstellungen und das Verhalten der User beeinflusst werden.

Die Wirkung der Online-Werbung wird von einer Vielzahl Faktoren beeinflusst. Zur Erreichung komplexerer Marketingziele reicht es daher nicht aus, sich nur auf einen der Faktoren zu konzentrieren, z.B. durch Auswahl eines geeigneten Werbeträgers.

2.5.1 Die Einflussfaktoren der Online-Werbewirkung

In den folgenden Bereichen lässt sich eine Vielzahl von Faktoren ermitteln, die die Wirkung der Online-Werbung in erheblichem Maße beeinflussen:

- Werbemittel
- Zielgruppe
- Werbeträger
- Werbetreibender

Werbemittel

Das Werbemittel beeinflusst die Werbewirkung in vielfältiger Weise. Neben der Werbeform (z.B. PopUp, Interstitial) ist insbesondere die Gestaltung der Werbebotschaft von besonderem Einfluss. So empfiehlt sich eine Gestaltung der Werbebotschaft durch die Kombination verschiedener Elemente wie Bild, Logo und Text. Die einzelnen Elemente müssen dabei an dem Produkt bzw. der Marke und zugleich an der angesprochenen Zielgruppe ausgerichtet werden. Je nach Werbeziel und Zielgruppe kann eine Werbebotschaft dabei eher informativ oder emotional ausgerichtet werden. Auch eine aggressive Kundenansprache kann erfolgreich sein. Letztlich sind alle Mittel erlaubt, solange es dem Betrachter gefällt, seine Aufmerksamkeit und sein Interesse weckt und die Erreichung der individuellen Marketingziele gewährleistet ist. Zu beachten ist dabei, dass die Gestaltung des Werbemittels Zielkonflikte auslösen kann. So kann ein Banner, das ausschließlich einem Werbeziel dient zugleich einem anderen Unternehmens- oder Marketingziel schaden.

Neben den gestalterischen Aspekten des Werbemittels sind auch die Kontaktmenge und das Werbetiming von Einfluss. Durch den mehrfachen Kontakt eines Users mit einem Werbemittel kann die Werbewirkung deutlich gesteigert werden. Zur Optimierung aller Werbeziele wird eine Kontaktmenge von sechs bis neun empfohlen. Für das Werbetiming ist nicht nur die Dauer einer Werbekampagne von Bedeutung. Auch die Jahres-, Wochen- oder Tageszeit kann bedeutenden Einfluss auf die Werbewirkung haben. Bei umfangreichen Kampagnen, die sich ggf. auf mehrere Medien erstrecken, kann auch eine zeitlich versetze Werbung oder alternativ eine Parallelschaltung den Werbeerfolg verstärken oder mindern.

Zielgruppe

Wie schon bei der Gestaltung des Werbemittels deutlich geworden ist, stellt die Ausrichtung der Werbekampagne an der Zielgruppe ein wichtiges Erfolgskriterium dar. Als erstes gilt es in der Regel zu analysieren, ob eine spezielle (enge) Zielgruppe angesprochen werden soll oder ob potentiell jeder User als Teil der Zielgruppe betrachtet werden kann (weite Zielgruppe). Eine enge Zielgruppe wird z.B. in Special-Interest Bereichen angesprochen (z.B. Fun-Sport-Fans, Kunstsammler). Neben der Bestimmung der Zielgruppe an sich, sind auch die besonderen Eigenschaften der Zielgruppe zu analysieren. Diese Analyse kann z.B. Aufschluss über die Einstellung der Zielgruppe zu einer Marke oder Branche geben und auch spezielle Stimmungen und Befindlichkeiten (z.B. höhere Risikobereitschaft oder starkes Sicherheitsdenken) erkennen lassen. Auch kann die Aufnahmebereitschaft einer Zielgruppe für Werbebotschaften zeitlichen Schwankungen unterliegen (z.B. erhöhte Aufnahmebereitschaft abends oder am Wochenende).

Werbeträger

Zielt eine Werbekampagne auf eine spezielle Zielgruppe ab, so sind vorzugsweise Werbeträger mit Zielgruppenaffinität auszuwählen. Die Ausrichtung der Werbebotschaft an den Werbeträgern kann die Glaubwürdigkeit entschieden beeinflussen. Insgesamt kann die Werbewirkung in einem solchen zielgruppenaffinen Umfeld bedeutend höher sein, als in einem „normalen" Umfeld. Eventuelle Streuverluste sind im Voraus zu kalkulieren und so klein wie möglich zu halten.

Wird Werbung in einem falschen Umfeld gebucht und ist die Werbebotschaft nicht an der Zielgruppe dieses Umfeldes ausgerichtet, so können einzelne Marketingziele auch negativ beeinflusst werden.

Neben der Auswahl der Werbeträger an sich, ist auch die Platzierung innerhalb des Werbeträgers für die Werbewirkung von Bedeutung. Bestimmte Bereiche einer Website eignen sich besser für die Platzierung der Werbemittel, da sie dort ggf. schneller wahrgenommen oder sogar als erstes Element einer Website vollständig geladen werden (z.B. Kopfbereich).

Werbe-treibender

Der Werbetreibende beeinflusst die Werbewirkung im Internet stärker, als oftmals angenommen. So ist nicht nur von Bedeutung, ob ein Produkt oder ein Unternehmen beworben wird, sondern auch, ob das Produkt oder Unternehmen bereits bekannt ist bzw. offline beworben wurde. Auch ob es sich um ein Offline- oder Online-Unternehmen handelt und ggf. ein bereits aufgebautes (Marken-) Image beeinflusst die Werbewirkung.

Hinweis

In der nachfolgenden Übersicht sind die wesentlichen Einflussbereiche und die jeweiligen Einflussfaktoren der Werbewirkung zusammengefasst (vgl. Tab. 12).

→ Zur Wirkung der unterschiedlichen Werbeelemente beachten Sie bitte Tabelle 10, Kapitel 2.3.7.

→ Zur Wirkung der unterschiedlichen Werbeformen beachten Sie bitte Tabelle 11, Kapitel. 2.4.6.

Einflussbereich	Einflussfaktor
Werbemittel	• Werbeform (z.B. PopUp, Superstitial) • Werbebotschaft (kann z.B. informativ, emotional oder aggressiv gestaltet werden) • Werbeelemente (z.B. Bild, Logo, Text) • Kontaktmenge (ca. 6 bis 9 Kontakte) • Werbetiming (z.B. Jahres-, Wochen- oder Tageszeit. Abstimmung mit anderen Kampagnen.)
Werbeträger	• Zielgruppenaffinität • Glaubwürdigkeit • Einstellung der Zielgruppe gegenüber dem Werbeträger • Platzierung innerhalb des Werbeträgers • Streuverluste
Werbetreibender	• Wird ein Unternehmen oder Produkt beworben • Bekanntheitsgrad • Offline- oder Online-Unternehmen • Bereits aufgebautes Markenimage
Zielgruppe	• Spezielle (enge) oder weite Zielgruppe • Einstellungen der Zielgruppe gegenüber einer Marke oder einem Produkt • Stimmungen innerhalb der Zielgruppe (z.B. Risikobereitschaft, Sicherheitsdenken) • Aufnahmebereitschaft der Zielgruppe gegenüber der Werbebotschaft

Tab. 12: Einflussfaktoren der Online-Werbewirkung

2.5.2   Die Wirkungsweise der Online-Werbung

Die Online-Werbung wirkt in verschiedenen Dimensionen. Zum einen kann sie zu einer unmittelbaren Handlung des Betrachters führen, also eine Interaktionsleistung ausüben (z.B. Klick oder Kauf). Sie kann aber auch die Einstellungen des Betrachters beeinflussen. In diesem Fall wirkt die Werbung kommunikativ (z.B. Veränderung des Markenimage oder der Kaufbereitschaft). Online-Werbung wirkt in den zwei Leistungsdimensionen auf eine Vielzahl unterschiedlicher Einstellungen, Prägungen und Handlungen, wie die nachfolgende Übersicht verdeutlicht.

Kommunika-tionsleistung

> **Die Kommunikationsleistung der Online-Werbung:**
>
> - Werbeerinnerung
> - Werbemittelimage
> - Markenerinnerung
> - Markenbekanntheit (Brand Awareness)
> - Markenimage (Brand-Image)
> - Markensympathie
> - Produktinteresse
> - Kaufbereitschaft

Interaktions-leistung

> **Die Interaktionsleistung der Online-Werbung:**
>
> - AdClick
> - Online-Kauf
> - Registrierung
> - Hinterlassen von Informationen
> - Wiederkehrquote

Ist eine Online-Werbekampagne auf die Kommunikationsleistung abgestimmt, so werden in der Regel eher langfristige Ziele verfolgt. Eine Veränderung der Einstellungen der User bedarf einer gewissen Kontinuität und Geduld. So ist z.B. hinreichend bekannt, dass sich der Aufbau einer Marke nicht von heute auf morgen vollzieht, sondern eine längerfristige und kontinuierliche Werbetätigkeit voraussetzt. Durch eine Abstimmung der Online-Werbung auf die Kommunikationsleistung wird auch das Verhalten der Zielgruppe beeinflusst, jedoch in der Regel nicht kurzfristig.

Die Abstimmung einer Online-Werbekampagne auf die Interaktionsleistung zielt dagegen auf das direkte und unmittelbare Verhalten der Zielgruppe ab. Der Erfolg der Werbekampagne lässt sich daher auch kurzfristig bestimmen, z.B. durch die Klickrate oder die Anzahl der Registrierungen oder der Online-Käufe.

2.5.3   So erreichen Sie Ihre individuellen Werbeziele

Aufgrund der Vielzahl von Einflussvariablen und unterschiedlichen Wirkungsweisen von Online-Werbung, lässt sich leicht der Überblick verlieren. Die nachfolgende kleine Checkliste erleichtert die Planung und Durchführung einer Werbekampagne.

1) **Zielbestimmung**: Bestimmen Sie Ihre individuellen Werbeziele (z.B. Steigerung der Klickrate) unter Berücksichtigung der verschiedenen Wirkungsweisen von Online-Werbung (vgl. Kap. 2.2. und 2.5.2).

2) **Werbeträgerbestimmung**: Wählen Sie entsprechend Ihrer Zielgruppe geeignete Werbeträger aus (beachten Sie dazu Kapitel 2.5.1).

3) **Werbemittelbestimmung**: Wählen Sie geeignete Werbeformen aus, die zur Erreichung Ihrer Ziele am besten geeignet sind (vgl. Kap. 1; Kap. 2.4 und 2.4.6, Tab. 11).

4) **Werbemittelgestaltung**: Gestalten Sie Ihre Werbemittel entsprechend Ihren individuellen Werbezielen (vgl. Kap. 2.3). Berücksichtigen Sie dabei die unterschiedliche Wirkung der verschiedenen Werbelemente (vgl. Kap. 2.3.6.18, Tab. 9 und Kap. 2.3.7, Tab. 10).

5) **Werbetiming**: Bestimmen Sie das Timing Ihrer Werbekampagne (Tages-, Wochen- oder Jahreszeit; Dauer der Kampagne; Abstimmung mit anderen Kampagnen, ggf. Crossmedia).

6) **Durchführung**: Starten Sie Ihre Werbekampagne.

7) **Erfolgskontrolle**: Führen Sie eine Erfolgskontrolle durch, soweit es Ihnen möglich ist. In der Regel ist die Erfolgskontrolle bei Werbekampagnen, die auf die Interaktion der User abzielen relativ leicht zu realisieren. Der Erfolg bei Kampagnen die auf die Kommunikationsleistung der Online-Werbung setzen ist dagegen nur mit erheblichem Aufwand zu messen.

→ Ausführlichere Informationen zur Durchführung einer Bannerkampagne und zu weiteren Maßnahmen der Website-Promotion entnehmen Sie bitte *Kapitel 5: Nachhaltig erfolgreiche Website Promotion.*

2.5.4   Die Akzeptanz der Online-Werbung

Die Akzeptanz von Online-Werbung unter den Internetnutzern ist mittlerweile relativ hoch. Dieses Ergebnis kann zumindest den Antworten der befragten Personen zum Thema „Werbung im Internet" des Online Reichweiten Monitors der Agirev entnommen werden (Quelle: „Online Reichweiten Monitor 2002 II", Arbeitsgemeinschaft Internet Research e.V. – Agirev, 2002. URL: http://www.agirev.de).

Der größte Teil der User fühlen sich zwar noch mehr oder weniger von Werbung im Internet gestört, doch stimmen mehr als zwei Drittel der User der Aussage „voll und ganz" oder „überwiegend" zu, dass viele gute Angebote im Internet ohne Werbung nicht kostenlos angeboten werden könnten. Dass die Werbeflächen einen direkten Zugriff auf eine Website mit nur einem Klick ermöglichen, findet ein Großteil der User „voll und ganz" oder „überwiegend" gut. Auch wird in der Umfrage bestätigt, dass Werbung verhältnismäßig wenig als störend empfunden wird, wenn sie zum Inhalt der Seite passt. Als störend empfinden viele der befragten Personen allerdings, dass Werbung oft zu unnötig langen Ladezeiten der Webseiten führt.

Diese Ergebnisse verdeutlichen nochmals die Bedeutung der Werbemittelgestaltung und der Auswahl geeigneter Werbeträger. Nur durch die direkte Zielgruppenansprache in adäquaten Werbeumfeldern und die Berücksichtigung technischer Gegebenheiten (z.B. langsame Übertragungsraten), kann eine Negativwirkung bzw. das Störempfinden der Betrachter minimiert werden.

2.5.5 Fazit

Die zunehmende Akzeptanz der User gegenüber Werbung im Internet und die immer vielfältigeren Erkenntnisse, dass Online-Werbung zur Erreichung vieler Werbeziele beitragen kann, wird der Online-Werbung eine stetig wachsende Bedeutung bescheren. Dass Online-Werbung wirkt und auch wie Online-Werbung wirkt, ist hinreichend bekannt. Jetzt sind Werbetreibende und Agenturen gefragt, Kampagnen und Werbeformen dahingehend zu optimieren, dass sie den individuellen Ansprüchen und Zielen gerecht werden.

Die Möglichkeit einer direkten real-time Erfolgskontrolle der Interaktionsleistung eines Werbemittels, stellt einen bedeutenden Vorteil gegenüber anderen Werbemedien dar. In Zukunft gilt es diesen Vorteil konsequent zu nutzen und real-time zu reagieren, Kampagnen zu korrigieren und dadurch der Konkurrenz einen Schritt voraus zu sein.

3 Vermietung von Online-Werbeflächen

Die Vermietung von Online-Werbeflächen ist das entscheidende Erfolgskriterium für viele Online-Unternehmen. Gelingt es einem Unternehmen die Werbeflächen einer Website zu einem angemessenen Preis zu vermieten, so können durch die Werbeeinnahmen oft die Kosten für den Betrieb der Website gedeckt werden. Voraussetzung ist weniger eine Auslastung der Werbeflächen zu 100 %, sondern viel mehr die professionelle Vermietung. Dies beinhaltet neben der marktgerechten Kalkulation der Werbepreise auch die Suche nach entsprechenden Kunden, die bereit sind für einen anspruchsvollen Werbeplatz einen angemessenen Preis zu bezahlen.

Nur wenige Internetdienste lassen sich derzeit teilweise oder vollständig über Gebühren finanzieren. In jedem Fall können Werbeeinnahmen einen erheblichen Beitrag zur Finanzierung oder ggf. Steigerung der Erträge eines Online-Projektes leisten. Wobei zu berücksichtigen ist, dass sich Gebühren finanzierte Dienste ggf. durch wenig oder keine Werbung auszeichnen können. In diesem Fall ist als erstes auf die Sicherung der vorhandenen Einnahmequellen zu achten. Andernfalls kann es zu einem Tauscheffekt kommt, bei dem steigende Werbeinnahmen (Werbeinblendungen) zu sinkenden Gebühren bzw. Nutzerzahlen führen.

Die Werbeüberlastung vieler Websites hat in den vergangenen Jahren zu sinkenden Klickraten und oft auch zu verärgerten Usern geführt. Dieses Kapitel beschreibt die Vorgehensweise für eine erfolgreiche Vermietung von Online-Werbeflächen und berücksichtigt dabei stets die Bedürfnisse der eigenen User und Kunden.

3.1 Vermietungen intern oder extern realisieren?

Die Vermietung von Online-Werbeflächen kann grundsätzlich intern (durch eine eigenständige Fachabteilung / Fachpersonal) oder extern (durch entsprechend spezialisierte Unternehmen / Online-Vermarkter) erfolgen. Die Entscheidung für eine Eigen- oder Fremdvermarktung hängt von einer Vielzahl Kriterien ab.

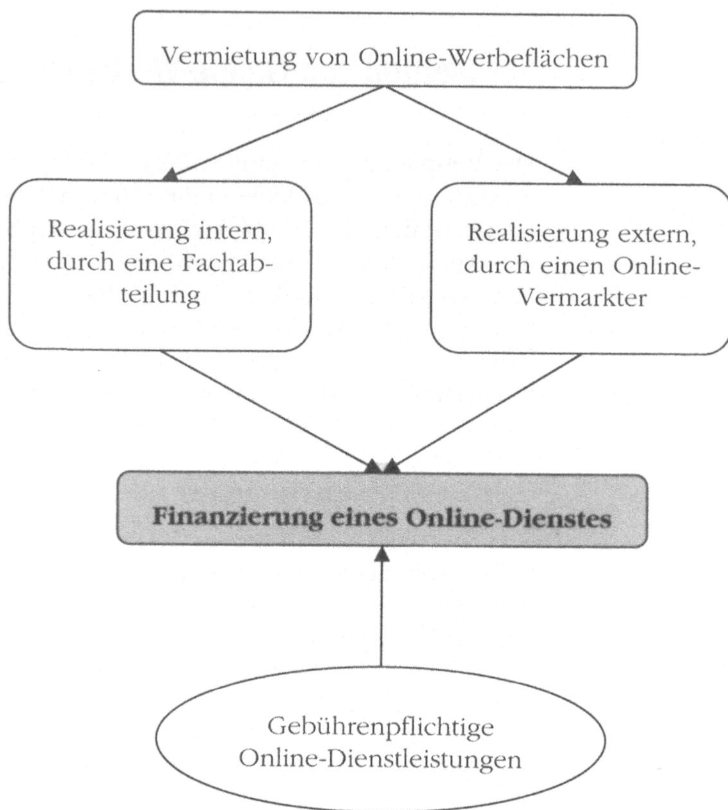

Abb. 35: Finanzierung eines Online-Dienstes

(Quelle: Eigene Darstellung)

Entscheidungskriterien:

Page-Impressions
Viele Online-Unternehmen verzeichnen nicht ausreichend hohe Zugriffe auf ihren Websites, um die Werbeplätze von einem entsprechenden externen Unternehmen vermarkten zu lassen. Oft wird ein Minimum von 1 Mio. PageImpressions / Seitenaufrufe vorausgesetzt. Online-Vermarkter finanzieren sich meist über die Anzahl der vermittelten Bannereinblendungen bzw. einen Anteil des generierten Werbeumsatzes. Die Vermarktung von Websites mit sehr hohen Zugriffszahlen besitzt daher für die Vermarkter aus eigenen Umsatzinteressen oberste Priorität.

Fachpersonal

Ein wesentliches Kriterium für eine externe Vermarktung kann z.B. mangelndes eigenes Fachpersonal darstellen. Der Aufbau einer eigenen Fachabteilung mit entsprechend fachlich versiertem Personal wird sich nur für größere Unternehmen rechnen, zumal sich das Personal an den schnelllebigen Online-Werbemarkt anpassen bzw. stetig fortbilden muss.

Technik

Die Technik stellt eine weitere Herausforderung an das Unternehmen dar. Die Realisierung einer eigenen AdServer-Lösung (es handelt sich dabei um eine Software, die die Einbindung der verschiedenen Werbemittel auf der Website steuert) erfordert nicht nur weiteres Personal zur Betreuung und Wartung sondern ebenfalls ein hohes Fachwissen. Diese Software muss zudem ständig den wachsenden Ansprüchen der eigenen Werbekunden gerecht werden. Diese Ansprüche reichen von der einfachen Kontrolle der Klickrate bis zu einem genauen Profil der User, die die Werbemittel angeklickt haben. Dabei wird auch ermittelt nach wie vielen Werbeeinblendungen und auf welchen Websites die Werbemittel angeklickt wurden.

Das erstgenannte Kriterium der Seitenaufrufe stellt einen externen Faktor dar. Die Entscheidung für oder gegen eine externe Vermarktung wird vom Online-Vermarkter getroffen.

Die beiden letztgenannten Kriterien (Fachpersonal und AdServer) lassen sich intern anhand einer Kostenkalkulation abwägen.

Das folgende Kriterium bildet eine weitere Entscheidungshilfe für oder gegen eine externe Vermarktung und orientiert sich dabei am möglichen Umsatz.

**Spezialisie-
rungsgrad**

Der *Spezialisierungsgrad* einer Website: Externe Vermarkter werden eine neue Website nur dann aufnehmen, wenn sie auch in das bereits vorhandene Portfolio passt. Eine Website, die einen hohen Spezialisierungsgrad aufweist bzw. eine sehr genaue Zielgruppe anspricht, erfordert von den Vermarktern eine entsprechende Branchenkenntnis und dies bedeutet für die Vermarktung einen entsprechenden Mehraufwand. Schließlich stammen die idealen Werbepartner bei stark spezialisierten Websites aus der gleichen Branche, die jedoch nicht in direkter Konkurrenz zum Werbeträger stehen.

Die nachfolgende Tabelle zeigt die wichtigsten Entscheidungskriterien für / gegen eine interne / externe Vermarktung von Werbeflächen auf und gibt einen Überblick über die Entscheidungsgrundlagen (siehe Tab. 13).

Entscheidungskriterium	Entscheidungsgrundlage
PageImpressions (PIs)	Extern, durch Vermarkter
Fachpersonal / Fachkenntnisse	Größe des Unternehmens Bedeutung der Werbeeinnahmen Kostenkalkulation
AdServer / Technik	Fachpersonal Fachkenntnisse Kostenkalkulation
Spezialisierungsgrad der Website	Portfolio des externen Vermarkters Erzielbare Werbepreise Kontakte zur Branche

Tab. 13: Entscheidungskriterien und Grundlagen für / gegen eine interne / externe Vermarktung von Online-Werbeflächen

Grund-Prinzip Die Vermarktung von Online-Werbeflächen erfolgt unabhängig davon, ob intern oder extern realisiert, nach den gleichen Prinzipien. In den folgenden Kapiteln werden die unterschiedlichen Grundlagen neutral besprochen. Wird von einem „Online-Vermarkter" gesprochen, so ist ausdrücklich eine externe Unternehmung gemeint, die entsprechende Dienstleistungen erbringt. Eine interne Abteilung zur Vermietung oder Vermarktung von Werbeflächen erbringt im Allgemeinen nicht nur Dienste, die zur direkten Vermarktung von Werbeflächen beitragen. Es empfiehlt sich Dienste, die indirekt der Vermarktung förderlich sind, z.B. solche, die die Promotion der Website betreffen (vgl. Kap. 4) der gleichen Abteilung zuzuordnen. Das benötigte Fachwissen beruht oft auf denselben Grundlagen. Zudem lassen sich enorme Synergieeffekte nutzen. Auch externe Vermarkter bieten oft eine „Rundum-Dienstleistung" an und organisieren auch die Werbekampagnen für Ihre Kunden.

Eine Werbefläche kann nur erfolgreich vermarktet werden, wenn sie auch von genügend Besuchern wahrgenommen wird. Die erfolgreiche Promotion der Website (z.B. durch den Einkauf von Webeflächen) ist also unmittelbar mit der Werbeplatzvermarktung verbunden (zur Promotion siehe Kapitel 4).

3.2 Vorgehensweise zur Vermarktung von Werbeplätzen

Eine strukturierte Vorgehensweise ist für den Erfolg der Vermarktung von Werbeplätzen nicht nur von besonderer Bedeutung, sie kann auch frühzeitig zu einer Entscheidung für oder gegen einen externen Vermarkter beitragen. Eine externe Vermarktung kann, wie bereits oben beschrieben, aufgrund geringer Besucherzahlen bereits im Voraus zum Scheitern verurteilt sein. In diesem Fall ließen sich bei frühzeitiger Einsicht viel Mühe und Kosten sparen.

Eine mögliche Vorgehensweise zur Vermarktung von Werbeplätzen sowie die damit in Zusammenhang stehenden Tätigkeiten sind aus Abb. 36 (externe Vermarktung) bzw. Abb. 37 (interne Vermarktung) ersichtlich.

1) ***Auswertung der Zugriffszahlen der Website***: Ermittlung der Größenordnung und der damit vorhandenen Attraktivität für <u>Online-Vermarkter</u>.

2) ***Auswahl der Werbeformen***: Welche Werbeformen lassen sich sinnvoll in die Website integrieren und wie viele Werbeplätze stehen zur Verfügung?

3) ***Preisfindung***: Zu welchen Preisen können die unterschiedlichen Werbeformen und Werbeplätze vermarktet werden (unter Berücksichtigung der Konkurrenz)?

4) ***Wahl möglicher Kooperationspartner***: Auswahl der geeigneten <u>Online-Vermarkter</u> und erste Kontaktaufnahme.

5) ***Festlegung & Vertragsgestaltung***: Akquirierung möglicher <u>Online-Vermarkter</u> und *Auswahl meist eines Exklusivvermarkters* (unter Berücksichtigung der Vertragsbedingungen).

6) ***Werbeschaltung***: Ausführung der Buchungsaufträge des vermittelnden <u>Online-Vermarkters</u> (ggf. erfolgt die Werbeschaltung direkt durch den Vermarkter).

Abb. 36: Vorgehensweise zur <u>externen Vermarktung</u> von Werbeplätzen

(Quelle: Eigene Darstellung)

1) ***Auswertung der Zugriffszahlen der Website***: Ermittlung der Größenordnung und der damit vorhandenen Attraktivität für <u>Werbepartner</u>.

2) ***Auswahl der Werbeformen***: Welche Werbeformen lassen sich sinnvoll in die Website integrieren und wie viele Werbeplätze stehen zur Verfügung?

3) ***Preisfindung***: Zu welchen Preisen können die unterschiedlichen Werbeformen und Werbeplätze vermarktet werden (unter Berücksichtigung der Konkurrenz)?

4) ***Wahl möglicher Kooperationspartner***: Auswahl der geeigneten <u>Werbepartner</u> und erste Kontaktaufnahme (kontinuierlicher Prozess).

5) ***Festlegung & Vertragsgestaltung***: Akquirierung möglicher <u>Werbepartner</u>. *Festlegung des Werbeumfangs und der Konditionen. Vertragsabschluss* (kontinuierlicher Prozess).

6) ***Werbeschaltung***: Ausführung der Buchungsaufträge der <u>Werbepartner</u>. Ggf. Bereitstellung von Statistiken für den Werbekunden (kontinuierlicher Prozess).

Abb. 37: Vorgehensweise zur <u>internen Vermarktung</u> von Werbeplätzen

(Quelle: Eigene Darstellung)

Die beiden vorangegangenen Abbildungen dienen auch als Leitfaden für die nachfolgenden Kapitel.

Auf die unterschiedlichen Aufgabenstellungen wird dabei umso ausführlicher eingegangen je größer deren allgemeine Bedeutung ist. Um den Praxisbezug zu erhöhen, werden besonders geeignete Aufgabenstellungen am Beispiel des realen Webprojektes „Filmundo – Die Filmauktion" (URL: http://www.filmundo.de) durchgeführt und näher erläutert, sowie die realen Testergebnisse präsentiert.

3.3   Allgemeingültige Grundlagen

Für eine erfolgreiche Gestaltung bzw. anschließende Vermarktung einer Website gibt es einige grundlegende Regeln, die beachtet werden sollten. Zeitlich empfiehlt sich die Berücksichtigung bereits bei der Planung und Erstellung einer Website. Verbesserungen lassen sich jedoch auch im Nachhinein umsetzen.

3.3.1   Verfügbarkeit und Ladezeiten

Wichtig für den Erfolg einer Website ist insbesondere, dass sie online ist und die Inhalte auch fehlerfrei geladen werden können. Das beste Layout wird zum Nachteil, wenn aufgrund der hohen Speicherkapazität bzw. niedrigen Übertragungsgeschwindigkeit der Aufbau der Seiten beim interessierten Besucher viel Zeit in Anspruch nimmt. Dies führt ggf. zum Abbruch des Ladevorgangs durch den Besucher, da die Internetnutzung Geld und Zeit kostet. In diesem Zusammenhang soll auch auf die Speicher-Größe der Werbebanner geachtet werden, weil sie die Ladezeiten ebenfalls verlängern.

Die Überprüfung der Ladezeit einer Website kann im Internet anhand eines Ladezeit-Checks z.B. bei Webmasterplan (URL: http://de.webmasterplan.com) geprüft und ggf. optimiert werden. Der Dienst von Webmasterplan schlüsselt die Ladezeit einer Website anhand der Seitengröße in Bytes in unterschiedliche Bestandteile auf (Bilder, Text etc.) und zeigt in welchen Bereichen Optimierungsbedarf besteht. Auch die theoretische Ladezeit mit ISDN oder Modemzugang wird ermittelt und eine Bewertung nach Schulnoten vergeben. Weitere allgemeine Hinweise zur Optimierung des Seitenaufbaus und der Ladegeschwindigkeit sind im unteren Bildbereich aufgeführt (s. Abb. 38).

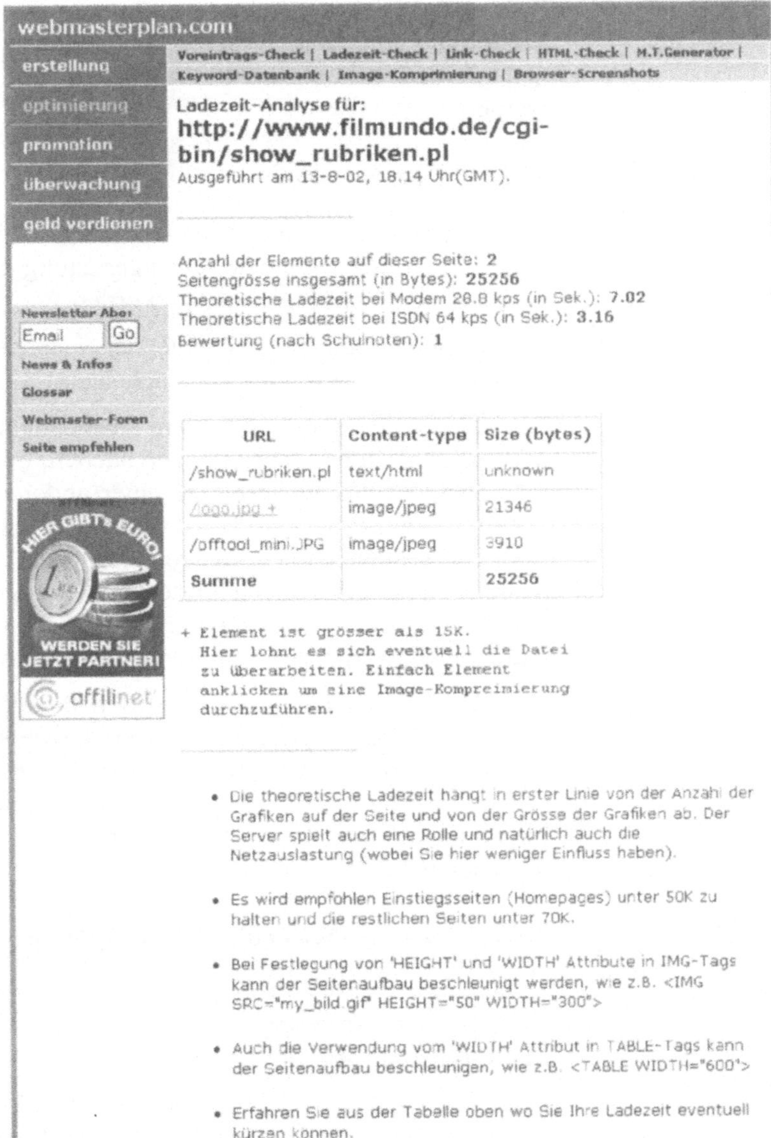

Abb. 38: Ladezeitanalyse von Webmasterplan für Filmundo-Startseite

(Quelle: Webmasterplan – URL: http://de.webmasterplan.com)

Tipp!

Zusätzlich bietet der Webmasterplan Service ein Tool zur Image-Komprimierung. Mit diesem Tool können Bilddateien ohne Qualitätsverlust komprimiert und so kostbare Ladezeit eingespart werden.

3.3.2   Inhalt und Navigation

Dieses Kapitel weist auf allgemein gültige bzw. logisch nachvollziehbare Grundregeln zur Seitengestaltung hin, die auf vielen Seiten noch nicht berücksichtigt werden.

So soll bereits auf der Startseite der wichtigste Inhalt bzw. das Hauptthema der Website ersichtlich sein.

Wichtig!

Muss ein Besucher erst nach dem eigentlichen Inhalt der Website bzw. seinem individuellen Nutzen suchen, erhöht sich die Wahrscheinlichkeit des Wechsels zu einer anderen Website oder der Abbruch des Besuches. Die Navigation ist zudem so anzulegen, dass der Besucher auch die von ihm gesuchten Bereiche möglichst schnell und einfach findet. Die wenigsten Besucher sind bereit, nach einem Inhalt lange zu suchen, auch wenn sie vermuten, dass er irgendwo auf der Website auffindbar ist.

Eine Ausrichtung der Website an den Bedürfnissen der Kunden ist auch für die Vermarktung von Werbeplätzen von größter Bedeutung, da sie die Verweildauer des Kunden / Besuchers erhöht. Dies erhöht zugleich die Anzahl möglicher Werbeeinblendungen und dadurch auch unmittelbar die erzielbaren Werbeeinnahmen.

3.3.3   Ergänzung von Website-Inhalt und Werbung

Sinnvoller Weise ergänzen sich die Werbung und der Inhalt einer Website oder sprechen zumindest nicht völlig gegensätzliche Interessensgruppen an.

Jeder kann sich z.B. leicht vorstellen, dass Werbung eines Fahrradherstellers auf einer Club-Seite für Radsportler mit hoher Wahrscheinlichkeit größere Resonanz finden wird als auf der Website eines Kaninchenzüchter Vereins. Es ist von Vorteil, etwas genauer zu überlegen, welche Werbung auf der Website integriert wird und bei dem Besucher größeres Interesse hervorruft. Empfindet der Besucher die Werbung als störend, wird er die Unzufriedenheit schnell auf die ursprüngliche Website übertragen. Gelangt der Besucher durch Werbung hingegen auf neue, ihm bisher unbekannte Seiten, die seinen Interessen entsprechen, wird die Werbung dankbar angenommen. Sie kann auch als Zusatznutzen gewertet werden.

Der Effekt wird mittlerweile durch zahlreiche Studien und Umfragen belegt. So lässt sich ein Banner-Burnout nur bei nicht zielgruppengerichteter Platzierung der Werbung belegen. (Siehe hierzu auch Kapitel 1 – Werbewirkung im Internet.)

3.3.4   Technische Voraussetzungen / AdServer

Grundsätzlich kann ein Banner manuell in eine Website eingebunden werden und bedarf keiner zusätzlichen Hard- und Software.

Durch den Einsatz eines AdServers (Software, die Banner auf bestimmte Webseiten verteilt) ist eine automatische Zuordnung von Werbemitteln zu Werbeflächen möglich. Beim Aufruf einer Website wird zeitgleich der Banner vom AdServer gesendet. Die genaue Disposition und Abrechnung wird anhand der PIs oder Klicks möglich. Ein Banner kann automatisch beim Erreichen einer festlegbaren Anzahl Klicks, Views oder PIs oder nach Ablauf einer bestimmten Zeitspanne ersetzt / entfernt werden. Weitere Vorteile liegen in der Möglichkeit zur Erstellung von Statistiken und Berichten über die Anzahl der Bannereinblendungen und AdClicks, die meist in der Software integriert ist. Ggf. bietet die Software sogar den selbständigen Austausch eines Banners bei rückläufigen AdClick-Raten.

Berücksichtigt werden muss jedoch auch der erforderliche Mehraufwand durch Einrichtung und Verwaltung der Software, sowie die Kosten für Auswahl und Anschaffung einer geeigneten Software. Für kleinere Websites mit einer geringen Anzahl an Werbeplätzen und -partnern wird der Einsatz kaum lohnend sein. Werden die Werbeplätze durch einen externen Vermarkter verwaltet, stellt dieser meist auch die entsprechende AdServer-Technologie auf seinen Servern zur Verfügung.

Der Begriff AdServer ist etwas irreführend, da es sich nicht zwangsläufig um einen Server in der technischen Form (Hardware) handelt. Ein AdServer (die Software) kann eigenständig betrieben werden, also auf einem separaten Server, der nur für die Werbemittelsteuerung zuständig ist. In diesem Fall ist der Begriff zutreffender. Die Software kann jedoch auch auf dem Server eingerichtet werden, auf dem die anderen Inhalte einer Website vorgehalten werden (Webserver). Externe Dienstleister wie Online-Vermarkter stellen oft einen eigenen AdServer für ihre Kunden zur Verfügung. Die Werbemittelsteuerung erfolgt in diesem Fall technisch und räumlich unabhängig von dem Webserver. Auch bieten diese Dienstleister oft die Vermietung von AdServern, also die Hard- und Software zur Steuerung von Werbemitteln, an.

Eine vereinfachte Darstellung einer externen AdServer Lösung bildet die nachfolgende Darstellung ab (s. Abb. 39).

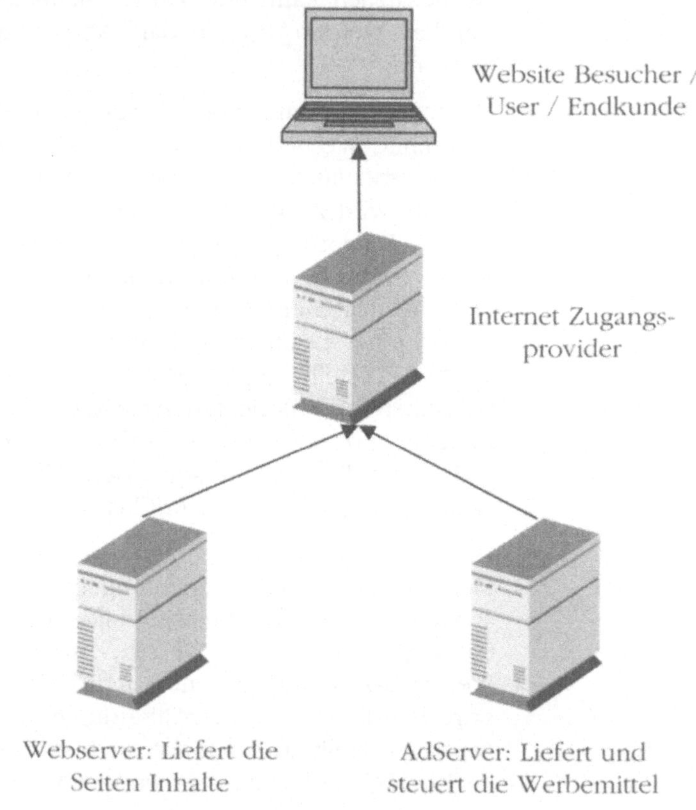

Abb. 39: Externe AdServer Realisierung

(Quelle: Eigene Darstellung)

3.3.5   Technische Kennzahlen / Zugriffszahlen

Zur Beschreibung der Qualität einer Website sind für die Werbe-platzvermarktung in erster Linie die technischen (statistischen) Kennzahlen oder auch die sog. Zugriffszahlen notwendig. Der Inhalt und Aufbau einer Website ist für den Werbenden eher zweitrangig, da ein interessanter Inhalt und ein gelungenes Layout nicht zwangsläufig auch zu einem Besucherandrang führt. Letztendlich zählt für den Werbenden, dass seine Werbung möglichst oft wahrgenommen wird.

Dennoch bedeutet fehlende Quantität bei den Zugriffszahlen im Online-Marketing nicht gleich fehlende Qualität. Eine relativ geringe Anzahl Besucher von hoher Qualität kann z.B. bei einem sog. Special-Interest-Produkt (Website mit einer klar definierten Zielgruppe) für einen Werbenden von großer Bedeutung sein.

In der Regel werden Zugriffszahlen so aufbereitet, dass nur die relevanten Zugriffe berücksichtigt werden. Dieses sind z.B. die Seitenaufrufe, auf denen auch ein Banner angezeigt wird. Seiten-aufrufe ohne Bannereinblendung verfälschen die Statistik, sie sind für den Werbenden uninteressant. Tatsächlich zählt nur die mögliche Anzahl an Werbeeinblendungen. Zur besseren Ein-schätzung des Erfolges einer Website empfiehlt sich außerdem die Angabe der Entwicklung der Zugriffszahlen für die vergan-genen Wochen oder Monate.

In Tabelle 14 werden im Folgenden die Zugriffszahlen in einzel-ne statistische Kennzahlen unterteilt und näher erläutert.

Kennzahl	Messkriterium und Bedeutung
PageImpressions (PIs) ehemals PageViews (Seitenabrufe)	Diese Kennzahl gibt die Summe der Seitenabrufe an. Die PIs dienen zusammen mit den Visits als wohl wichtigstes Messkriterium. Damit es nicht zu Mehrfachzählungen kommt, ist eine Unabhängigkeit von verschachtelten Seiten mit Frames (Rahmen), bei denen sich eine Seite aus mehreren Teil-Seiten zusammensetzt, zu gewährleisten. Dies ist insbesondere für die Bezahlung nach Sichtkontakten wichtig, da diese per 1.000 Kontakte (TKP = Tausender Kontakt Preis) berechnet werden.
Visits (Besuche)	Die Anzahl der Visits gibt die Besuche bzw. Nutzungsvorgänge an. Ein Visit ist ein Besucher, der die Website besucht, unabhängig von Verweildauer und Anzahl der aufgerufenen Seiten. Allerdings wird nicht gemessen, wie oft ein einzelner Besucher eine Website aufgerufen hat. Daher lässt sich anhand der Visits keine Aussage über die Größe des Besucherkreises treffen.
Hits (Anfragen)	Jeder Zugriff eines Browsers auf ein Element einer Website wird als ein Hit gewertet. Enthält eine Website drei Bilder und zwei Tabellen werden fünf Hits erzeugt. Hits haben daher nur eine sehr begrenzte Aussagekraft über den Erfolg einer Website.
Files (Dateien)	Die Files geben die Anzahl der übertragenen Dateien wieder. Sie sind für die Erfolgsmessung nur von geringer Bedeutung.

Tab. 14: Wichtige statistische Kennzahlen einer Website

Die Logfiles eines Servers protokollieren die Zugriffe und zahlreiche Zusatzinformationen der Besucher einer Website. Oft werden Statistikprogramme direkt durch den Internet Service Provider (ISP) eines Website-Betreibers zur Verfügung gestellt. Diese Programme werten die Logfiles entsprechend aus und bereiten sie graphisch auf. So kann sich der Betreiber einer Website einen schnellen Überblick über die Zugriffe und das Nutzenverhalten seiner Kunden verschaffen. Alternativ lassen sich die Logfiles auch vom Server herunter laden und mit eigenen Statistikprogrammen auswerten.

Die nachfolgende Abbildung zeigt einen Ausschnitt des Statistikprogramms Wusage (s. Abb. 40). Dieses ist eins von zwei weit verbreiteten Statistikprogrammen, die oft kostenlos durch den ISP zur Verfügung gestellt werden.

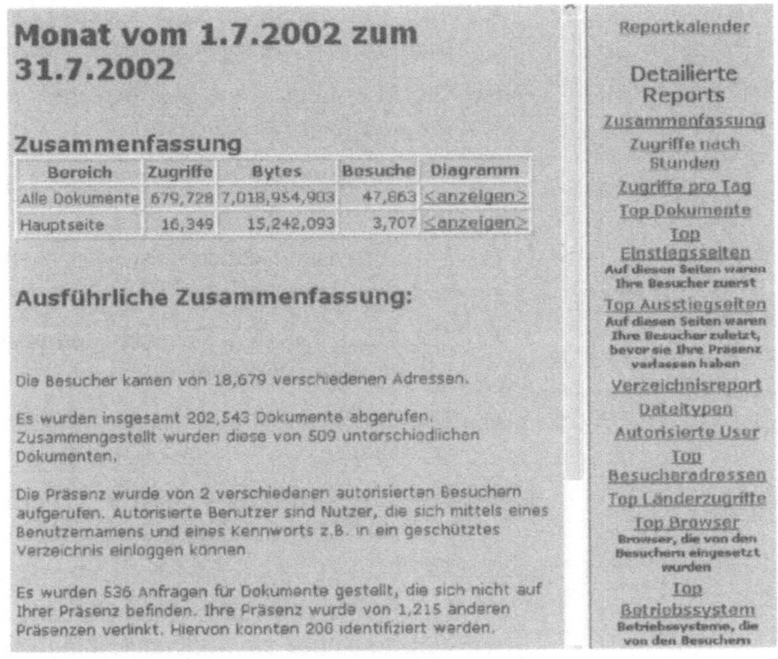

Abb. 40: Statistikprogramm Wusage

(Quelle: Filmundo Server Statistiken – URL: nicht öffentlich zugänglich)

Das Statistikprogramm Wusage erzeugt sehr umfangreiche Statistiken. Neben den allgemeinen Kennzahlen (vgl. Tab. 14) lassen sich zusätzlich unter anderem die folgenden Analysen einsehen:

- Zugriffe pro Tag (Lässt z.B. Schwankungen der Zugriffe im Monats- oder Wochenverlauf erkennen.)

- Zugriffe pro Stunde (Lässt die Hauptzugriffszeiten anhand der Tageszeit erkennen.)

- Top Dokumente (Gibt die am häufigsten aufgerufenen Dokumente an.)

- Top Einstiegsseiten (Auf welchen Seiten beginnen die meisten User Ihren Besuch der Website?)

- Top Ausstiegsseiten (Auf welchen Seiten verlassen die meisten User die Website?)

- Top Länderzugriffe (Aus welchen Ländern stammen die meisten Besucher?)

- Top Browser (Welche Browser werden am häufigsten von den Besuchern der Website verwendet?)

- Top Betriebssystem (Welche Betriebssysteme nutzen die Besucher der Website?)

- Top Referrer-Seiten (Internetpräsenzen, die zur Website verlinken.)

- Referrer-URLs „NOT FOUND" (Internetseiten, die zu einem nicht vorhandenen Dokument der Website verlinken.)

- Top Schlüsselworte (Schlüsselworte, die verwendet wurden, um über eine Suchmaschine die Website zu besuchen.)

- Top Suchmaschinen (Suchmaschinen, die diese Website besucht haben.)

- Nicht gefundene Seiten (Dokumente die angefordert wurden, jedoch nicht gefunden werden konnten.)

Das Statistikprogramm Webalizer (s. Abb. 41) ist noch weiter verbreitet als Wusage. Es ist bei weitem nicht so umfangreich wie Wusage, liefert jedoch eine sehr schnelle und gute Übersicht zu den wichtigsten Kennzahlen. Beide Statistiken in Kombination lassen nahezu keine Wünsche offen. Webalizer liefert alle Zahlen und graphische Auswertungen für einen schnellen Überblick. Wusage ist ideal für ausführliche Statistiken und gut geeignet zur:

- Kontrolle und Optimierung einer Website,

- Kontrolle der Besucherwege durch eine Website,

- Kontrolle der Besucher, die durch Suchmaschinen vermittelt wurden.

Monats-Statistik für August 2002		
Summe Anfragen		1074132
Summe Dateien		797613
Summe Seiten		695542
Summe Besuche		54308
Summe kb		10562983
Summe unterschiedlicher Rechner (IP-Adressen)		25597
Summe unterschiedlicher URLs		2375
Summe unterschiedlicher Verweise		465
Summe unterschiedlicher Benutzer		1
Summe unterschiedlicher Anwenderprogramme		1016
	Schnitt	Maximum
Anfragen pro Stunde	1443	3897
Anfragen pro Tag	34649	41365
Dateien pro Tag	25729	29921
Seiten pro Tag	22436	25920
Besuche pro Tag	1751	2018
kb pro Tag	340741	403423

Abb. 41: Statistikprogramm Webalizer

(Quelle: Filmundo Server Statistiken – URL: nicht öffentlich zugänglich)

Webalizer bietet neben den wichtigen Kennzahlen (vgl. Tab. 14) unter anderem noch die folgenden Analysen:

- Tages-Statistik: (Auswertung der Zugriffe pro Tag, auch graphisch.)

- Stunden-Statistik: (Auswertung der Zugriffe nach Tageszeit / pro Stunde, auch graphisch.)

- Top 30 URLs: (Die 30 am häufigsten aufgerufenen URLs der Website.)

- Top 10 Eingangsseiten: (Die 10 Seiten, über welche die größte Anzahl User die Website betreten hat.)

- Top 10 Ausgangsseiten: (Die 10 Seiten, bei denen die größte Anzahl User die Website verlassen hat.)

- Top 20 Suchausdrücke (20 Suchbegriffe, über welche die Website durch Suchmaschinen am häufigsten gefunden wurde.)

- Top 30 Länderstatistik (Aus welchen 30 Ländern stammen die meisten Besucher?)

3.3.6   Werbeformen und Werbeplätze sinnvoll integrieren

Bei der Auswahl der Werbeformen und deren Platzierung geht es nicht um die kurzfristige Maximierung der Werbeeinnahmen, sondern es wird Wert auf eine sinnvolle Integration der Werbeinhalte in die bestehende Struktur der Website gelegt. Oft ist dies möglich, ohne der Website die Attraktivität zu nehmen. Blind gesetzte Werbeflächen können dagegen die Geschlossenheit einer Website empfindlich stören.

Neben der Auswahl der Werbeformen soll auch die Werbemenge (z.B. Anzahl der Werbebanner auf einer Seite) berücksichtigt werden. Letztendlich kann eine Werbeüberflutung den anfangs interessierten Besucher zum Abbruch des Seitenbesuchs bewegen. Hat ein Besucher die Website erst für unattraktiv befunden, wird es schwer sein, ihn als Kunden zurück zu gewinnen. Es empfiehlt sich, nicht jeden möglichen freien Werbeplatz auch zu belegen. Nur durch die sinnvolle Integration der Werbeformen bei gleichzeitiger Akzeptanz durch die Besucher kann das langfristige Ziel der (Teil-)Finanzierung einer Website durch Werbung erreicht werden.

3.4   Wichtige Werbeformen

In diesem Kapitel wird nur kurz auf einige weit verbreitete Werbeformen eingegangen. In Kapitel 1 werden die zahlreichen unterschiedlichen Werbeformen ausführlich beschrieben und anhand ihrer besonderen Werbewirkung näher erläutert.

Die am weitesten verbreitete Werbeform im Internet ist das Standard Banner oder auch Voll-Banner (im englischen Full-Size-Banner) genannt. Die Größe ist festgelegt auf 468x60 Pixel (s. Abb. 42). Trotz relativ geringer Klickraten ist diese Werbeform auf den meisten Websites anzufinden.

Abb. 42: Voll-Banner: 468 x 60 Pixel

Die beiden ebenfalls standardisierten und an der Größe des Voll-Banners orientierten Werbemittel *Halb-Banner*, mit einer Größe von 234x60 Pixel (s. Abb. 43) und *Drittel-Banner*, mit einer Größe von 156x60 Pixel (s. Abb. 44) sind nicht so weit verbreitet wie der Voll-Banner.

Abb. 43: Halb-Banner: 234 x 60 Pixel

Abb. 44: Drittel-Banner: 156 x 60 Pixel

(Quelle Abb. 42 – 44: Filmundo – URL: http://www.filmundo.de)

**Weitere
standardisierte
Werbeformen:**

Abb. 45: Kleines Quadrat: 75 x 75 Pixel

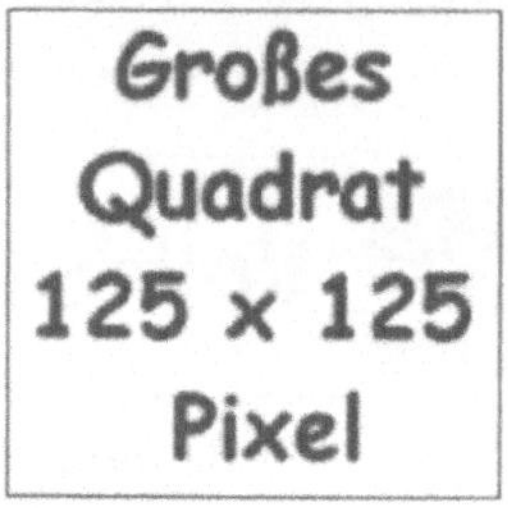

Abb. 46: Großes Quadrat: 125 x 125 Pixel

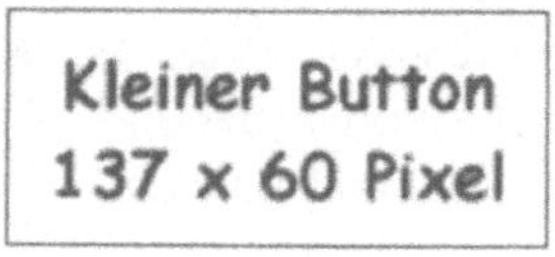

Abb. 47: Kleiner Button: 137 x 60 Pixel

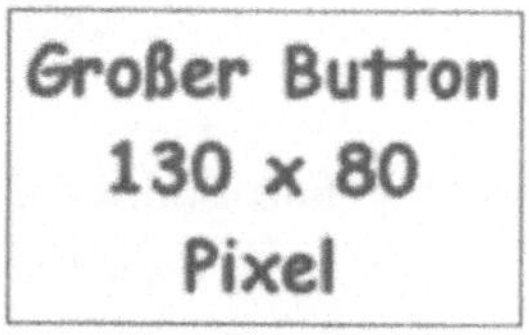

Abb. 48: Großer Button: 130 x 80 Pixel

Abb. 49: OMS-Banner: 400 x 50 Pixel

Die oben genannten Werbeformen können jeweils in statischer oder animierter Form vorliegen. Bei animierten Bannern ist grundsätzlich ein mögliches Störempfinden der Besucher zu berücksichtigen. Banner mit reiner Textanimation können sehr konkrete und detaillierte Informationen übermitteln. Sie können aber auch als erheblich störender empfunden werden als Banner mit wechselnden Bildern, da Bilder vom Auge des Betrachters besser erfasst werden können.

Obwohl herkömmliche Werbeflächen wie Banner nach wie vor das wichtigste Online-Werbemedium sind, hat es doch in den letzten Jahren an Bedeutung verloren. Dies wird auf die aufdringlichen Werbeaktionen vieler Website-Betreiber zurückgeführt. Dementsprechend niedrig haben sich die durchschnittlichen Klickraten eingependelt (bei ca. 0,5 Prozent). Gleichzeitig nimmt die Suche nach und die Bedeutung von Sonderwerbeformen zu.

→ Weitere ausführliche Informationen zu den verschiedenen Werbe- und Sonderwerbeformen entnehmen Sie bitte Kapitel 1. Ausführliche Informationen zu der Wirkung einzelner Werbeformen erhalten Sie in Kapitel 2.

Link-Tipp!   Weitere nützliche Informationen zu Bannern und anderen Werbeformen erhalten Sie auch im Internet z.B. bei Plan.Net (URL: http://www.plan-net-media.de) und Werbeformen.de (URL: http://www.werbeformen.de).

3.5   Platzierung der Werbung

Durch die unterschiedlichen Werbeformen ergeben sich verschiedene Platzierungsmöglichkeiten. Technisch können grundsätzlich zwei Konzepte unterschieden werden: Zum einen die Integration von Bannern auf einer Website und zum anderen das Öffnen eines externen Banners parallel zum Browser.

Wird die Werbung in der Website integriert, empfiehlt sich z.B. die Platzierung von Bannern ganz oben in der Mitte einer Seite. Hier wird sie als erstes in den Browser geladen und vollständig erscheinen, bevor die Website aufgebaut ist. Nachteilig kann sich diese Platzierung durch das sofortige Anklicken des Banners auswirken. Der Besucher verlässt unter Umständen die eigene Website, bevor der eigentliche Inhalt wahrgenommen wird.

Bei größeren Websites empfiehlt sich zudem die Positionierung von Bannern rechts unten im Bild, neben der Bildlaufleiste. Der Besucher wird in vielen Fällen die Maus dort hinbewegen, um die Seite weiter zu scrollen (engl. to scroll = blättern, rollen). Durch den Einsatz von Mäusen mit Wheel-Funktion (engl. wheel = Rad, Drehscheibe), einem kleinen Rad zum Scrollen des Bildes, wird der Vorteil dieser Positionierung allerdings eingeschränkt bzw. aufgehoben.

Für andere Werbeformen kann eine andere Platzierung sinnvoll oder zwingend notwendig sein (z.B. Content Integration, vgl. Tab. 7, Kap. 1.10). In jedem Fall sind Banner auf allen relevanten Seiten zu implementieren, nicht nur auf der Startseite, da sonst kostbarer Webeplatz nicht genutzt wird.

Hohe Aufmerksamkeit! Externe Banner (z.B. PopUp oder PopUnder) nehmen die erhöhte Aufmerksamkeit des Besuchers in Anspruch, weil er es aktiv wegklicken muss. Ob sich dies letztendlich positiv auswirkt oder mehr als störend empfunden wird, hängt von dem Werbeinhalt und dem möglichen Nutzen für den Betrachter ab. Empfindet er die externen Banner als Belästigung, kann der Ärger auch mit der verursachenden Website in Verbindung gebracht werden. Als Nachteil für den Werbenden ergibt sich, dass das eigenständige Browserfenster geschlossen werden kann, bevor die Werbebotschaft vollständig geladen ist.

In diesem Zusammenhang ist auch die Analyse der Zielgruppe von erheblicher Bedeutung. So unterscheiden sich unterschiedliche Benutzergruppen (z.B. Freizeitsurfer und Informationssucher) stark in ihrem Surfverhalten und in ihrer Bereitschaft Werbebanner zu betrachten und anzuklicken.

3.5.1 Unterteilung der Website in Kategorien und Zielgruppen

Eine Website teilt sich oft in verschiedene Bereiche, die eigenständige Verwertungsmöglichkeiten für die Werbeplatzvermarktung bieten. Unterschiedliche Themenbereiche einer Website, die differenzierte Zielgruppen ansprechen, wie sie beispielsweise. bei Verzeichnisdiensten (Yahoo etc.) anzufinden sind, eignen sich hierfür.

Differenzierung macht sich bezahlt! Die Differenzierung einer Website nach Zielgruppen und die selektive Buchungsmöglichkeit für Werbepartner machen sich in aller Regel auch bezahlt. Der Preis wird nach dem Grundsatz festgelegt, je enger die Zielgruppe, desto höher der Preis für eine Werbebuchung.

Allerdings lässt sich dieser Grundsatz nur auf bekannte Websites anwenden, denn niemand wird einen hohen Preis für eine enge

Zielgruppe bezahlen, wenn davon auszugehen ist, dass sich nur wenige Besucher die Werbung anschauen. Natürlich wird meist nach der Anzahl der Werbeeinblendungen abgerechnet, aber was nützt z.B. bei einer Buchung von 10.000 AdViews zu einem hohen Preis eine Zielgruppe von $n = 100$, die die Werbebanner je 100-mal anschaut? Selbst wenn alle 100 Besucher das Banner anklicken ergibt sich nur eine Klickrate von 1 %.

Tipp!   Überprüfen Sie Ihre Website bzw. die einzelnen Unterseiten oder Kategorien und Rubriken auf unterschiedliche Zielgruppen und die eigenständige Verwertungsmöglichkeit der Werbeplätze. Beachten Sie dabei die oben genannte Regel, je enger die Zielgruppe desto höher der Werbepreis und ermitteln Sie die Bereiche Ihrer Website, die genaue Zielgruppen ansprechen und gleichzeitig auch über hohe Seitenzugriffe verfügen. Nur so rentiert sich der erheblich höhere Aufwand einer selektiven bzw. partiellen Vermietung der Werbeflächen auch für Sie.

Beispiel zur Selektion nach Zielgruppen: Das Auktionsportal Filmundo ließe sich für Werbekunden z.B. in die folgenden Zielgruppen unterteilen:

- Autogramme

- Bücher

- Filme

    o   Videokassetten (deutsch)

    o   Videokassetten (englisch)

    o   DVD (RC1 = Regionalcode 1)

    o   DVD (RC2 = Regionalcode 2)

    o   etc.

        ▪   Actionfilme

        ▪   Eastern

        ▪   Komödien

        ▪   Western

        ▪   etc.

- Filmplakate

- Soundtracks

- Zeitschriften

- etc.

Diese Liste ließe sich immer mit Fokus auf die zugriffstarken Seiten / Bereiche beliebig erweitern, je nach Ansprüchen der unterschiedlichen Werbepartner.

Die Werbung des jeweiligen Werbepartners würde dann nur in den von ihm gebuchten Kategorien präsentiert. So lassen sich Streuverluste erheblich reduzieren.

3.5.2 Zielgruppenselektion durch Suchwort-Koppelung

Eine weitere Möglichkeit zur zielgruppengerichteten Werbung bietet die Kopplung von Werbung an Suchbegriffe. Auch so lassen sich Streuverluste verringern, natürlich in Abhängigkeit von der Genauigkeit eines Suchbegriffes. Bietet Ihre Seite eine Suchfunktion? Warum nicht auch damit Geld verdienen? Bei vielen Suchmaschinen ist diese Variante bereits etabliert. In der Abb. 50 wird ein Ausschnitt der Suchergebnisse bei Google (URL: http://www.google.de) nach dem Suchbegriff „DVD" dargestellt. Sowohl das oberste Suchergebnis (mit „Sponsoren-Link" gekennzeichnet) als auch die Angebote rechts im Bild (mit „Werbung" gekennzeichnet) sind Stichwort gekoppelte Werbung.

Abb. 50: Google Suchergebnisse (zu „DVD") und Stichwort gekoppelte Werbung

(Quelle: Google – URL: http://www.google.de)

In diesem Fall wurden bei Google über 36 Mio. Suchergebnisse gefunden. Da die meisten Besucher nur die ersten 10 bis 100 Suchergebnisse durchschauen, kann eine bezahlte Platzierung von unschätzbarem Wert für ein Unternehmen sein.

Bei einem recht allgemeinen Begriff wie „DVD" kann der Streuverlust noch relativ groß sein. Es ist noch nicht definiert, ob der User nach DVD-Filmen, DVD-Playern, DVD-Bewertungen, DVD-News oder ähnlichem sucht.

Ein zweiter Versuch mit dem Suchbegriff „DVD-Bewertungen" reduziert die Ergebnisse auf 29 (diese erhöhen sich auf 1.780 bei „DVD-Bewertung"). Das Ergebnis verdeutlicht die Bedeutung des gewählten Suchbegriffs an den die Werbung gekoppelt wird (s. Abb. 51).

Abb. 51: Google Suchergebnisse (zu „DVD-Bewertungen") und Stichwort gekoppelte Werbung

(Quelle: Google – URL: http://www.google.de)

Tipp!   Eine Koppelung von Werbung an Suchbegriffe wird nur erfolgreich sein, wenn sich bestimmte Suchbegriffe oft wiederholen. Werten Sie soweit möglich zunächst die oft gesuchten Begriffe auf Ihrer Seite aus. Kontaktieren Sie ggf. Ihren Web-Administrator, ob verwendete Suchbegriffe bereits archiviert werden. Wenn nicht, klären Sie ob sich eine solche Funktion kurzfristig integrieren lässt und schätzen Sie dabei im Voraus Kosten und möglichen Nutzen ab.

Bewerten Sie anschließend, ob eine Vermarktung nach Suchbegriffen sowohl für Sie als auch für die entsprechenden Werbepartner lukrativ erscheint.

3.5.3 Wie viele Werbeplätze stehen zur Verfügung?

Die Anzahl der Werbeplätze kann von zwei Kriterien bestimmt werden. Zunächst ist die bestehende Website auf mögliche Leerflächen zu überprüfen. Ggf. kann auch eine Umgestaltung der Website erforderlich sein. Zudem soll eine Reizüberflutung z.B. durch eine größere Anzahl animierter Banner vermieden werden. Als Richtwert dient eine Anzahl von max. zwei Bannern pro Seite, damit der Werbeeffekt erhöht wird bzw. bestehen bleibt.

Tipp!

Zur Erhöhung der Banneranzahl bietet sich die Unterteilung großer Seiten an. So können z.B. Seiten, die im Scrollfenster mehr als zwei Bildschirmflächen ausfüllen, in zwei einzelne Seiten unterteilt werden. In jedem Fall ist jedoch eine inhaltliche Untergliederung zu berücksichtigen. Unterteilen Sie nur Abhandlungen zu einem Thema auf mehrere Seiten, wenn sich die einzelnen Seiten eigenständig lesen und begreifen lassen.

Berücksichtigen Sie bei der Gestaltung der Website, dass die Seitenanzahl unmittelbar mit den vermarktungsfähigen Werbeflächen und dadurch mit Ihren potentiellen Werbeeinnahmen verknüpft ist.

Zur Verdeutlichung dient die aktuelle Startseite von Filmundo. Es ist nur ein Banner eingebunden, der auf die Vermietung des Werbeplatzes hinweist (s. Abb. 52).

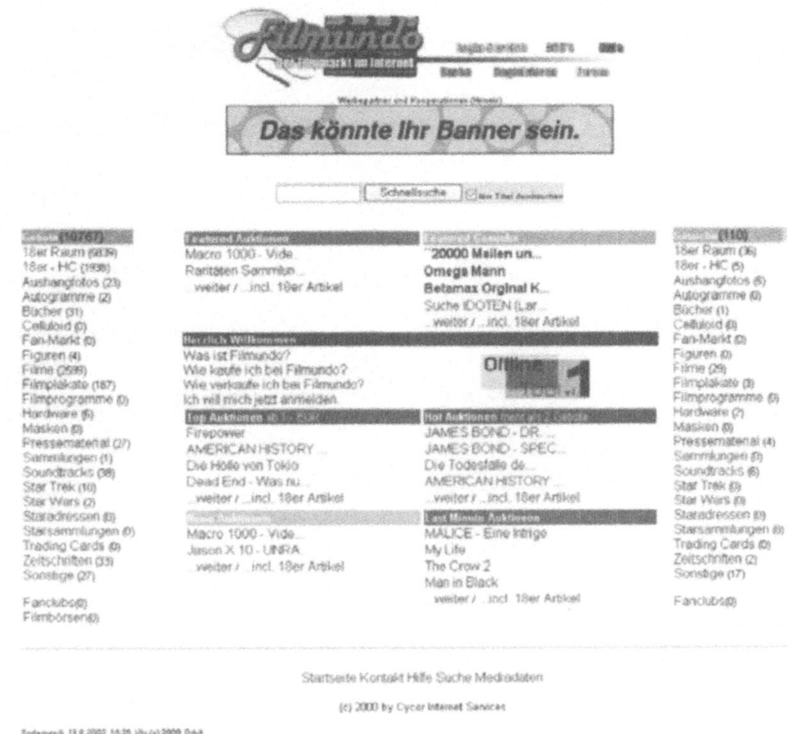

Abb. 52: Filmundo Startseite

(Quelle: Filmundo – URL: http://www.filmundo.de)

Die Leerflächen im oberen und auch im unteren Bildbereich bieten ausreichend Platz für die Integration von weiteren Werbebannern. Jedoch ist eine vom Betrachter empfundene Überlastung der Seite schnell erreicht, wenn alle freien Werbeflächen eingezeichnet sind (s. Abb. 53).

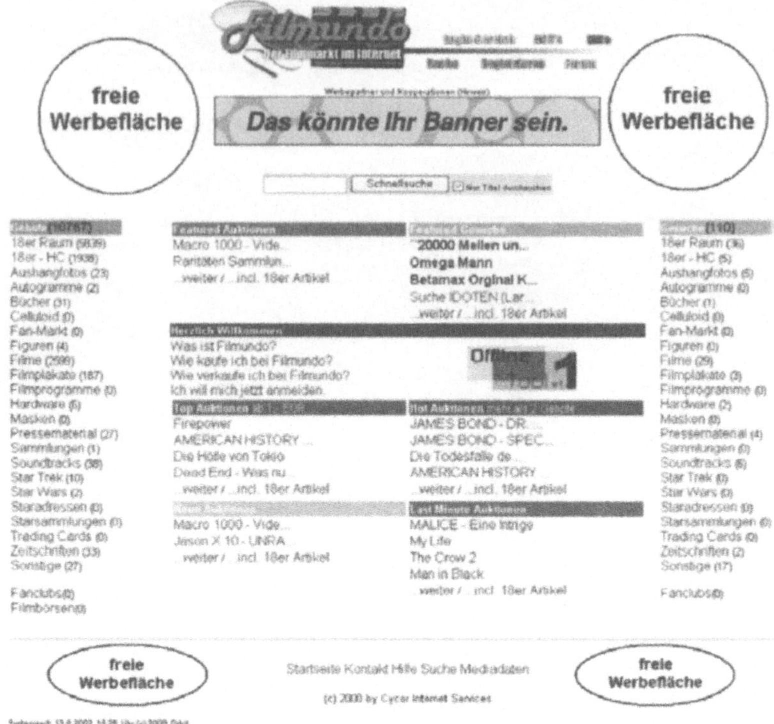

Abb. 53: Filmundo Startseite mit freien Werbeflächen

Eine Überlastung der Seite wird noch deutlicher, wenn die eingezeichneten freien Werbeflächen durch Banner ersetzt werden (s. Abb. 54).

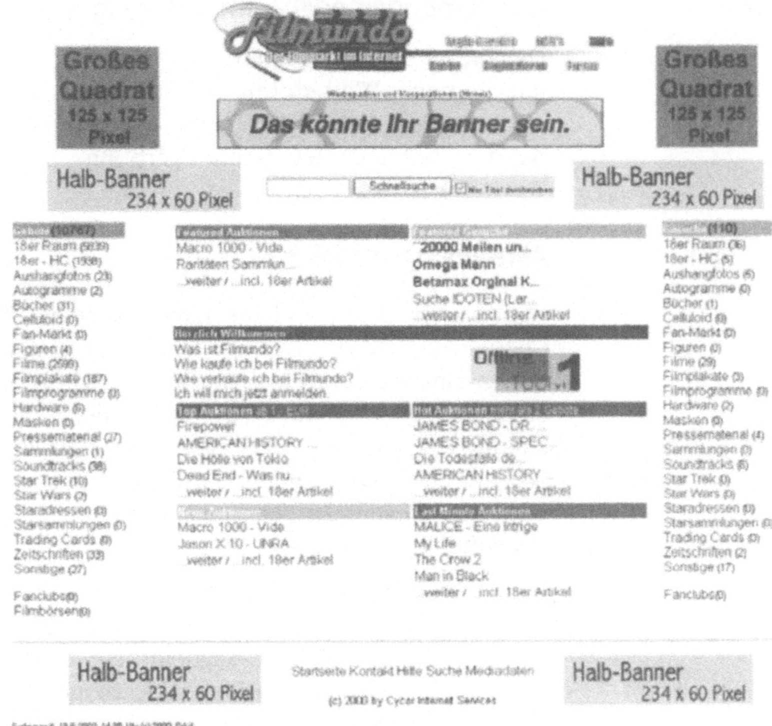

Abb. 54: Filmundo Startseite mit Bannern überlastet

Die gleichzeitige Vergabe aller Werbeplätze erscheint wenig sinnvoll. Um eine mögliche graphische Überlastung der Website im Voraus zu regulieren, kann das Angebot nur auf beispielsweise zwei bis drei festgelegte Plätze beschränkt werden (z.B. oben Mitte und unten links / rechts).

Alternativ können alle Werbeplätze angeboten werden und bei der Vergabe erfolgt eine Selektion, so dass z.B. nicht gleichzeitig die Werbeplätze oben links und rechts vergeben werden. Die letztgenannte Möglichkeit bietet einen größeren Handlungsspielraum bei der Vergabe der Werbeplätze und unterbreitet den Werbepartnern zugleich eine größere Auswahl. So kann den individuellen Werbeplatzierungswünschen der Kunden entgegen gekommen werden, was durch die Preisdifferenzierung der Werbeplätze noch erweitert wird.

3.6   Abrechnungsmodelle und Preisbildung

Die Preise und Abrechnungsmodelle für Online-Werbung variieren je nach Werbeform, Bekanntheit einer Website und den individuellen Vorzügen. Die gängigen Abrechnungsmodelle werden anhand der Bannerwerbung, der derzeit wichtigsten Werbeform, erläutert.

3.6.1   Abrechnungsmodelle

Als Abrechnungsgrundlage haben sich die Anzahl der PIs, Ad-Clicks und Pay per Order / Lead (Klick, der zu einer Buchung, einem Umsatz oder einer anderen gewünschten Handlung führt) etabliert. AdClicks und Pay per Order / Lead sind schwer zu kalkulieren, da sie stark von der Bannergestaltung und der Website des Werbenden abhängig sind. Aus diesen Gründen wird von diesem Abrechnungsmodell für professionelle Websites abgeraten.

Große Websites und Online-Vermarkter rechnen ihrerseits meist nur nach PIs per 1.000 Werbekontakte (kurz: TKP = Tausender Kontakte Preis) ab. Dies erscheint fair, da der Werbeplatz belegt ist und ohne Belegung andere Informationen an dieser Stelle zur Verfügung gestellt werden können. Seiten mit geringeren PIs und insbesondere Special-Interest-Produkte können überdies alternative Modelle, wie z.B. die Abrechnung per Woche oder Monat, anbieten.

Eine Übersicht der Abrechnungsmodelle mit den jeweiligen Vor- und Nachteilen ist aus der im Folgenden gezeigten Tabelle 15 ersichtlich.

Abrechnungsmodelle	Vorteil	Nachteil
AdClick: Für eine Anzahl Klicks (meist 1.000) ist ein Preis vereinbart.	Kunde zahlt nur echte Werbekontakte.	Geringe Klickzahlen führen zu Umsatzeinbußen. Ggf. wird ein Werbeplatz umsonst belegt.
Pay per Order / Lead: Für jeden Klick, der mit einer erfüllten Bedingung verknüpft ist, wird ein Preis vereinbart.	Kunde zahlt nur Werbekontakte, die mit einer Buchung / Bestellung auf seiner Website verbunden sind.	Geringe Buchungen führen zu Umsatzeinbußen. Bucht der Besucher zu einem späteren Zeitpunkt direkt auf der Website des Werbenden, bleibt der Umsatz aus.
PIs: Für eine Anzahl von Werbeeinblendungen (meist 1.000) ist ein Preis vereinbart.	Kunde zahlt nur echte Werbesichtkontakte.	Kunde kann die Werbekampagne schlecht planen, da seine Banner erst eingeblendet werden, wenn die der anderen abgearbeitet sind.
View: Für eine Anzahl von Seitenzugriffen inklusive abgebrochene Sitzungen (meist 1.000) ist ein Preis vereinbart.	Der Kunde zahlt nur echte Zugriffe.	Bei abgebrochenen Sitzungen ist nicht klar, ob der Banner angezeigt wurde. Ggf. zahlt der Kunde für nicht erfolgte Kontakte.
Zeit: Für einen bestimmten Zeitrahmen wird ein Preis vereinbart.	Der Kunde kann seine Werbekampagne zeitlich genau planen. Sie ist leicht umzusetzen.	Die Anzahl der Werbeeinblendungen ist nicht gewiss, da sie auf Schätzungen der Statistiken beruht.

Tab. 15: Abrechnungsmodelle für Werbekampagnen

Tipp!

Empfehlenswert ist die Festlegung eines der oben genannten Abrechnungsmodelle. Durch die Kombination mehrerer Modelle kann zwar den Buchungsgewohnheiten des Kunden entgegengekommen werden, der organisatorische Mehraufwand erhöht sich infolgedessen jedoch erheblich. Aus Sicht des Website-Betreibers (Werbeplatz-Anbieters) gilt es, für die Festlegung eines Abrechnungsmodells zwei wichtige Kriterien zu berücksichtigen:

Effizienz des Werbemittels

AdClick und Pay per Order / Lead sind Abrechnungsmodelle, die stark von der Effizienz des Werbemittels bzw. der Gestaltung der Website des Werbekunden abhängen. Diese sind vom Werbeplatz-Anbieter nicht zu beeinflussen und stellen somit ein gewisses Risiko für die Werbeeinnahmen dar. Es erscheint für den Werbeplatz-Anbieter nicht gerechtfertigt, von einem schlecht gestalteten Banner abhängig zu sein, der zu niedrigen Klickraten führt. Ebenso verhält es sich mit einer unprofessionell gestalteten Website des Werbekunden, die zum Abbruch des Besuchs der Website durch den User führt. Die gewünschte Handlung (Sale / Lead) bleibt aus und dementsprechend auch der Umsatz.

Attraktivität der Website:

PIs und Views spiegeln die Attraktivität einer Website wieder. Eine Abrechnung nach PIs oder Views bietet sich an, da der Werbeplatz-Anbieter hohe Werbeeinnahmen in Abhängigkeit des Erfolges oder der Attraktivität (gemessen an den PIs / Views) seiner Website erzielen kann.

Grundsätzlich können beide Abrechnungsmodelle für Werbeplatz-Anbieter und Werbekunden ein Erfolg sein, wenn eine entsprechende gegenseitige Abstimmung stattfindet.

3.6.2   Preisbildung

Die Preisbildung wird im Folgenden anhand der Abrechnung nach PIs bzw. AdViews für die Bannerwerbung im speziellen, aber auch für andere Werbeformen im Allgemeinen näher betrachtet.

Zielgruppe

Für die Bannerwerbung können die Platzierung und die Größe des Banners den Werbepreis direkt beeinflussen. Es kann von Bedeutung sein, ob der Banner auf der Startseite oder in einer speziellen Kategorie angezeigt wird. Bei einer genau zu adressierenden Zielgruppe (Kategorie oder Special-Interest-Produkt) kann im optimalen Fall jeder Besucher ein potentieller Kunde sein. Dies ist bei der Kalkulation der Werbepreise zu berücksichtigen und zu honorieren. Als Grundsatz gilt: Je eindeutiger die

Besuchergruppe definiert werden kann, desto höher ist der Preis des jeweiligen Werbeplatzes anzusetzen.

Verweilzeit

Auch die Verweilzeit der Besucher auf einer Seite kann den Werbepreis beeinflussen. Wird eine Seite nur genutzt, um schnell zu einem anderen Angebot / Inhalt zu gelangen (wie es beispielsweise bei einer Suchmaschine der Fall ist), kann der Preis niedriger sein als auf Seiten, die einen interessanten Inhalt bieten und zu einer längeren Verweildauer des Besuchers beitragen.

Berechnungs-formeln?

Eine grundsätzlich sinnvolle Berechnungsformel zur Ermittlung der Werbepreise lässt sich jedoch nicht aufstellen, auch wenn einige Autoren diese Ansicht vertreten. Die Anzahl der Kriterien, die den Werbepreis beeinflussen ist zu groß und der Markt wandelt sich zu schnell. Was nützt eine Berechnungsformel, die Preise errechnet, die am Markt niemals durchgesetzt werden können?

Recherchen

Zur Ermittlung des Preisniveaus bzw. Abschätzung des Marktwertes können zusätzliche Recherchen bei ähnlichen Internetanbietern und ein Vergleich mit der Konkurrenz durchgeführt werden. Auch Recherchen auf den Websites von professionellen Online-Vermarktern können Preise der Konkurrenz liefern und zur Einschätzung des allgemeinen Werbemarktes beitragen. Oft veröffentlichen Online-Vermarkter die Preise Ihrer Kunden und es lässt sich mit wenig Mühe ein Durchschnittspreis für die eigene Branche und andere Branchen als Vergleich ermitteln. Nur so lässt sich eine marktkonforme Preisspanne auf Basis der PIs festlegen.

Preisdumping?

Bevor Sie sich jedoch ggf. dem Preisdumping unterwerfen, da die Marktlage oder Ihre Marktstellung niedrige Werbepreise mit sich bringt, überlegen Sie sich, welchen Preis Ihre Kunden bzw. Ihre Website dafür bezahlen muss. Was nützen geringe Werbeeinnahmen, wenn der Verlust durch abwandernde Besucher diese Werbeeinnahmen noch übersteigt? Wenn Sie eine Website betreiben, die inhaltlich von Qualität zeugt, dann beziehen Sie diese Grundlage in die Kalkulation der Werbepreise mit ein und „verschleudern" Sie nicht qualitativ hochwertige Werbeplätze.

Weitere Kriterien

Wie bereits erwähnt beeinflussen mehrere Faktoren die Preisbildung für Online-Werbung. Feste Richtlinien zur Preisbestimmung existieren nicht. Grundsätzlich sind die Qualität der Website und die Bestimmbarkeit der Zielgruppe von Bedeutung. Zusätzlich empfiehlt sich die Berücksichtigung der folgenden zwei Kriterien:

- Welchem Marktsegment wird die beworbene Website zugeordnet?

- Welche Werbeformen werden angeboten?

Die unterschiedliche Preisgestaltung anhand der beiden oben genannten Kriterien soll im Folgenden etwas näher betrachtet werden.

Werbepreise in verschiedenen Marktsegmenten

Verschiedene Marktsegmente können zu unterschiedlich hohen Bannerpreisen führen. Die folgende Tabelle zeigt gängige Preise für Voll-Banner in unterschiedlichen Segmenten / Kategorien des Online-Vermarkters Adlink (s. Tab. 16).

Kategorie	**Basispreis / TKP (in Euro)**
Automotive	17,50 – 40
Business & Finance	30 – 60
Entertainment	10 – 25
Health	20
News & Culture	8 – 20
Sports	10 – 20
Technology	20 – 60
Travel	17,50 – 35

Tab. 16: Werbepreise für Vollbanner nach Segmenten

(Quelle: Adlink – URL: http://www.adlink.de Stand: 21.08.2002)

Aus der Tabelle ist ersichtlich, dass sich die Werbepreise zum Teil erheblich unterscheiden. Es ist eine Preisspanne von 8 bis 60 Euro pro 1.000 Werbeeinblendungen zu erkennen.

Werbepreise für verschiedene Werbeformate

Die verschiedenen Werbeformen unterscheiden sich ebenfalls in ihren Preisen, wie die nachfolgende Tabelle 17 zeigt.

Werbeformat	Basis/TKP in Euro
Button	5 – 26
Textlink	20 – 60
Newsletter	25 – 50
PopUp	40 – 120
Skyscraper	50 – 120
Interstitial	70 – 140

Tab. 17: Werbepreise für verschiedene Werbeformate

(Quelle: Adlink – URL: http://www.adlink.de Stand: 21.08.2002)

Die Preisangaben sind ca. Angaben und sind in jedem Fall im Zusammenhang mit der jeweiligen Kategorie zu betrachten. Treffen Sie in keinem Fall eine Preisentscheidung nach dem Motto, wenn die Preisspanne für PopUp Banner 40 – 120 Euro beträgt wähle ich die Mitte und kann damit nicht verkehrt liegen. Das Gegenteil ist der Fall, da in erster Linie die Kategorie und Qualität der Website für den Preis entscheidend sind.

Aus der Tabelle ist ersichtlich, dass sich die Gestaltung der Preise der Werbeformate grundsätzlich auch an der Größe der Werbeform orientiert. Verglichen mit einem großen Interstitial oder Skyscraper ist z.B. ein kleiner Button auf den ersten Blick bzw. absolut gemessen erheblich günstiger. Welche Werbeform letzten Endes die günstigere ist, entscheidet der Kunde anhand der Kosten einer Werbeschaltung im Verhältnis zu den gewonnenen Neukunden oder Besuchern (oder einem anderen geeigneten Messkriterium).

Beispiel

Das nachfolgende Beispiel soll eine solche Kalkulation verdeutlichen. Für die Werbemittel Button, PopUp und Interstitial werden jeweils Kalkulationen mit unterschiedlichen Klickraten (A und B) als Messkriterium durchgeführt. Für das Beispiel A wird eine Klickrate von 0,2 % für Buttons, 1 % für PopUp und 2 % für Interstitials angenommen. Für das Beispiel B wird die Klickrate für Buttons auf 0,35 %, für PopUp auf 2,5 % und für Interstitials auf 5 % erhöht. Auf Basis der Klickraten A und B ergeben sich die Anzahl der Klicks und die Kosten pro Klick (ebenfalls jeweils gekennzeichnet durch A und B) Die Kosten pro Klick geben Aufschluss über den Erfolg der Kampagnen bzw. welches Werbemittel die geringsten Kosten pro Klick erzeugt (s. Tab. 18).

Während im Beispiel A das Werbemittel *Button* die geringsten Kosten pro Klick erzeugt (3,50 Euro / Klick), verursacht im Beispiel B das *Interstitial* die geringsten Kosten (1,60 Euro / Klick).

Werbe-mittel	Anzahl Ad-Views	Kosten pro TKP (in Euro)	Kosten der Kam-pagne (in Euro)	Beispiel Klickrate (in Prozent)		Anzahl Klicks (Beispiel)		Kosten pro Klick (in Euro)	
				A	B	A	B	A	B
Button	10.000	7	70	0,2	0,35	20	35	3,50	2,00
PopUp	10.000	50	500	1,0	2,5	100	250	5,00	2,00
Interstistial	10.000	80	800	2,0	5,0	200	500	4,00	1,60

Tab. 18: Beispielkalkulation: Kosten pro Klick je Werbemittel

Das Beispiel verdeutlicht, dass nicht der TKP als alleinige Entscheidungsgrundlage für den Einsatz eines Werbemittels geeignet ist. In der Praxis lässt sich mit einer Testkampagne bei der unterschiedliche Werbemittel zum Einsatz kommen mit diesem Verfahren leicht das effizienteste Werbemittel (mit den geringsten Kosten pro Klick) ermitteln.

Info!

Bitte beachten Sie, dass diese Kalkulation nur als Muster dient und keine allgemeine Aussagekraft bzgl. des Erfolges der unterschiedlichen Werbemittel besitzt. Zu viele Kriterien wie z.B. die Art des Werbeträgers oder der Ort der Platzierung des Buttons beeinflussen das Ergebnis.

Tipp!

Bieten Sie Ihren Kunden die Möglichkeit von Testbuchungen unterschiedlicher Werbemittel mit einer kleineren Anzahl Ad-Views. So können Ihre Kunden prüfen, mit welchen Werbemitteln sie die höchsten Klickraten erzielen und mit diesen dann eine größere Kampagne auf Ihren Seiten durchführen. Eine

Kampagne die auch für Ihren Kunden zum Erfolg wird, kann sich durch die Buchung einer größeren Anzahl AdViews auch für Sie bezahlt machen.

3.7   Die externe und interne Werbeplatzvermarktung im Detail

In diesem Kapitel werden die Besonderheiten der externen und internen Vermarktung von Werbeplätzen beschrieben. Eine grundsätzliche Entscheidung bzgl. einer internen oder externen Vermarktung der Webeplätze kann nur jedes Unternehmen individuell treffen bzw. ggf. von der Marktlage bzw. den Vermarktern abhängig sein.

Nachfolgend wird zunächst auf die Besonderheiten eingegangen, die im Zusammenhang mit der Gewinnung eines externen Vermarkters zu beachten sind. Auch werden die bedeutendsten Online-Vermarkter kurz vorgestellt und ein Überblick über weitere Vermarkter gegeben, die für Website-Betreiber von besonderem Interesse sein können. Die Kriterien zur Auswahl der hier vorgestellten Vermarkter sind unter anderem die Summe der monatlichen PIs aller vermarkteten Websites eines Online-Vermarkters und die Anzahl der verwalteten Websites. Online-Vermarkter, die nur die Werbeplätze eines Unternehmens oder die weniger Partnerseiten verwalten, werden nicht aufgeführt.

In manchen Fällen wird eine Eigenvermarktung oder ggf. ein Mix aus Eigen- und Fremdvermarktung sinnvoll bzw. mangels Zugriffszahlen unumgänglich sein.

Am Schluss dieses Kapitels wird auf typische Merkmale der internen Vermarktung hingewiesen.

3.7.1   Externe Vermarktung: Online-Vermarkter – nur für die Profis?

Grundsätzlich stellen die professionellen Online-Vermarkter sehr hohe Ansprüche an die Aufnahme einer Website in das Partner-Portfolio. Dies betrifft insbesondere die Zugriffszahlen gemessen an den PIs. Für kleinere Websites mit relativ hohen Zugriffszahlen oder einer stark spezialisierten Zielgruppe empfiehlt sich dennoch der Versuch, einen externen Vermarkter zu gewinnen. Die eigene Vermarktung erfordert einen nicht zu unterschätzenden Aufwand in Form geeigneten Fachpersonals.

Die Entscheidung des Vermarkters für die Aufnahme einer Website in sein Vermarktungsprogramm wird auch davon abhängen, ob sie in sein Portfolio passt und er auch Chancen sieht die Werbeplätze erfolgreich zu vermarkten. Die Zugriffszahlen sind insbesondere dann von Bedeutung, wenn der Vermarkter am generierten Werbeumsatz prozentual beteiligt ist. Eine kleine Website, die sehr spezialisiert ist, jedoch verhältnismäßig wenig Zugriffe verzeichnet, wird deshalb abgelehnt werden, weil sich der zeitliche Aufwand für den Vermarkter nicht rentiert.

Wenn nicht grundsätzlich eine Eigenvermarktung angestrebt ist, soll wie bereits erwähnt, der Versuch einen externen Vermarkter zu gewinnen nicht ungenutzt bleiben, auch wenn nur eine geringe Chance auf Erfolg besteht. Der Aufwand einiger Email-Anfragen an die Vermarkter im Verhältnis zur eigenständigen Vermarktung der Werbeplätze ist verschwindend gering. Zudem geben die Absagen Aufschluss über die Gründe einer Nichtaufnahme der Website in das Portfolio des Online-Vermarkters. Diese Informationen lassen sich nutzen um für eine Beseitigung der Mängel zu sorgen. Ist Abhilfe geschaffen, kann ein weiterer Versuch zur Gewinnung eines externen Vermarkters unternommen werden.

Um einen geeigneten Online-Vermarkter zu gewinnen, ist es hilfreich, die Kriterien zu kennen, die diese zur Auswahl eines Partners nutzen. Anhand dieser ist für einen Website-Betreiber eine direktere Auswahl der potentiell geeigneten Online-Vermarkter möglich.

3.7.1.1 Für einen Online-Vermarkter wesentliche Kriterien zur Auswahl eines adäquaten Partners

Die in diesem Kapitel beschriebenen Kriterien dienen der Auswahl und Einschätzung der Online-Vermarkter.

Zielgruppe Inhaltliche Übereinstimmung zwischen Online-Vermarkter und Partner: Eine Spezialisierung auf bestimmte Branchen bzw. Zielgruppen ist für einen Vermarkter oft sinnvoll, da die Vermarktung der Werbeplätze der einzelnen Partnern sich dann gegenseitig ergänzt bzw. ein Partner Werbung auf der Seite des anderen Partners buchen kann.

Produktmarke Bekannte Produktmarke bzw. vermarktungsfähige Website des Partners: Dies bezieht sich insbesondere auf inhaltliche Kriterien der Website. Eine Website einer bereits etablierten Marke außerhalb des Mediums Internet ist im allgemeinen wesentlich einfacher zu vermarkten als ein neues Produkt, das erst im Aufbau ist und ggf. weder online noch offline über einen bekannten Namen verfügt.

**Größen-
ordnung**

Die Website des Partners hat im idealen Fall eine ähnliche Größenordnung gemessen an den Besucherzahlen der PIs, wie die von dem Vermarkter bereits vermarkteten Websites. Meist ist „nach oben" keine Grenze gesetzt, da erfolgreichere Websites gerne mit aufgenommen werden. „Nach unten" ist die Kontrolle dafür meist umso strenger, so werden z.B. Seiten mit weniger als 1 Mio. PIs oft nicht aufgenommen.

Tipp!

Es empfiehlt sich schon bei der Auswahl eines geeigneten Vermarkters, das bereits vorhandene Partner-Portfolio näher zu betrachten. Vertritt ein Vermarkter z.B. vorzugsweise Kunden aus dem Bereich Banken / Versicherungen, so wird sich eine Anfrage für einen Website-Betreiber aus dem Bereich Computerspiele kaum lohnen. Jedoch vertreten die meisten Partner Websites aus vielen Bereichen und haben ein entsprechend breites Partner-Portfolio.

3.7.1.2   Bedeutende Online-Vermarkter

In diesem Kapitel werden einige bedeutende Online-Vermarkter kurz vorgestellt. Sie zeichnen sich durch eine große Anzahl vermarkteter Websites und ein hohes monatliches Volumen an verwalteten PIs aus.

Zusätzlich zu der Vermarktung von Werbeflächen bieten die größeren Anbieter meist auch weitere Dienstleistungen an. Das können z.B. die Durchführung und Beratung geplanter Promotion und Werbekampagnen oder weiterführende Dienste wie das Webhosting (Vermietung von Speicherplatz auf Internetservern) und die Vermietung von AdServern sein.

Bitte betrachten Sie die nachfolgende Detailbeschreibung der Online-Vermarkter nicht als Bewertung einer Rangfolge unter den Online-Vermarktern. Sie dienen lediglich als Beispiele und haben keinerlei Aussagekraft, welcher Online-Vermarkter für Ihr Unternehmen am besten geeignet ist. Je nach Ihren Ansprüchen kann z.B. ein kleinerer Vermarkter oder die Nähe zu einem regionalen Vertriebsbüro erhebliche Vorteile mit sich bringen.

AdLink

Die AdLink Internet Media AG (URL: http://www.adlink.de) ist ein Online-Vermarkter mit internationalem Portfolio. Insgesamt werden über 1.000 Websites mit einem Volumen von 2,5 Milliarden PIs pro Monat verwaltet (s. Abb. 55). Auf dem deutschen Markt werden mehr als 100 Websites mit einem Volumen von 900 Millionen PIs vertreten. Nach einer Studie von Horizont.net (URL: http://www.horizont.net) vom 23.05.2002, einer Zeitung für Marketing, Werbung und Medien, belegt AdLink damit Platz eins unter den deutschen Online-Vermarktern, gemessen an den monatlichen PIs.

Das Kerngeschäft des Unternehmens ist der europäische Markt. Fast alle europäischen Key-Internet-Märkte werden durch Tochtergesellschaften oder strategische Partnerschaften betreut. Weiterhin verfügt AdLink über Kontakte zu Netzwerkpartnern in Lateinamerika.

Abb. 55: Online-Vermarkter – AdLink

(Quelle: Adlink – URL: http://www.adlink.de)

TripleDoubleU Die TripleDoubleU GmbH (URL: http://www.tripledoubleu.de oder http://www.onlinevermarkter.de) befindet sich auf Platz fünf der wichtigsten deutschen Online-Vermarkter, laut der Studie von Horizont.net. Gemessen an den verwalteten PIs ist TripleDoubleU der zweitgrößte deutsche Online-Vermarkter mit offenem Portfolio. Das heißt, die Plätze zwei bis vier werden von Online-Vermarktern belegt, die nicht für Fremdprodukte offen sind, also keine Vermarktung fremder Websites übernehmen. Das Unternehmen vertritt ca. 50 Websites die monatlich 356 Millionen PIs verzeichnen.

Neben der Vermarktung von Online-Produkten bietet die Triple-DoubleU GmbH viele weitere Dienstleistungen von der Promotion über Crossmedia Kampagnen bis zum Webhosting. Online-Unternehmen die nicht nur ihre Werbeplätze vermieten möchten sondern zusätzliche Promotion betreiben, können von diesen Dienstleistungen aus einer Hand profitieren.

Die TripleDoubleU GmbH vermarktet derzeit nur deutschsprachige Websites (s. Abb. 56).

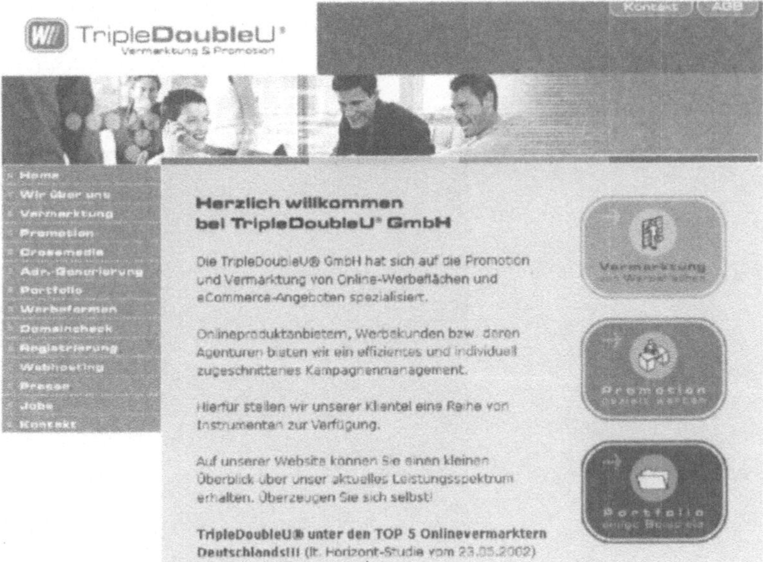

Abb. 56: Online-Vermarkter: TripleDoubleU
(Quelle: TripleDoubleU – URL: http://www.tripledoubleu.de)

3.7.1.3   Überblick Online-Vermarkter

In diesem Kapitel werden weitere Online-Vermarkter genannt und auf besondere Merkmale oder Dienstleistungen, die für die Auswahl von Bedeutung sein können, hingewiesen.

Die Auswahl der Vermarkter erfolgte nach Sichtung der Website und Einschätzung des Professionalisierungsgrades bzw. danach, ob eine aktive Vermarktung der Partnerseiten betrieben wird. Aktive Vermarktung bedeutet in diesem Zusammenhang die individuelle Betreuung der Partner, die eine aktive Werbepartnervermittlung und die Nutzung der vorhandenen Werbekontakte einschließt. Nur Dienstleister, die eine aktive Vermarktung der

Partnerseiten bieten, werden in diesem Zusammenhang zu den Online-Vermarktern gezählt.

Die Online-Vermarkter sind in alphabetischer Reihenfolge aufgeführt. Wichtige Zusatzinformationen wie z.B. ein Minimum an PIs als Auswahlkriterium für Partner sind gesondert vermerkt (s. Tab. 19).

Online-Vermarkter	Info
ActiveAgent GmbH URL: http://www.activeagent.de	Ca. 30-40 dt. Websites mit mtl. 300 Mio. PIs. Keine allgemeine Beschränkung!***
TerraTec - Ad2Net AG URL: http://www.ad2net.de	Ca. 60 Websites mit mtl. 580 Mio. PIs.* Schwerpunkt dt. Markt. Keine allgemeine Beschränkung!
AdLINK Internet Media GmbH URL: http://www.adlink.de	International ca. 1.000 Websites mit mtl. 2,5 Mrd. PIs (vgl. Kap. 3.7.1.2).*
Ad Pepper Media GmbH URL: http://www.adpepper.com	International mehr als 500 Websites mit mtl. ca. 1 Mrd. PIs.* Keine allgemeine Beschränkung!
ARBOmedia Deutschland URL: http://www.arbomedia.de	Europaweit ca. 350 Websites. In Deutschland ca. 50 Websites mit mtl. ca. 150 Mio PIs.*
Hi-Media Deutschland AG URL: http://www.himedia.de	Europaweit 657 Websites mit mtl. ca. 2 Mrd. PIs.* Keine allgemeine Beschränkung!
Optel Media Services GmbH URL: http://www.optelmediaservices.de	Große und special-interest Sites Vermarktung ab 200.000 PIs.***
Orangemedia.de GmbH URL: http://www.orangemedia.de	Ca. 80 dt. Websites mit mtl. 305 Mio. PIs.** Vermarktung ab 1 Mio. PIs.
Real Media Deutschland GmbH URL: http://www.realmedia.de	Ca. 29 dt. Websites mit mtl. 155 Mio. PIs.** Int. Netzwerk. Vermarktung ab 1 Mio. PIs.
TripleDoubleU GmbH URL: http://www.tripledoubleu.de	Ca. 50 dt. Websites mit mtl. 356 Mio. PIs.** Vermarktung ab 1 Mio. PIs.
* Eigene Angaben der Online-Vermarkter auf Ihren Websites in 08/2002. ** Angaben von Horizont.net in dem Chart „Die wichtigsten Online-Vermarkter in Deutschland" vom 23.05.2002 (s. Abb. 57). *** Telefonische Auskunft.	

Tab. 19: Übersicht externe Webeplatzvermarkter

Auf einen weiteren etwas kleinere Vermarkter wird an dieser Stelle vor allem für semiprofessionelle Websites verwiesen, die AdLive GmbH & Co. KG (URL: http://www.adlive.de). Ausführliche Infos zu diesem Online-Vermarktern erhalten Sie direkt auf der genannten Website des Unternehmens.

Online-Vermarkter Ranking

Der nachfolgende Chart von Horizont.net (URL: http://www.horizont.net) vom 23.05.2002 listet die wichtigsten deutschen Online-Vermarkter auf (s. Abb. 57). Zu beachten ist, dass einige Vermarkter ausschließlich die eigenen Websites oder die von Kooperationspartnern vermarkten. Diese Vermarkter bieten auf Ihren Websites kein Angebot für fremde Website-Betreiber zu Aufnahme in das Portfolio.

In der oben aufgeführten Übersicht sind nur Vermarkter gelistet, die offen sind für eine aktive Vermarktung fremder Online-Produkte.

Die wichtigsten Online-Vermarkter in Deutschland				
vermarkter	Webadresse	Page-Impressions in Mio.	Vermarktete Websites	Auswahl vermarkteter Websites
Adlink	Adlink.de	900	>100	ADAC, Comdirect, IDG, CMD, OMS-Netzwerk
Interactive Media	interactivemedia.de	660	35	T-Online.de, Bild.de, Welt.de, Autobild.de, Yam.de, Allgra.de
Web.de	Web.de	608	1	Web.de
GMX	Gmx.de	406	1	Gmx.de
Triple Double U	Tripledoubleu.de	356	50	Avis-mit.de, Rewemarkt.de, Geizo.de, Geizkragen.de
IP Newmedia	ipnewmedia.de	349	11	RTL.de, Carnechannel.de, Toggo.de, G252.de, RTL2.de
Active Agent	Active-agent.com	340	33	Autoscout24.de, Faircar.de, Expedia.de, Travel24.com
Terratec Ad2Net	Ad2net.de	310	52	Reisen.de, Alpex.net, Meinestadt.de, Single.de
Orange Media	Orangemedia.de	305	80	Tiscali.de, Metropolis.de, Hamburg.de, Quaimedia.de
Ad Pepper	Adpepper.de	300	85	Telefonbuch.de, Jobpilot.de
Tomorrow Focus Sales	Tomorrowfocus.de	253	30	Tomorrow.de, Focus.de, Chip.de, Max.de, Playboy.de
Quality Channel	Qualitychannel.de	241	11	Spiegel Online, Heise Online, Kicker Online, Sueddeutsche.de
Bauer Media (Online-Bereich)	Bauermedia.de	240	15	Praline Interaktiv, Coupé Online, Bravo.de, TV Movie.de
Seven One Interactive	sevenoneinteractive.de	210	4	Sat 1 Online, Sport1.de, Prosieben Online, Wetter.com
Arbo Media	Arbomedia.de	160	50	Autocert.de, Flights.com, Inenqwelt.de, Primusmedia.de
Real Media	Redmedia.de	155	29	Motorvision.de, Getmobile.de, Krawall.de
Gruner + Jahr EMS	Ems.guj.de	113	20	Stern.de, Kostenlos.de, Handy.de, Brigitte.de, Eltern.de
AOL (Homepage)	Aol.de	90	1	Aol.de
Economy One (Sales-Bereich)	Economyone.de	65	11	N-TV Online, Handelsblatt.com, Zeit im internet, Wirtschaftswoche.de

Auswahl, Stand April 2002; Daten nach Angaben der Vermarkter bzw. Web Online; Lycos und Yahoo machen keine Page-Impressions; AOL-Zahlen gelten nur für die Homepage   Quelle: HORIZONT

Abb. 57: Die wichtigsten Online-Vermarkter in Deutschland

(Quelle: Horizont – URL: http://www.horizont.net)

3.7.1.4   Praxistest: Vermarktungsanfragen an Online-Vermarkter

In einem Praxistest wurde für die Online-Auktion Filmundo die Vermarktungsfähigkeit der Werbeplätze durch externe Online-Vermarkter sowie deren Auswahlkriterien getestet. Im Folgenden wird ein Überblick über die bereits oben genannten Online-Vermarkter und eine ggf. erfolgte Reaktion auf eine Anfrage zur Vermarktung der Werbeplätze von Filmundo gegeben. Auch die einzelnen Begründungen für eine ggf. erteilte Absage wird zusammengefasst oder stichwortartig wiedergegeben (s. Tab. 20).

Online-Vermarkter	Ergebnis Vermarktungs-Anfrage
ActiveAgent GmbH URL: http://www.activeagent.de	Email Anfrage: 30.08.02 Email Absage: 02.09.02 Begründung: Kein Bedarf im Bereich Film und Gefahr der „Kannibalisierung" mit anderen Filmwerbeträgern.
TerraTec - Ad2Net AG URL: http://www.ad2net.de	Tel. Anfrage: 30.08.02 Email Absage: 03.09.02 Begründung: Eine erfolgsorientierte Vermarktung der Site kann derzeit nicht durchgeführt werden.
AdLINK Internet Media GmbH URL: http://www.adlink.de	Email Anfrage: 21.08.02 Email Absage: 21.08.02 Begründung: Aus strategischen Gründen kann Filmundo derzeit nicht ins Portfolio aufgenommen werden.
Ad Pepper Media GmbH URL: http://www.adpepper.com	Email Anfrage: 21.08.02 Tel. Absage: 23.08.02. Begründung: Derzeit kein Bedarf an einer weiteren Online-Auktion.
ARBOmedia Deutschland URL: http://www.arbomedia.de	Email Anfrage: 30.08.02 Keine Antwort.
Hi-Media Deutschland AG URL: http://www.himedia.de	Email Anfrage: 05.09.02 Email Absage: 07.10.02 Begründung: Derzeit kein Interesse.
Optel Media Services GmbH URL: http://www.optelmediaservices.de	Email Anfrage: 30.08.02 Keine Antwort.
Orangemedia.de GmbH URL: http://www.orangemedia.de	Email Anfrage: 22.08.02 Email Absage: 27.08.02 Begründung: Derzeit nur Websites > 1 Mio. PIs.
Real Media Deutschland GmbH URL: http://www.realmedia.de	Tel. Anfrage: 30.08.02 Auskunft: Derzeit Vermarktung von Websites ab ca. 1 Mio PIs.
TripleDoubleU GmbH URL: http://www.tripledoubleu.de	Email Anfrage: 21.08.02 Email Absage: 22.08.02 Begründung: Derzeit nur Websites > 1 Mio. PIs.

Tab. 20: Ergebnis der Filmundo Vermarktungsanfrage bei Online-Vermarktern

Bitte betrachten Sie die oben genannten Absage-Kriterien, soweit es sich nicht um ein rein quantitatives Kriterium handelt, wie der Umfang der PIs, nicht als für Ihre Website verbindlich. Im Allgemeinen wird jede Website von den Online-Vermarktern begutachtet und individuell beurteilt.

Bei der Website Filmundo – Die Filmauktion handelt es sich um einen stark spezialisierten Markt. Dies erfordert einen entsprechenden Mehraufwand von den Online-Vermarktern. Ein entsprechend spezialisiertes Portfolio und entsprechende Kontakte zu Planern und Organisatoren von Werbekampagnen, die ein klares Interesse an dieser speziellen Zielgruppe haben, sind Voraussetzung für eine erfolgreiche Vermarktung der Website.

Tipp!

Stellen Sie direkte Anfragen an alle Online-Vermarkter, die für Sie bzw. Ihre Website in Frage kommen. Dies sind maximal alle Anbieter, bei denen Sie nicht aufgrund eines Mangels an PIs von vornherein ausscheiden. Beachten Sie bei Ihren Anfragen die folgenden inhaltlichen Kriterien, soweit Sie nicht an einen vorgefertigten Fragebogen der einzelnen Vermarkter gebunden sind. Dies erlaubt den Vermarktern einen schnellen Einblick in die wichtigen Fakten Ihres Unternehmens und zeigt, dass Sie sich bereits ausführlich mit der Materie beschäftigt haben und auch über ein entsprechendes Wissen verfügen, Ihre Website professionell zu vertreten.

- Geben Sie als erstes Ihre vollständigen Kontaktdaten und Ansprechpartner an.

- Nennen Sie die URL der zu vermarktenden Website und machen Sie inhaltliche Aussagen, womit sich Ihre Website beschäftigt.

- Geben Sie an, seit wann Ihre Website Online ist (Monat und Jahr).

- Machen Sie eindeutige Aussagen zu der Zielgruppe Ihrer Website. Geben Sie auch ggf. die Art soziodemographischer Daten an, soweit Ihnen solche vorliegen.

- Weisen Sie auf eindeutige Vorteile hin, die Ihre Website gegenüber Mitbewerbern hat. Nennen Sie den Mehrwert Ihrer Website.

- Liefern Sie die wichtigsten statistischen Kennzahlen (PIs, Besucher, registrierte Kunden etc.) der vergangenen drei Monate.

- Machen Sie Aussagen zu strategischen Kooperationen, soweit Sie solche bereits geschlossen haben.

- Geben Sie alle Werbemittel an, die auf Ihren Seiten eingesetzt werden können.

- Vermerken Sie, welche Websites ggf. nicht auf Ihren Seiten werben dürfen (z.B. Suchmaschinen, Versicherungsvergleiche, Online-Auktionen).

Scheuen Sie sich nicht nach einer Absage telefonisch Rücksprache zu halten. Ein persönliches Gespräch kann Ihnen weit mehr Informationen geben als eine unter Umständen vorgefertigte Standardabsage. Jedes seriöse Unternehmen wird Ihnen gerne Auskunft erteilen, da Sie ja in Zukunft zu einem wichtigen Kunden werden könnten. Versuchen Sie spezifische Informationen zu erhalten, die direkt auf Ihre Website zutreffen und Ihnen Aufschluss geben, wie Sie einen ggf. vorhandenen Mangel Ihrer Website beseitigen können. Kann ein Online-Vermarkter Ihre Website z.B. schlecht in sein bestehendes Portfolio integrieren, so können Sie daran nichts ändern. Scheitert eine Vermarktung jedoch an einem unprofessionellem Webdesign, den PIs oder ähnlichem, so liegt es in Ihrem Einflussbereich diesen Mangel zu beseitigen.

Werbeträger Datenbanken Neben den aktiven Online-Vermarktern, die ihre Partner nach strengen Kriterien auswählen und die Werbeplätze oft exklusiv vermarkten, gibt es auch offene Werbeträger-Datenbanken.

In der einfachsten Form sind dies frei zugängliche Websites, die unterschiedliche Werbeträger mit den Werbepreisen und Kontaktmöglichkeiten auflisten. Neue Werbeträger werden auf Antrag mit in das Angebot aufgenommen. Werbekunden können aus der Datenbank direkt geeignete Werbeträger für eine Kampagne auswählen und kontaktieren. Als Beispiel dient die Werbeplatzbörse mit einer gut sortierten Auswahl an Websites (URL: http://www.werbeplatzboerse.de).

Einen wesentlich umfangreicheren Dienst bietet die Accom GmbH (URL: http://www.accomm.de). Diese betreibt eine große Datenbank mit Online-Werbeträgern, die zwar nicht exklusiv aber doch aktiv vermarktet werden. Aktiv bedeutet in diesem Fall, dass für Werbekunden geeignete Werbeträger für die Durchführung von Werbekampagnen ausgewählt bzw. zur Verfügung gestellt werden. Die Abwicklung der Kampagnen erfolgt über einen zentralen AdServer, der ein detailliertes Reporting für die Werbekunden gewährleistet. Die eingetragenen Websites können ihre Werbeplätze zusätzlich direkt vermarkten oder durch einen Online-Vermarkter anbieten lassen. Durch diese Kombination kann eine höhere Auslastung der Werbeplätze erreicht werden. Das Portfolio der eingetragenen Websites wird interessierten Werbekunden auf Anfrage zur Verfügung gestellt und ist nicht auf der Website frei einsehbar.

3.7.4   Eigen- / Direktvermarktung von Werbeplätzen

Eine Eigen- oder Direktvermarktung der Werbeplätze kommt für jedes auch noch so kleine Online-Unternehmen in betracht. Eine Entscheidung für die Direktvermarktung oder für einen externen Online-Vermarkter kann letztlich nur jedes Unternehmen für sich treffen, doch anhand der nachfolgenden Informationen soll eine Entscheidung erleichtert werden.

Vorteile

Mal abgesehen von dem erhöhten Arbeitsaufwand kann die Direktvermarktung der Werbeplätze erhebliche Vorteile mit sich bringen. So kennen Sie als Website-Betreiber in der Regel Ihr Marktumfeld wesentlich besser als ein Online-Vermarkter, es sei denn, dieser hat sich genau auf Ihr Marktfeld spezialisiert. Sie bauen einen engeren Kontakt zu Ihren Werbepartnern auf und können von langfristigen Kooperationen profitieren. Auch können Sie Ihren Kunden die Buchung von kleineren Kampagnen mit einer geringeren Anzahl AdViews ermöglichen. Bei vielen Online-Vermarktern scheitern umsatzschwache Werbepartner ggf. schon an einem erforderlichen Mindestvolumen von z.B. 2.500 Euro / Kampagne. Für kleinere Websites mit vielleicht 1.000 Besuchern wird unter Umständen aber gerade mal eine Werbeschaltung über 50 oder 100 Euro erschwinglich sein. Hier müssen Sie abwägen, welche Kunden Sie bedienen möchten und ab welcher Umsatzhöhe sich der Aufwand für Sie rechnet. Auch bedeutet die Zusammenarbeit mit einem Online-Vermarkter nicht, dass Ihre Werbeplätze ab sofort ausgebucht sind. Bei der Direktvermarktung liegt es letztlich an Ihnen, welche Umsätze Sie erzielen und welche Auslastung Sie erreichen.

Nachteile

Natürlich haben Sie auch Nachteile als Website-Betreiber, wenn Sie Ihre Werbeplätze selbst vermarkten möchten. Als erstes müssen Sie die technischen Voraussetzungen schaffen, die Ihnen das Einbinden von Bannern ermöglicht. Selbstverständlich möchten Ihre Kunden auch gerne wissen, wie oft ein Werbemittel eingeblendet wurde und wie viele Klicks verzeichnet werden konnten. Dies erfordert eine entsprechende Software die kundengerechte Reports erstellt (AdServer). Haben Sie nur einige hundert oder tausend PIs pro Monat, so können Sie natürlich monatlich abrechnen und auf weitere Statistiken verzichten. Treffen Sie in diesem Fall individuelle Absprachen mit Ihren Kunden. Der Aufbau einer Kundendatenbank, die Kontaktaufnahme, Angebotserstellung und Durchführung der Werbekampagnen erfordert einen hohen Zeitaufwand. Dieses sind Arbeiten, die Sie neben Ihrem Kerngeschäft bewältigen müssen und unter Umständen ganz neue Fähigkeiten und ein neues Fachwissen von Ihnen erfordern.

Tipp!

Für kleinere Websites lohnt oft die Anschaffung oder Programmierung einer aufwendigen AdServer Lösung nicht. Um Zeit und Kosten zu sparen, lohnt es sich ggf. die zahlreichen Scriptarchive im Internet nach einer AdServer-Lösung zu durchsuchen und ein solches Script kostenlos bis günstig auf Ihrer Seite einzubinden. Je nach Programmiersprache empfiehlt sich z.B. die Suche bei Pearl Scripts (URL: http://www.perlscripts.de), Scriptindex (URL: http://www.scriptindex.de) oder im PHP-Archiv (URL: http://www.php-archiv.de) nach dem Begriff „AdServer".

Direktvermarktung von Werbeplätzen	
Vorteile	**Nachteile**
Bessere Marktkenntnis des Website-Betreibers	Allgemein erhöhter Arbeitsaufwand
Erfolg durch den Aufbau langfristiger Kooperationen	Kontakte bzw. ein Netzwerk muss erst aufgebaut werden. Bei Online-Vermarktern besteht ein solches Netzwerk bereits.
Größere Flexibilität bei der Auftragsannahme bzw. Mindestbuchungsgröße	Umfangreiche Fähigkeiten und Fachwissen sind erforderlich
Flexibilität bei der Abrechnungsart (z.B. Wochen oder Monatsbuchung)	Erhöhter technischer Aufwand (z.B. AdServer, Reportingtools)

Tab. 21: Die Vor- und Nachteile der Direktvermarktung der Werbeplätze im Überblick

3.7.4.1   Erstellung der Mediadaten

Werden Ihre Werbeplätze durch Ihr Unternehmen vermarktet, so integrieren Sie am besten auch eine direkte Kontaktmöglichkeit für potentielle Werbepartner auf Ihrer Website. Veröffentlichen Sie auf einer extra Seite für Werbepartner relevante Informationen zu Ihrem Unternehmen, Ansprechpartner und ggf. auch gleich die Werbepreise. Werbeinformationen sind auf der Website so einzubinden, dass sie von der Startseite aus z.B. über einen Button mit der Beschriftung „Ihre Werbung" oder „Mediadaten" direkt zugänglich sind. Oft ist eine solche Seite auch über eine Fußzeile zu erreichen, da diese Informationen für einen großen Teil Ihrer Besucher nicht von Interesse ist. Werbekunden wissen dies in der Regel und suchen daher gezielt in Randbereichen nach solchen Informationen.

Es gibt keine festen Regeln zur Erstellung der Mediadaten und es bleibt Ihnen überlassen, welche Informationen Sie Ihren potentiellen Werbekunden direkt auf Ihrer Seite zur Verfügung stellen und welche nicht. Sicherlich hängt der Umfang der Informationen auch mit der Größe Ihres Unternehmens zusammen. Bedenken Sie, dass diese Informationen jedem zugänglich sind – also auch der Konkurrenz.

Grundsätzlich spricht jedoch einiges dafür, alle relevanten Informationen zu veröffentlichen, die für einen Werbepartner von Interesse sein können. Kommen Sie dem Informationsbedürfnis Ihrer Kunden so weit wie möglich entgegen. Jede Information, die nicht auf Ihrer Website einzusehen ist, bedeutet für den potentiellen Werbekunden und, in der Folge auch für Sie, nur Mehrarbeit, sei es durch Emailanfragen oder Telefonauskünfte. Im schlimmsten Fall können mangelnde Informationen den Kunden auch davon abhalten bei Ihnen zu werben, wenn ihm der Aufwand schlicht zu hoch ist erst alle Details erfragen zu müssen. Bedenken Sie immer, dass die Konkurrenz im Internet in fast allen Bereichen sehr groß ist und immer nur einen Klick entfernt.

Wichtige Inhalte der Mediadaten

Die nachfolgenden Informationen werden oft in den Mediadaten veröffentlicht:

- **Unternehmen:** Veröffentlichen Sie wichtige Informationen zu Ihrem Unternehmen, soweit es für den Werbenden von Bedeutung sein kann.

- **Zielgruppe:** Beschreiben Sie Ihre Zielgruppe und welche Besucher den Schwerpunkt auf Ihrer Website bilden. Dies schränkt zwar auch die Anzahl Ihrer Werbekunden ein, jedoch verdeutlich es Ihrer relevanten Werbe-Zielgruppe die Bedeutung Ihrer Website.

- **Statistiken:** Machen Sie Angabe zu den Statistiken bzw. Kennzahlen der letzten Monate Ihrer Website (eine ständige Aktualisierung ist erforderlich). Diese sollen mindestens aus der Anzahl der Besucher und PIs sowie ggf. noch aus der durchschnittlichen Verweildauer bestehen.

- **Interpretation:** Erklären Sie die Kennzahlen, um eine Akquisition nicht fachlich versierter Kunden zu unterstützen. So kann beispielsweise PIs mit einem erklärenden Zusatz wie „Häufigkeit der angezeigten Werbebanner" versehen werden.

- **Werbeformen:** Erstellen Sie eine Tabelle mit allen Werbeformen, die auf Ihren Seiten gebucht werden können. Interpretieren Sie auch hier ggf. die Fachbegriffe der einzelnen Werbemittel.

- **Technische Vorgaben:** Definieren Sie die technischen Voraussetzungen bzw. Vorgaben für die einzelnen Werbemittel. Dies beinhaltet z.B. eine Aussage über die maximale Größe eines Werbemittels in Kilobyte (KB) und die zugelassenen Dateiformate (z.B. JPG oder GIF).

- **Werbepreise:** Wenn Sie die Werbepreise mit veröffentlichen wollen, so geben Sie bei jeder Werbeform einen Preis mit an. Erklären Sie auch, worauf sich der Preis bezieht, also z.B. pro 1.000 Einblendungen / Klicks oder pro Tag, Woche oder Monat.

- **Rabattstaffel:** Wenn Sie eine große Anzahl PIs pro Monat verzeichnen, können Sie auch eine Rabattstaffel nennen. Diese kann sich entweder nach der Anzahl der gebuchten Werbekontakte richten oder aber nach der Höhe des Umsatzes.

- **Reporting:** Erklären Sie Ihren Kunden, welche Auswertungsmöglichkeiten Sie für die einzelnen Werbekampagnen anbieten. Diese Auswertungen sind für die Kunden von besonderer Bedeutung, da sie so schnell und einfach den Erfolg ihrer Werbung kontrollieren können. In der Regel beinhaltet eine solche Auswertung mindestens die Anzahl der erfolgten Werbekontakte (AdViews), die Anzahl der Klicks (AdClicks) und die Klickrate (Verhältnis der AdClicks zu AdViews).

- **Kontakt:** Die Angabe einer Kontaktmöglichkeit (mindestens eine Emailadresse) für Rückfragen und Buchungen darf in keinem Fall fehlen.

3.8 Erfolgskontrolle der Werbeplatzvermarktung

Für alle Vermarktungsaktionen Ihrer Werbeplätze sollten Sie in jedem Fall eine Erfolgskontrolle durchführen. Die Erfolgskontrolle der Werbeplatzvermarktung besteht im Wesentlichen aus zwei Komponenten.

Auslastung der Werbeplätze

Die Ermittlung der Auslastung vorhandener Werbeplätze ist ein brauchbares und insbesondere auch bei Offline-Werbeträgern ein weit verbreitetes und seit langem etabliertes Erfolgskriterium. Hierbei wird der Auslastungsgrad der gebuchten Werbeplätze im Verhältnis zu den tatsächlich vorhandenen Werbeplätzen in Prozent ermittelt. Der Auslastungsgrad gibt Aufschluss zu der Frage, wie viele der vorhandenen Werbeplätze in einem bestimmten Zeitraum belegt waren bzw. durch bezahlte Werbung genutzt worden sind.

Der Erfolg der Werbeplatzvermarktung kann anhand des Auslastungsgrades mit zwei verschiedenen Ansätzen bewertet werden.

1) **Absolut**: Wird der Auslastungsgrad absolut beurteilt, so wird die Prozentzahl für sich (nicht im Vergleich zu anderen Bezugszeiträumen) bewertet. Es kann z.B. eine Auslastung von 80% als erfolgreich angesehen werden. Ab welcher prozentualen Auslastung die Werbeplatzvermarktung erfolgreich ist, kann durch Vergleiche mit der Konkurrenz, dem allgemeinen Markt oder mit Ihren persönlichen Vorgaben beurteilt werden.

2) **Relativ**: Bei der relativen Erfolgsbewertung des Auslastungsgrades vergleichen Sie die aktuelle Auslastung mit der eines anderen Bezugszeitraumes, z.B. mit dem Vormonat. Insbesondere bei der Eigenvermarktung ist diese Betrachtungsweise vorteilhafter, da die Werbekontakte erst aufgebaut werden müssen und meist nicht sofort eine hohe Auslastung zu erreichen ist. So ist es als deutlicher Erfolg zu bewerten, wenn die Auslastung von 10 Prozent auf 20 Prozent gesteigert werden konnte, selbst wenn die Konkurrenz eine Auslastung von 70 Prozent erreicht. Für Sie bedeutet die Steigerung von 10 auf 20 Prozent eine Erfolgssteigerung von 100 Prozent.

Wichtiges zum Auslastungsgrad!

Grundsätzlich ist bei der Ermittlung des Auslastungsgrades zu beachten, dass es sich immer um relative Werte handelt, da die gebuchten Werbeeinblendungen im Verhältnis zur Anzahl möglicher Werbeeinblendungen stehen. Die Anzahl der möglichen Werbeeinblendungen ist variabel und kann starken Schwankungen unterworfen sein. Befindet sich Ihre Website in einer starken Wachstumsphase und verzeichnet z.B. monatliche Zuwächse bei den PIs von 50 Prozent, so steigt dadurch in der Regel auch die Anzahl verfügbarer Werbeeinblendungen. Der Auslastungsgrad alleine gibt jedoch keine Auskunft über dieses Wachstum.

Das nachfolgende Beispiel verdeutlicht dieses Problem:

	Werbeeinblendungen		**Auslastungsgrad**
	Verfügbar	**Gebucht**	
Zeitraum 1	100.000	10.000	10 %
Zeitraum 2	150.000	15.000	10 %
Wachstum	50 %	50 %	0 %

Tab. 22: Beispielrechnung Wachstum der Werbeeinblendungen und Auswirkung auf den Auslastungsgrad

Aus der Beispielrechnung wird deutlich, dass der Auslastungsgrad konstant bleibt, wenn sich die Summe insgesamt verfügbarer (meist PIs) und gebuchter Werbeeinblendungen im selben Verhältnis verändern. Verfügbare und gebuchte Werbeeinblendungen haben sich jeweils um 50 Prozent erhöht. Der Auslastungsgrad bleibt daher konstant, in diesem Fall bei 10 Prozent.

Der Auslastungsgrad alleine hat demnach keine Aussagekraft über den tatsächlichen Erfolg der Werbelatzvermarktung. In Kombination mit weiteren Werten wie verfügbare und gebuchte Werbeplätze ist der Auslastungsgrad jedoch ein bedeutendes Messkriterium.

Werbeerlöse

Ein vielleicht noch bedeutenderer Maßstab für den Erfolg der Werbeplatzvermarktung ist die Summe der durch Werbung erzielten Einnahmen, die Werbeerlöse.

Die Summe der Werbeeinnahmen hat eine sehr viel individuellere Aussagekraft für ein spezielles Unternehmen. Bei einer kleinen Website können Werbeeinahmen in Höhe von z.B. 500 Euro pro Monat unter Umständen bereits alle fixen Kosten decken und somit das Fortbestehen des Unternehmens sichern. Große Online-Unternehmen, wie bekannte Suchmaschinen oder Portale, können auch mit Werbeerlösen in Millionenhöhe noch unrentabel sein.

Tipp!

Setzen Sie sich individuelle Ziele für Ihr Unternehmen. Kalkulieren Sie Ihre Kosten und errechnen Sie, welchen Beitrag Werbeeinnahmen zur Deckung der Kosten leisten sollen bzw. langfristig leisten müssen, damit Ihr Unternehmen weiter bestehen kann. Lassen Sie sich dabei nicht von der allgemeinen Marktlage verunsichern, wenn diese nicht positiv erscheint. Es gibt immer genügend Unternehmen, die Werbung auch in schlechten Zeiten buchen. Es liegt letztlich nur an Ihnen, diese Unternehmen zu finden bzw. als Kunden zu gewinnen.

Tipp für kleinere Unternehmen!

Sprechen Sie insbesondere als kleineres Unternehmen auch andere kleine Unternehmen an. Gerade Ihr Unternehmen kann davon profitieren, dass andere Unternehmen Werbung schalten wollen, aber nicht über große Werbebudgets verfügen. Das ist Ihre Chance, denn mit kleinen Werbeaufträgen wird oft das erforderliche Mindestbuchungsvolumen der größeren Websites nicht erreicht. Sie sind dagegen flexibel und können unter Umständen sogar eine längerfristige Partnerschaft mit anderen kleinen Unternehmen aufbauen. Diese werden bestimmt wieder bei Ihnen Werbung schalten, wenn die ersten kleinen Buchungen erfolgreich waren.

Alternative Nutzungsformen freier Werbeflächen

Die Vermietung aller Werbeflächen einer Website ist in den meisten Fällen mit viel Arbeit und Zeitaufwand verbunden. Oft lässt sich eine hohe Auslastung der Werbeflächen erst nach mehreren Monaten oder gar Jahren erzielen, je nach Bekanntheit der Website. Es empfiehlt sich alternative Nutzungsformen zur Belegung freier Werbeflächen in Betracht zu ziehen, um die freien Flächen nicht völlig ungenutzt zu lassen. Alternativen können z.B. die Einblendung von Eigenwerbung mit Hinweis auf die verfügbaren Werbeflächen oder Bannertausch- und Partnerprogramme sein. Die unterschiedlichen Alternativen werden in diesem Kapitel näher betrachtet und dabei wird insbesondere auf einen hohen Nutzen für den Website-Betreiber geachtet. In diesem Zusammenhang werden auch die Ergebnisse unterschiedlicher Modelle aus der Praxis präsentiert.

4.1 Eigenwerbung

Die Eigenwerbung lässt sich in zwei verschiedene Bereiche einteilen:

1) Es können Banner für spezielle Aktionen, Kategorien oder Teilbereiche einer Website eingeblendet werden. So kann die Aufmerksamkeit auf Neuerungen, weniger bekannte Funktionen oder z.B. Sonderaktionen wie Verlosungen gelenkt werden.

2) Banner, die auf die eigenen Werbeplätze hinweisen, z.B. mit einem besonderen Slogan wie „Dies könnte Ihr Banner sein" oder „Hier können Sie werben". Dieser Banner ist dann mit den Mediadaten bzw. der Seite mit weiteren Informationen zu Werbebuchungen zu verlinken.

Eine weitere Möglichkeit, die jedoch nicht mehr im engeren Sinne der Eigenwerbung zugeordnet werden kann, ist die Werbung für weitere eigene Online-Projekte. So können z.B. neue Projekte kurzfristig einer bekannten Zielgruppe präsentiert werden.

4.2 Affiliate Programme / Partnerprogramme

Viele größere Websites und Online-Shops bieten ihren Kunden oder beliebigen Website-Betreibern die Möglichkeit einer Kooperation bzw. Beteiligung. Die Kooperationspartner (auch Affiliates, engl. für Mitglieder) werben für die Dienste oder das Angebot des Anbieters (auch Merchant, engl. für Kaufmann) und erhalten eine erfolgsabhängige Vergütung.

Die verschiedenen Affiliate Programme lassen sich je nach ihrer Vergütungsform unterscheiden. Es gibt drei gängige Verfahren zur Beteiligung der Affiliates:

Vergütungsformen:

Pay per Click

1) Die Zahlung einer Vergütung für durch den Affiliate vermittelte Besucher. Gemessen wird diese Vergütungsform an der Anzahl der Klicks auf die Werbung (Ad-Click). Pro Besucher werden in der Regel ca. 0,01 – 0,10 Euro bezahlt.

Pay per Order

2) Viele Shops gehen dazu über, nur bei erfolgreicher Bestellung durch einen vom Partner vermittelten neuen Kunden einen gewissen Prozentsatz des Erstumsatzes als Vergütung auszuschütten. Diese bewegt sich meist zwischen fünf und dreißig Prozent.

Pay per Lead

3) Beim dritten Verfahren erhält der Partner einen Fixbetrag für eine auszuführende Handlung (z.B. Bestellung von Unterlagen, Registrierung) des Neukunden / Besuchers. Nachteil bei den letztgenannten beiden Verfahren ist, dass der Vermittler im Regelfall keine Vergütung erhält, wenn die gewünschte Handlung oder Bestellung zu einem späteren Zeitpunkt erfolgt. Gleiches gilt meist auch für Folgegeschäfte.

Affiliate Programme sind eine mögliche Einnahmequelle für Website-Betreiber, jedoch liegen die Verdienstmöglichkeiten meist unter dem, was sich durch professionelle Bannervermarktung verdienen lässt.

4.2.1 Netzwerke für Affiliate Programme

Für Affiliate Programme gibt es Netzwerke bzw. Vermittler, die einem Interessenten die einfache Teilnahme an solchen ermöglichen. Ein Netzwerk mit Partnerprogrammen hat für den Affiliate den entscheidenden Vorteil, dass er sich nur einmal registrieren muss und Zugang zu einer Vielzahl von Programmen erhält. Weiterhin bieten die seriösen Netzwerke Statistiken zur Kontrolle der Werbewirksamkeit und Erlöse der eingeblendeten Werbemittel und übernehmen auch die Zahlungsabwicklung zwischen Merchant und Affiliate.

Die größeren Vermittler zeichnen sich durch eine entsprechend große Anzahl Programme bzw. Merchants aus. Idealerweise kann der Website-Betreiber, wenn er vom Vermittler aufgenommen wurde, die Programme auswählen und in die Website einbinden, die sich inhaltlich mit dieser ergänzen bzw. durch welche die höchsten Einnahmen zu erzielen sind. Jedoch erfolgt die Freigabe oftmals erst durch den Merchant nach Kontrolle der Website des Affiliates.

4.2.1.1   Die Auswahl eines Netzwerkes

Bei der Auswahl eines Affiliate Netzwerkes unter mehreren Anbietern, ist ein Vergleich anhand der folgenden Kriterien zu empfehlen:

Kriterien zur Auswahl eines Netzwerkes

- Anzahl der Programme / Merchants, die zur Auswahl stehen

- Sortierung der Programme nach Zielgruppe

- Freie Auswahl der Programme

- Kostenlose Teilnahme und keine Verpflichtungen für den Affiliate (außer Einhaltung der allgemeinen Regeln)

- Detaillierte Beschreibung der Programme und klare Regeln für die Teilnahme an einem bestimmten Programm

- Eindeutige Abrechnungskriterien (z.B. genaue Beschreibung, wann eine „Pay per Lead" Vergütung anfällt)

- Bereitstellung von Statistiken durch den Netzwerkbetreiber für die Erfolgskontrolle einzelner Programme

- Regelmäßige Auszahlung der erwirtschafteten Vergütung

4.2.1.2   Ablauf zur Teilnahme an einem Affiliate Programm

Die nachfolgende Darstellung zeigt den gängigen Ablauf für die Teilnahme an einem Affiliate Programm (s. Abb. 58)

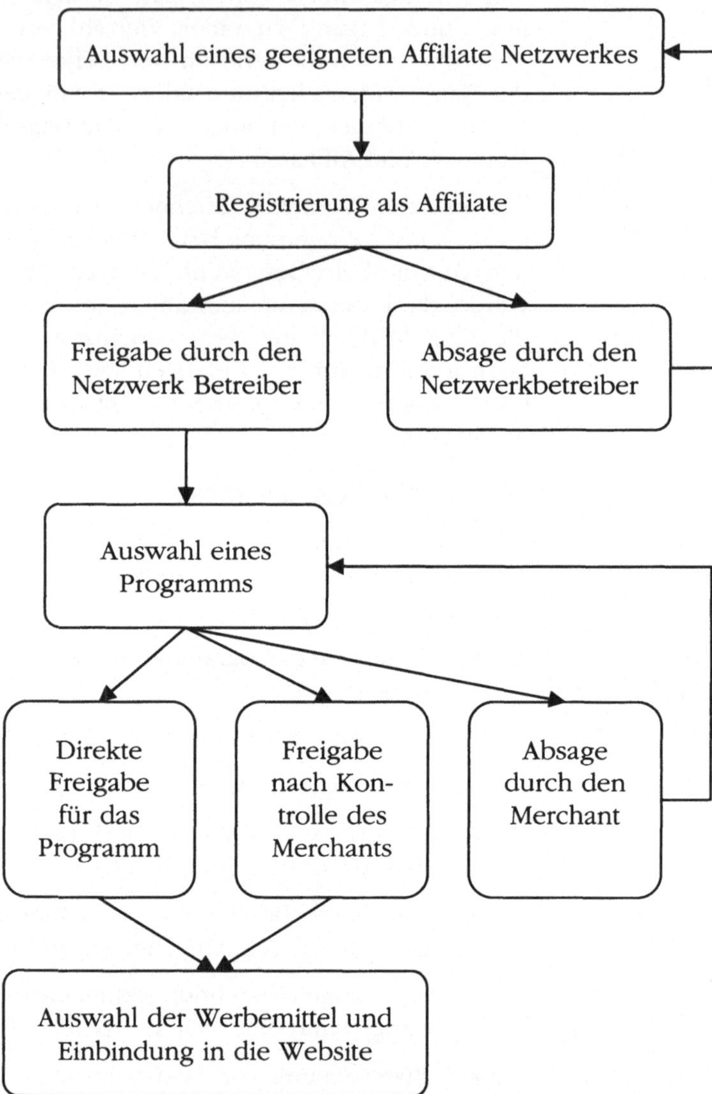

Abb. 58: Ablaufdiagramm zu Teilnahme an einem Affiliate Programm innerhalb eines Affiliate Netzwerkes

(Quelle: Eigene Darstellung)

Um die Auswahl geeigneter Affiliate Netzwerke zu vereinfachen, werden in den folgenden Kapiteln zwei große Affiliate Netzwerke etwas näher vorgestellt.

4.2.1.3   Affiliate Netzwerk: Affilinet

Einer der größten Anbieter von Affiliate Netzwerken ist Affilinet (URL: http://www.affili.net). Durch eine geordnete Übersicht der Programme findet der Affiliate leicht geeignete Merchants, die sich mit seinem eigenen Angebot ergänzen und zur Werbung eignen (s. Abb. 59).

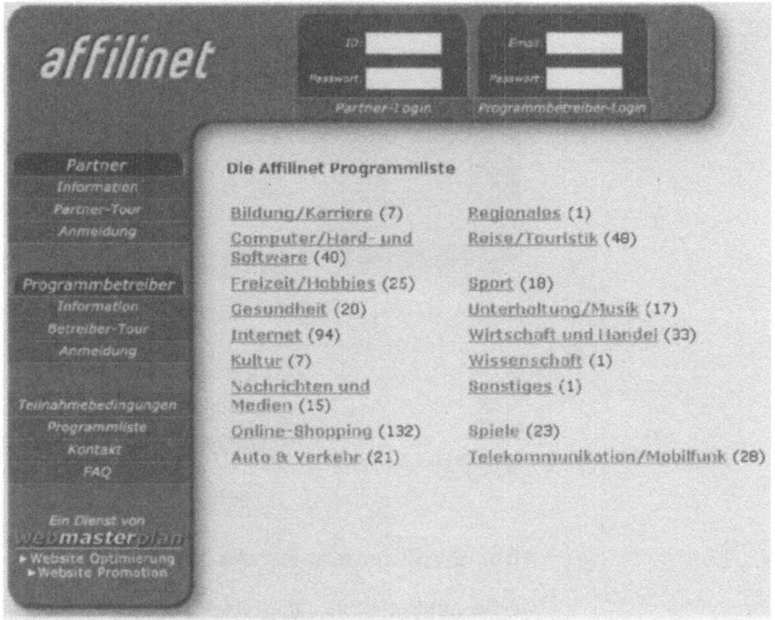

Abb. 59: Kategorie-Übersicht bei Affilinet

(Quelle: Affilinet – URL: http://www.affili.net)

Mit einer Programmanzahl von 559 in Kategorien geordneten Programmen (am 24.07.2002) handelt es sich um eines der bedeutendsten deutschen Affiliate Netzwerke.

Die Auswahl geeigneter Programme wird durch die Kurzbeschreibung innerhalb einer Rubrik erleichtert. An dieser Stelle ist ebenfalls Art und Höhe der Vergütung angegeben (s. Abb. 60).

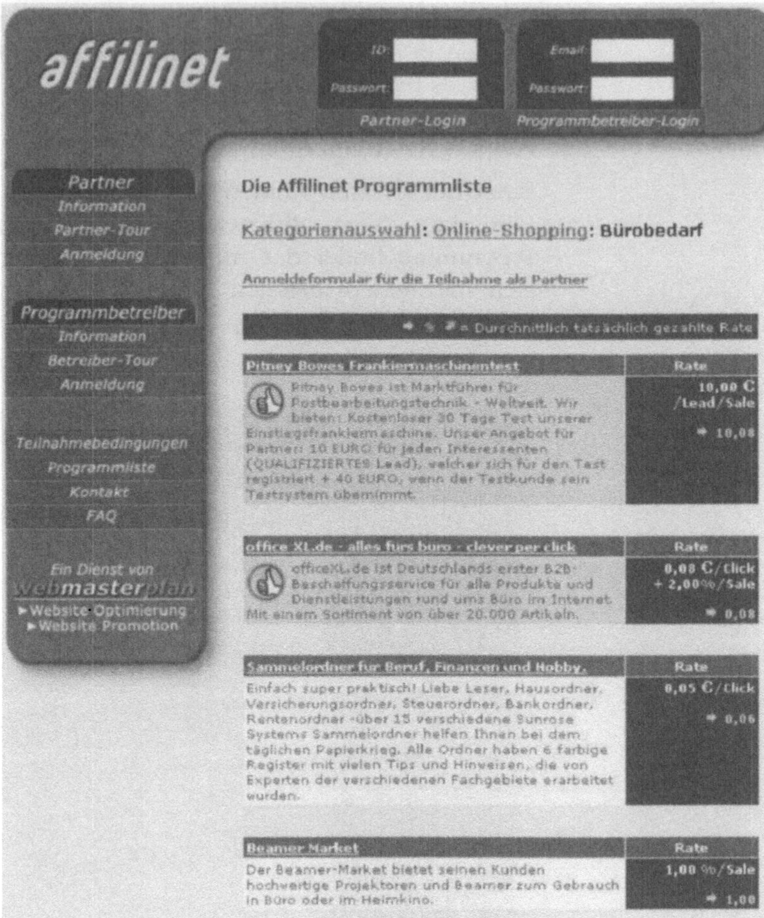

Abb. 60: Programm-Details bei Affilinet

(Quelle: Affilinet – URL: http://www.affili.net)

Praxis-Test bei Affilinet Die Statistiken sind ein wichtiges Mittel für die Erfolgskontrolle. Die Ergebnisse der Einblendungen mehrerer Programme, die im Juni 2002 auf den Seiten von Filmundo eingebunden wurden, werden hier präsentiert (s. Abb. 61).

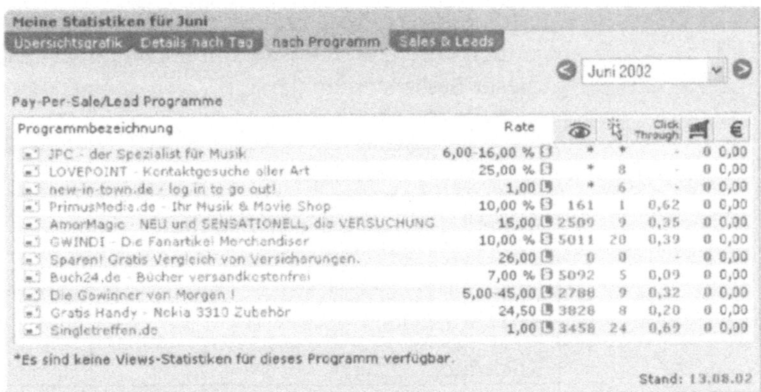

Abb. 61: Affiliate Statistik bei Affilinet nach Programm

(Quelle: Affilinet – URL: http://www.affili.net)

Aus der Abbildung sind folgende Daten zu entnehmen (von links):

- Programmbezeichnung

- Erzielbare Vergütungsrate

- Vergütungsart / Pay per (S = Sales; L = Leads; C = Klick)

- Anzahl der AdViews

- Anzahl der Klicks

- Klickrate (Click-Through-Rate, kurz: CTR)

- Anzahl Sales / Leads

- Erlöse / Erwirtschaftete Vergütung in Euro

Anhand der Klickrate oder der erzielten Erlöse lässt sich der Erfolg der einzelnen Programme unmittelbar ablesen. Weniger erfolgreiche Programme können durch neue oder erfolgreichere ersetzt werden.

Auswertung   Bei den ersten drei Programmen wurden die AdViews nicht erfasst. Daher werden diese Programme für die folgende Auswertung nicht berücksichtigt.

Die übrigen Programme werden zusammengefasst beurteilt, da keines zu einer Vergütung führte. Zudem ist eine Einzelbewertung insbesondere von Interesse, wenn die erfolgreichen (bzw.

erfolglosen) Programme ermittelt werden sollen. Dies wird jedoch für jede Website unterschiedlich ausfallen und daher an dieser Stelle vernachlässigt.

Kennzahl	Wert
Anzahl auswertbarer Programme:	7
Anzahl AdViews:	22.847
Anzahl Klicks:	76
Klickrate:	0,09 – 0,69 %
Durchschnittliche Klickrate:	0,33 %

Tab. 23: Auswertung Affiliate Statistik bei Affilinet

Beurteilung

Die durchschnittliche Klickrate ist mit 0,33 % sehr niedrig. Dies kann auf die Art der Werbemittel oder auch die Zielgruppe zurückgeführt werden.

Mit der Anzahl von 22.847 AdViews wurden keine Vergütungen realisiert.

Für die nachfolgende Kalkulation werden jeweils nur die vollen TKP (22.847 AdViews = 22 TKP) zugrunde gelegt.

Bei einer aktiven Vermarktung der Werbeflächen und einem sehr niedrig angesetzten TKP von 1 - 5 Euro hätten bereits Erlöse in Höhe von 22 – 110 Euro generiert werden können. Die Werbepreise bei Filmundo sind auf 14,- Euro / TKP festgelegt. Dies entspricht einem Wert der AdViews von 308,- Euro.

Der fiktiv erzielbare Erlös kann für den Vergleich nicht in voller Höhe angesetzt werden, da die Kosten für die Gewinnung von Werbepartnern berücksichtigt werden müssen. Dennoch zeigt das Ergebnis deutlich, wie groß die Differenz zwischen den möglichen Einnahmen durch professionelle Vermarktung der Werbeflächen auf der einen Seite und Affiliate Programmen auf der anderen sein kann. Daran hätten auch Einnahmen der Affiliate Programme in Höhe von 10 - 20 Euro nichts geändert.

Eine weitere Kalkulation soll die Differenz zwischen einer Pay per Click Vergütung durch Affiliate Programme und professionelle Vermietung der Werbeplätze herausstellen. Unter der Annahme einer durchschnittlichen Klickrate von 1 % und einer Vergütung von 0,10 Euro pro Klick, ergibt sich ein Erlös von 1,- Euro pro TKP. Im Vergleich zu den Werbepreisen auf professionellen Websites, die selten unter 10 – 20 Euro / TKP liegen, ist der Erlös verschwindend gering. Das Ergebnis der Pay per Click Vergütung verschlechtert sich noch, wenn die Klickrate geringer ist (siehe Bsp. Filmundo Statistik) oder von einer geringeren Vergütung pro Klick ausgegangen wird, die oft nur 0,04 – 0,10 Euro beträgt.

Anmerkung

Zu berücksichtigen ist, dass es sich bei Filmundo um eine sehr enge Zielgruppe mit vielen Stammkunden handelt. Das hier präsentierte Ergebnis ist nicht direkt übertragbar auf andere Websites mit einer anderen Zielgruppe.

Tipp!

In jedem Fall empfiehlt sich ein Test verschiedener Partnerprogramme für eine Website, wenn eine professionelle Vermarktung der Werbeflächen nicht unmittelbar möglich ist. Die Durchführung ist mit einem sehr geringen Aufwand verbunden und die Ergebnisse lassen sich unmittelbar auswerten. Es ist gut möglich, dass sich einzelne Programme gut mit Ihrer Website ergänzen und auch entsprechend hohe Erlöse einbringen.

4.2.1.4   Affiliate Netzwerk: Adbutler

Ein weiterer übersichtlich sortierter Vermittler von Affiliate Programmen ist Adbutler (URL: http://www.adbutler.de).

Die folgende Abbildung zeigt die Kategorie-Übersicht der vermittelten Programme von Adbutler. Es standen insgesamt 373 Programme (am 24.07.2002) zur Auswahl (s. Abb. 62).

Abb. 62: Kategorie-Übersicht bei Adbutler

(Quelle: Adbutler – URL: http://www.adbutler.de)

Adbutler ist vom System ähnlich aufgebaut wie Affilinet und bietet oft dieselben Programme bzw. vertritt viele Merchants, die auch bei Affilinet vertreten sind.

Die Übersicht innerhalb einer Kategorie ermöglicht einen schnellen Einblick in die einzelnen Programme. Zusätzlich zu einer Kurzbeschreibung werden ebenfalls die erzielbaren Provisionen ausgewiesen (s. Abb. 63).

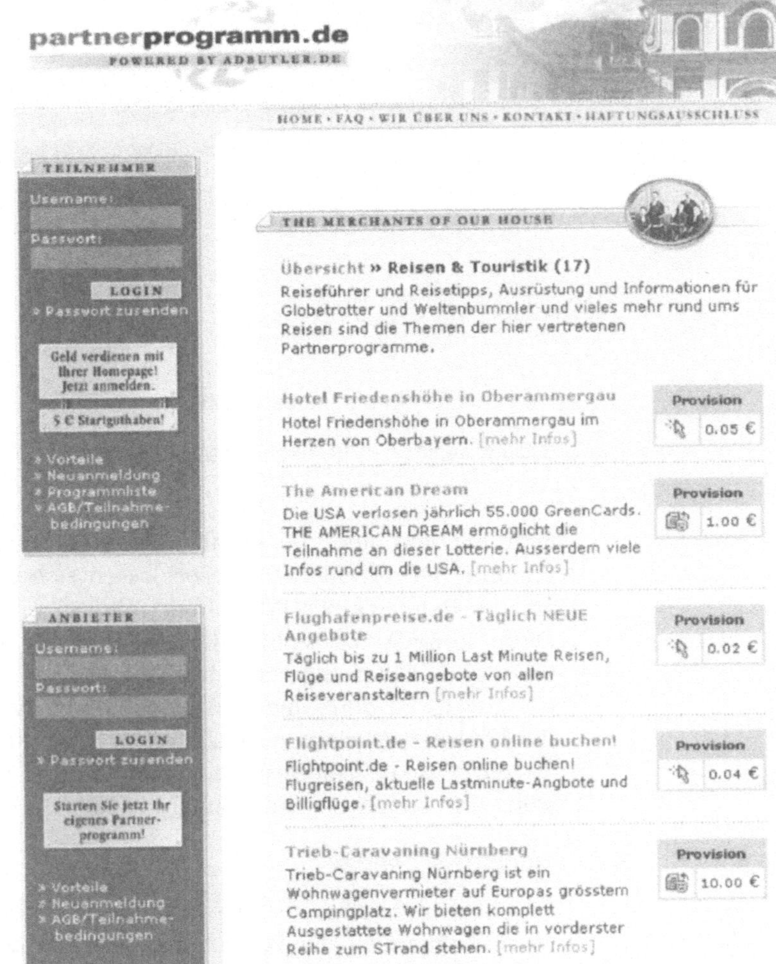

Abb. 63: Programm-Details bei Adbutler

(Quelle: Adbutler – URL: http://www.adbutler.de)

Praxis-Test bei Adbutler   Bei einem Praxistest auf den Seiten von Filmundo wurden 11.535 Bannereinblendungen mit drei verschiedenen Programmen generiert. Diese führten zu insgesamt 19 Klicks und keinen vergüteten Leads oder Sales (s. Abb. 64).

Abb. 64: Affiliate Tagesstatistik bei Adbutler

(Quelle: Adbutler – URL: http://www.adbutler.de)

Sehr nützlich sind die Detail-Statistiken für die einzelnen Programme bei Adbutler. In diesen lassen sich die einzelnen Klicks auf die Banner eines Programms mit Tag und Uhrzeit einsehen. Diese können wertvolle Hinweise für die zeitliche Steuerung unterschiedlicher Banner liefern. So können die einzelnen Banner jeweils zu den Uhrzeiten eingeblendet werden, in denen sie die höchsten Klickraten erzielen. Voraussetzung ist ein AdServer System, das die Zeit gesteuerte Einblendung von Bannern unterstützt und so zur Erfolgmaximierung beiträgt.

4.2.1.5   Weitere Netzwerke

Es gibt weitere Affiliate Netzwerke im Internet, die sich in Qualität und Quantität der vermittelten Programme gravierend unterscheiden.

Link-Tipp!

> ➢ Tradedoubler (URL: http://www.tradedoubler.com) ist ein weiterer seriöser Anbieter mit einer Auswahl von über 100 Programmen.

> ➢ Commission Junction (URL: http://www.cj.com) sei an dieser Stelle für internationale Unternehmen mit einer Website in englischer Sprache empfohlen. Als eines der größten Netzwerke weltweit werden den Affiliates über 1000 Programme zu Auswahl angeboten.

Auf eine nähere Beschreibung der anderen Netzwerke soll im Einzelnen verzichtet werden.

Tipp!

Zur Suche nach Netzwerken bieten sich Internetseiten an, die Partnerprogramme, Affiliate Netzwerke und weitere Möglichkeiten zum Geldverdienen im Internet auflisten.

Als Beispiel sei die Seite von Partnerprogramme.de (URL: http://www.partnerprogramme.de oder http://www.partnerprogramme.de) genannt. Insgesamt listet dieser Dienst über 880 Programme mit den verschiedensten Möglichkeiten zum Geldverdienen. Die Programme lassen sich nach Kategorien oder Stichworten durchsuchen. Zusätzlich können Bewertungen zu den einzelnen Programmen abgegeben und eingesehen werden (s. Abb. 65). Zum Auffinden weiterer Affiliate Netzwerke eignen sich Suchdienste unter der Verwendung von Stichworten wie „Netzwerk", „Partnerprogramme" oder „Affiliate".

Abb. 65: Suchmöglichkeit bei Partnerprogramme.de

(Quelle: Partnerprogramme.de – URL: http://www.partnerprogramme.de)

Eine weitere geordnete Übersicht von bis zu 1.200 Partnerprogrammen bietet die eher semiprofessionelle Website Partnerprogramme.com (URL: http://www.partnerprogramme.com). Der erste Eindruck täuscht jedoch über das Informationspotential der Website hinweg. Die Suche nach geeigneten Netzwerken wird einem durch die Schnellsuche oder Detailsuche leicht gemacht und liefert gute Ergebnisse mit hilfreichen Kurzbeschreibungen zu den entsprechenden Anbietern (s. Abb. 66).

Abb. 66: Partnerprogramme.com

(Quelle: Partnerprogramme.com – URL: http://www.partnerprogramme.com)

4.2.2   Affiliate artverwandte Programme

Die Vermittler Affilinet und Adbutler sind reine Affiliate Netzwerke. Einige Werbenetzwerke bieten jedoch auch die Zahlung eines festen Betrages für eingeblendete Banner an. Die gezahlten Beträge liegen dabei weit unter den herkömmlichen Bannerpreisen, die sich durch professionelle Vermietung erzielen lassen. Dies ermöglicht werbenden Unternehmen die Buchung von Bannern auf verschiedenen Seiten zu einem günstigen Preis und stellt für die Website-Betreiber eine zumindest kleine Einnahmequelle dar. Die Bezahlung nach Bannereinblendungen gehört nicht mehr in den ursprünglichen Affiliate-Bereich. Sie wird jedoch hier mit genannt, da viele Vermittler und Werbenetzwerke Mischformen von Affiliate Programmen und Pay-per-View anbieten. Ein Auszug von Vermittlern, die diese Mischformen anbieten, sowie die jeweiligen Vergütungsformen sind in der folgenden Tabelle dargestellt (s. Tab. 24).

Vermittler	**Vergütungsform**	
	Pay-per-Click	**Pay-per-View (TKP)**
Cash4Banner.de (URL: http://www.cash4banner.de) Bietet Klicks auf eigene Banner als Alternative zu Auszahlung.	EUR 0,0464	k. A.
Cash4BannerView (URL: http://www.cash4bannerview.com)	k. A.	Bis zu EUR 1,-
CashViews (URL: http://www.cashviews.de)	k. A.	EUR 0,75 – 2,50
DotcomMedia (URL: http://www.dotcommedia.de)	EUR 0,05 – 0,10	k. A.
GetCash4View (URL: http://www.getcash4view.com)	k. A.	EUR 1,00 – 1,50
Luxus2000 (URL: http://www.luxus2000.de) Pay per Click wird mit Pay per View kombiniert.	+ EUR 0,05	+ EUR 1,-
Paidbanner.de (URL: http://www.paidbanner.de)	Bis zu EUR 0,05	Bis zu EUR 0,70

Tab. 24: Vermittler von Pay-per-View und Pay-per-Click Programmen

Die verschiedenen vorgestellten Vermittler (vgl. Tab. 24) unterscheiden sich stark. Einige bieten statt einer Übersicht und Auswahlmöglichkeit der Programme und Werbemittel lediglich die Einbindung eines festen Werbefensters. Das Fenster stellt einen Werbeplatz auf der Website dar, in welchem die vom Anbieter (willkürlich) gesendete Werbung eingeblendet wird. Dies geschieht ohne vorherige Kontrolle des Website Betreibers. Dieses Kriterium ist bei seriösen Internet Seiten mit oberster Priorität zu berücksichtigen, um einen eventuellen Imageschaden durch unseriöse oder anstößige Werbung zu vermeiden. Weiterhin besteht auch die Gefahr, dass bei der Einbindung eines festen Werbefensters Banner von unerwünschten Konkurrenten eingeblendet werden.

Prüfung der Vermittler

Auch wenn – oder vielleicht gerade weil es sich hierbei verglichen mit der professionellen Vermarktung der Werbeplätze nur um eine geringere Verdienstmöglichkeiten handelt, empfiehlt sich eine genaue vorherige Prüfung der Vermittler. Zumindest sollte ein Schaden für die eigene Website, wie bereits oben angesprochen, durch unerwünschte Werbeeinblendungen und verärgerte User ausgeschlossen werden. Die Auswahl kann auf ein oder mehrere geeignete Vermittler anhand der Vorauswahl begrenzt werden. Diese werden dann im Praxiseinsatz anhand der erzielten Erlöse miteinander verglichen und die Erlösschwachen können aussortiert werden.

Beachten Sie auch die unterschiedlichen Bestimmungen zum Auszahlungsverfahren der Vermittler. Einige sind in dieser Hinsicht sehr erfinderisch, um Auszahlungen zu verzögern, z.B. durch hohe Mindestbeträge, die eine Auszahlung von kleineren Beträgen verzögert oder unmöglich macht. Andere zeichnen sich durch eine Verfallsbestimmung aus, bei der Guthaben wertlos werden, wenn die Website-Betreiber nicht innerhalb einer bestimmten Frist einen gewissen Betrag erwirtschaftet haben oder als Partner längere Zeit inaktiv waren.

Tipp!

Oft ist das Einbinden zusätzlicher Werbebanner gestattet. Das bedeutet, dass der Vermittler keine Exklusivrechte für seine Banner bzw. die genutzten Programme auf den Websites seiner Partner beansprucht. Eine Kombination mehrerer Vermittler oder die Nutzung eines Vermittlers und der Teil-Eigenvermarktung wird dadurch möglich. Für die näheren Bestimmungen sind die jeweiligen Geschäftsbedingungen der Vermittler zu beachten.

Beachten Sie auch, dass es zahlreiche weitere Anbieter mit den unterschiedlichsten Vergütungsformen gibt. Die Bezahlung reicht dabei von den oben genannten Pay per Click und Pay per View bis hin zu einer Vergütung für PopUps oder Pay per Lead. In den meisten Fällen sind dies jedoch kleinere Anbieter, die sich nicht mit den professionellen Affiliate-Netzwerken vergleichen lassen.

Link-Tipp!

> Eine Ausführliche Liste kleinerer Anbieter, sortiert nach der jeweiligen Vergütungsform gibt es z.B. bei Geldgeier.de (URL: http://www.geldgeier.de). Über das Menü lassen sich die Anbieter direkt nach einer gewünschten Vergütungsform auswählen (s. Abb. 67).

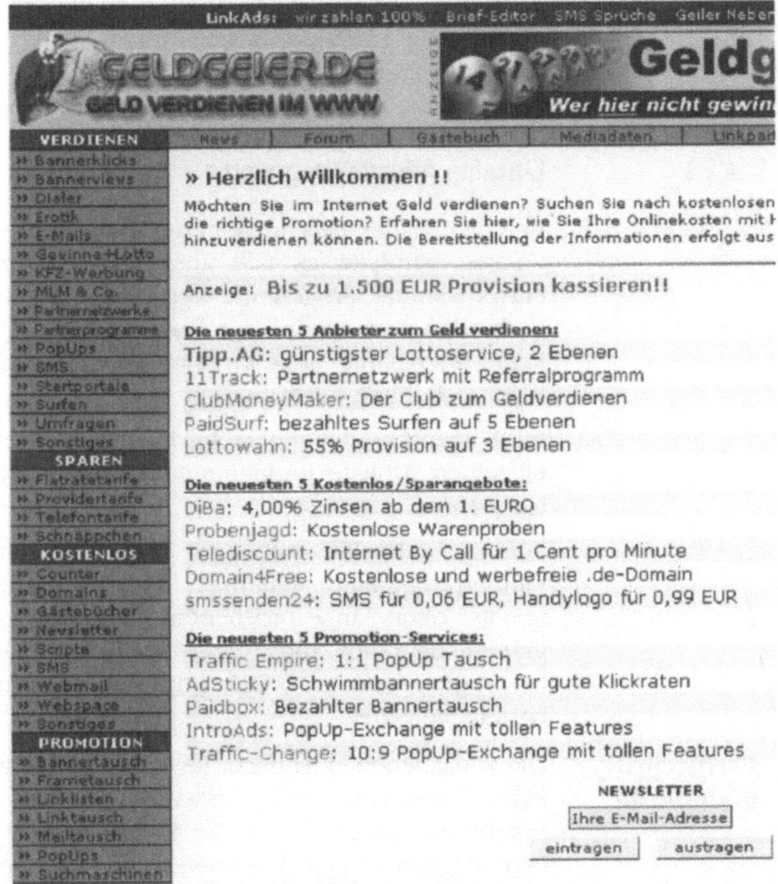

Abb. 67: Übersicht Geld verdienen im WWW bei Geldgeier.de

(Quelle: Geldgeier.de – URL: http://www.geldgeier.de)

Link-Tipp!

> Eine weitere Internet-Adresse für die Auswahl verschiedener Werbemöglichkeiten nach Vergütungsform ist Klamm.de (URL: http://www.klamm.de). Wählen Sie hierzu im Bereich Webkatalog die Rubrik „Geld verdienen".

> Geldgeier.de bietet für alle Unternehmen, die Erotikwerbung nicht ausschließen, unter dem Namen Erogeier.de (URL: http://www.erogeier.de) eine Übersicht zu Verdienstmöglichkeiten mit Werbung aus dem entsprechenden Bereich.

Tipp!

Vergleichen Sie erst die unterschiedlichen Vergütungsformen untereinander und die Höhe des möglichen Verdienstes. Wählen Sie eine Vergütungsform aus und prüfen Sie dann die einzelnen Anbieter auf Verdienstmöglichkeit und Professionalität.

4.2.3   Einzelne Affiliate Programme

Bei den bisher beschriebenen Affiliate Programmen und Netzwerken handelte es sich ausschließlich um Dienstleister, die entsprechende Programme vermitteln. Sie stellen lediglich die Verbindung zwischen Merchant und Affiliate her. Es wurden keine Merchants angesprochen, die ein Partnerprogramm in Eigenregie ohne Vermittler betreiben.

Im Folgenden soll die Möglichkeit der direkten Teilnahme an einzelnen Affiliate Programmen einzelner Betreiber berücksichtigt werden.

Für das schnelle Auffinden eines oder mehrerer geeigneter Partnerprogramme außerhalb der Werbenetzwerke sind die bereits oben angesprochenen Verzeichnisdienste Partnerprogramme.de (URL: http://www.partnerprogramme.de) und Partnerprogramme.com (URL: http://www.partnerprogramme.com) bestens geeignet.

Partnerprogramme.de

Die verschiedenen Anbieter lassen sich bei Partnerprogramme.de nach Kategorien und / oder Stichworten durchsuchen. Die Ergebnisse werden mit einer Kurzbeschreibung aufgelistet und vereinfachen so eine Vorauswahl. Weitere Details zu den einzelnen Anbietern, Bewertungen von anderen Nutzern und ein Link zur jeweiligen Homepage stehen ebenfalls per Mausklick zur Verfügung (vgl. Kap. 4.2.1.5, Abb. 65).

Partnerpro-gramme.com

Die Detail-Suchfunktion von Partnerprogramme.com ist sehr umfangreich und erleichtert die Eingrenzung der Anbieter anhand zahlreicher Kriterien. Neben der Suche nach einzelnen Begriffen und Kategorien kann auch nach Ländern (der Partner Websites) und Art der Vergütungsform eingegrenzt werden. Zusätzlich kann optional auch noch eine gewünschte Mindestprovision die Suchergebnisse weiter eingrenzen und die angestrebte Vergütung maximieren (vgl. Kap. 4.2.1.5, Abb. 66).

Besondere Affiliate Programme

Neben der allgemeinen Möglichkeit zur Auswahl geeigneter einzelner Partnerprogramme soll auf zwei Programme näher eingegangen werden. Diese Programme verfügen über eine bekannte Marke und setzen bereits seit Jahren konsequent auf die Nutzung von Partnern zur Verbreitung Ihrer Produkte.

1&1 Profiseller

Ein bekanntes Programm, das konsequent online aber auch offline auf den Vertrieb durch Partner setzt, ist das Profiseller System der 1&1 Internet AG (URL: http://www.profiseller.de). Die Unternehmen der 1&1-Gruppe sind im Internet mit über 1,8 Millionen Kundenverträgen und über zwei Millionen registrierten Domains, insbesondere durch die Stellung als einer der führenden Internet-Provider Europas, bekannt geworden.

Für die Teilnahme an dem Partnerprogramm ist eine einfache Registrierung erforderlich. Jedem Partner wird ein eigener Online-Shop zugeordnet über den er die Produkte des Unternehmens Vertreiben kann. Bei den Produkten handelt es sich um Angebote aus den Bereichen Telekommunikation, Internet und Strom (s. Abb. 68).

Abb. 68: Profiseller Partner-Shop der 1&1 Internet AG

(Quelle: 1&1 Profiseller – URL: http://www.profiseller.de)

Für die Werbung seines Shops braucht der Partner nur geeignete Werbemittel auf seiner eigenen Website einzubinden und mit dem Shop zu verlinken. Für den Shop und zu jedem Produkt werden von 1&1 verschiedene vorgefertigte Werbemittel zur Verfügung gestellt. Zusätzlich dürfen aber auch eigene Werbemittel (z.B. aussagekräftige Text Links) erstellt werden. Dies gibt dem Partner einen großen Freiraum zur individuellen Werbung. So kann ein Partner auf seiner Website auf ein einzelnes Produkt in seinem Shop hinweisen, das den Interessen seiner eigenen Zielgruppe entspricht.

Weiterhin erhält der Partner auch Offline Werbung und Vertragsunterlagen, die den Vertragsabschluss bei Freunden und Bekannten ohne Internetzugang ermöglichen. Spezielle Broschüren und Produktbeschreibungen können kostenlos für den Offline Vertrieb angefordert werden. Auch eigene Visitenkarten und Adressaufkleber gehören zum kostenlosen Service für Partner. Regelmäßige News per Email informieren über aktuelle Angebote oder Produkte, die für einen bestimmten Zeitraum mit besonders hohen Provisionen vergütet werden.

Ein Statistik Bereich gibt Auskunft über die Anzahl der Besucher und über welche Links bzw. Werbemittel diese den Shop besucht haben. Der Status abgeschlossener Aufträge und entstandener Provisionen kann in einem eigenen Menüpunkt eingesehen werden, zusätzlich wird darüber auch per Email informiert.

Amazon.de

Amazon.de (URL: http://www.amazon.de), die deutsche Tochtergesellschaft des amerikanischen E-Commerce Pioniers Amazon.com, bietet seinen Partnern Provisionen für den Vertrieb von über eine Millionen Produkte.

Nach der erfolgreichen Registrierung als Partner kann mit dem Bewerben einzelner Produkte, Bereiche (z.B. DVD, Software, Bücher) oder der Startseite von Amazon.de begonnen werden. Neben allgemeinen Bannern für spezielle Seiten und beliebten Produkten lassen sich mit Hilfe eines Link-Generators beliebige Links zu nahezu allen Seiten von Amazon.de generieren. Diese Funktion ist insbesondere für Websites mit einer sehr genauen Zielgruppe von Vorteil. So kann beispielsweise auf einer Website die über Computerviren informiert Werbung zu einzelnen Fachbüchern oder Antiviren-Programmen integriert werden.

Die Einbindung eines Banners mit Suchfunktion für alle Produkte bei Amazon.de ist ebenfalls möglich. Ganz egal welchen Weg der Kunde zum Angebot von Amazon.de wählt, solange er über einen speziellen Link des Partners zu dem Angebot gelangt, werden alle unmittelbaren Käufe dem Partner zugeordnet und mit einer Provision vergütet.

Anhand von Berichten und Statistiken, die sich nach unterschiedlichen Kriterien generieren lassen, erhält der Partner eine schnelle Erfolgsübersicht. Die Auswertung der einzelnen verwendeten Links ermöglicht die Erfolgsmaximierung durch den Austausch uneffektiver Links gegen neue. Auch kann in den Statistiken eingesehen werden, welche Produkte bestellt oder auch nur angeklickt wurden.

Das Partnerprogramm ist auf der Startseite von Amazon.de (URL: http://www.amazon.de) über dem Link Partnerprogramm oder für registrierte Partner direkt über die Amazon.de Partnernet Startseite (URL: http://partnernet.amazon.de) zu erreichen (s. Abb. 69).

Abb. 69: Partnernet – Das Partnerprogramm von Amazon.de

(Quelle: Amazon.de – URL: http://www.amazon.de)

4.2.4   Vor- und Nachteile der Affiliate Programme

Die Vor- und Nachteile von Affiliate Programmen lassen sich von zwei verschiedenen Standpunkten aus betrachten. Zum einen aus der Sicht des Merchants und zum anderen aus der Sicht des Affiliates. Da dieses Kapitel die Nutzung von Affiliate Programmen zur Auslastung freier Werbeflächen behandelt, wird überwiegend auf die Vor- und Nachteile aus der Sicht des Affiliates eingegangen.

Merchant

Für den Programm-Anbieter (Merchant) ergeben sich klare Vorteile gegenüber herkömmlichen Werbemaßnahmen. Die Kosten sind erheblich geringer bzw. entstehen nur, wenn es auch tatsächlich zu einem Umsatz oder einer gewünschten Handlung kommt. Auf dieser Basis entstehen keine Streuverluste mehr. Der Erfolg lässt sich genauestens kalkulieren und planen. Unter dem Aspekt der Website-Promotion werden die Affiliate Programme aus Sicht des Merchants noch näher in *Kapitel 5.7: Website Promotion mit Partnerprogrammen – Affiliate Marketing* beschrieben.

Affiliate

Für den Partner (Affiliate) ergeben sich nur messbare Vorteile, wenn seine Kunden entsprechende Aufgaben / Umsätze auf der Fremdseite bei Ihrem ersten Besuch generieren (Pay per Lead / Sale) oder die Banner häufig anklicken (Pay per Click). Doch selbst dann hat sich der Kunde vom Angebot des Affiliates wegbewegt, was in jedem Fall als Nachteil zu werten ist.

Ist die professionelle Vermietung der Werbeflächen angestrebt, so kann die Nutzung von Affiliate Programmen zur Auslastung nicht vermieteter Werbeflächen genutzt werden. Werden dort professionelle Banner eingeblendet, so kann dies auch als Werbung für die Flächen dienen. Idealerweise werden eigene Banner, die direkt auf die Möglichkeit zur Buchung der Werbeflächen hinweisen mit untergemischt. In diesem Zusammenhang ist zu bedenken, dass die häufige Einblendung animierter Banner von den Usern als störend empfunden werden kann. Dieser Effekt erhöht sich, wenn die Auswahl der Affiliate Programme bzw. Werbemittel nicht zielgruppengerichtet erfolgt. Der Aufenthalt der User kann sich also auch verkürzen, weil er sich von der Werbung gestört fühlt. In diesem Fall zählt der Verlust doppelt. Zum einen hält sich der User nicht mehr auf der eigenen Website auf. Zum anderen hat er aber auch nicht beim Verlassen einen Werbebanner angeklickt und dadurch zumindest die Möglichkeit eines Erlöses für den Website-Betreiber geschaffen.

Für kleine Websites sind Affiliate Programme oft die einzige Möglichkeit Werbeeinnahmen zu erzielen. Ihre PIs sind in der Mehrzahl zu gering, um für einen zahlenden Werbekunden von Interesse zu sein.

Übersicht Vor- und Nachteile von Affiliate Programmen, aus Sicht des Affiliates:

Vorteile:

- Mögliche Erlöse durch Pay per Lead / Sale / Klick.

- Einblendung professioneller Banner als Werbeeffekt für die eigenen Werbeplätze.

- In Kombination mit der professionellen Vermietung von Werbeflächen zur Auslastung freier Werbeflächen.

- Für kleine Websites mit wenigen Besuchern oftmals einzige Quelle für Werbeeinnahmen.

Nachteile:

- Der Besucher bewegt sich vom eigenen Angebot weg.

- Keine Erlöse, wenn nicht die vereinbarte Handlung unmittelbar erbracht wird.

- Auch bei Erfolg (Lead / Sale / Klick) nur geringe Erlöse im Vergleich zur professionellen Vermietung der Werbeflächen.

- Je häufiger animierte Banner eingeblendet werden, desto öfter können die eigenen Besucher dies als Störung empfinden. Die Verweilzeit auf der eigenen Website kann sich dadurch verkürzen.

- Banner-Burnout (abnehmende Klickrate mit zunehmender Dauer der Einblendung eines Banners), bei nicht zielgruppengerichteter Auswahl der Programme / Werbemittel.

Die Nachteile aus Sicht des Affiliates sind in der Mehrzahl direkte Vorteile für den Merchant. Im Vergleich der Vor- und Nachteile aus Sichtweise des Merchants und Affiliates wird das Ungleichgewicht beider Partner deutlich. Während der Merchant nur an den Umsatz gebundene Werbekosten zu verzeichnen hat, muss der Affiliate im schlechtesten Fall mit einem hohen Arbeitsaufwand ohne die geringste Aufwandsentschädigung rechnen.

Ein neuer Ansatz versucht diesem Ungleichgewicht entgegen zu wirken: Das integrative Affiliate Marketing.

| 4.2.5 | **Ein neuer Ansatz: Integratives Affiliate Marketing** |

Eine neue Art des Online-Marketings scheint die Lösung für das Ungleichgewicht bzgl. der Vor- und Nachteile der herkömmlichen Affiliate Programme zwischen Merchant und Affiliate zu bieten.

Bei diesem Verfahren wird auf der Webseite des Affiliates nicht mehr mittels eines Links auf die Seite des Merchants verwiesen, sondern dessen Dienstleistungen direkt angeboten. Es können z.B. Einkaufsmöglichkeiten komplett integriert werden, so dass der Besucher die Website des Affiliates nicht mehr verlassen muss. Ein Bestellvorgang kann komplett über die Website des Affiliates abgewickelt werden.

Dieses Verfahren bringt insbesondere für den Affiliate eine Reihe von Vorteilen mit sich:

Vorteile:

- Der Besucher bleibt auf der Website des Affiliates und wird nicht mehr durch Links auf eine fremde Seite umgeleitet.

- Das Angebot des Merchants kann die Website des Affiliates aufwerten und zu einer stärkeren Kundenbindung führen.

- Produkte, die direkt zum Auftritt des Affiliates passen, können angeboten werden, ohne einen eigenen Online-Shop aufbauen zu müssen.

- Die Kontrolle über vermittelte Käufe bzw. entstandene Provisionen wird vereinfacht, da der Vorgang auf der Seite des Affiliates abgewickelt wird.

- Der Affiliate verdient auch bei Folgegeschäften oder späteren Käufen, da diese weiterhin über seine Website abgewickelt werden können.

Für den Merchant kann es sich ebenfalls positiv auswirken, dass der Besucher / Käufer aus seinem gewohnten Umfeld heraus bestellen kann. Der potentielle Käufer muss sich nicht mit einem neuen System vertraut machen, welches ihn ggf. vom Kauf abhält, wenn er sich nicht zurecht findet.

Diese Form des Online-Marketings kann sich als eine echte Alternative zur Bannerwerbung etablieren, da beide Seiten,

Merchant und Affiliate, gleichermaßen durch die Kooperation Vorteile erfahren können.

Das in Kapitel 4.2.3 beschrieben Partnerprogramm von Amazon.de weist bereits viele Charakteristika des integrativen Affiliate Marketing auf. Der Affiliate kann seinen Kunden auf den eigenen Webseiten bereits einzelne Produkte präsentieren, die für seine Zielgruppe von Interesse sind. Für die weiteren Details zu den einzelnen Produkten und eine endgültige Bestellung muss der Kunde jedoch noch die Seite von Amazon.de besuchen und sich mit dem entsprechenden Bestellsystem auseinander setzen.

Auch das Profiseller Programm der 1&1 Internet AG (vgl. Kap. 4.2.3) weist einige Charakteristika des integrativen Affiliate Marketing auf. Einzelne Produkte können gezielt beworben werden und der Kunde kann in einem Shop des Affiliate bestellen. Auch wenn der Shop standardisiert ist und im Normalfall vom Design der Website des Affiliates abweicht, bewegt sich der Kunde doch noch im Einzugsbereich des Affiliates. Spätere Käufe in diesem Shop werden dem Affiliate voll zugerechnet und mit einer Provision vergütet.

4.3   Bannertausch - Besucher statt Geld

Die bisher beschriebenen Maßnahmen zur Nutzung freier Werbeflächen zielten alle unmittelbar auf die Generierung finanzieller Erträge ab. Da diese Erträge jedoch nur relativ gering sind, im Vergleich zu denen, die sich mit der professionellen Vermietung von Werbeflächen erzielen lassen, liegt die Suche nach weiteren Alternativen nahe. Zumal bei der Nutzung von Affiliate Programmen, im schlechtesten Fall, die Werbeplätze alle belegt werden, jedoch keinerlei Erträge verzeichnet werden können.

Der Bannertausch, eine seit Jahren bestehende Möglichkeit zur Nutzung eigener Werbeflächen scheint Abhilfe zu leisten. In einfachster Form werden Banner zwischen zwei Websites getauscht. Die Kunden der *einen* Website erfahren so von der *anderen* und umgekehrt. Diese einfache Lösung ist mit keinen nennenswerten Kosten verbunden und bringt doch einen unmittelbaren Nutzen für beide Websites – nämlich neue Besucher.

Ziel   Der Bannertausch mit anderen (themenverwandten) Websites bietet zudem ganz nebenbei die Möglichkeit zur Ursachenbeseitigung einer gescheiterten Vermarktung eigener Werbeflächen mangels Zugriffe. Es wird vorerst für eine Steigerung der Bekanntheit bzw. PIs gesorgt. Das ursprüngliche Ziel der professionellen Vermietung der Werbeplätze bleibt dabei stets das Hauptziel. Letztlich sind die möglichen Werbeeinnahmen für viele Websites ein entscheidender Erfolgsfaktor.

4.3.1   Das Grundprinzip des Bannertauschs

Der Bannertausch bietet in der Regel eine kostenlose Möglichkeit neue Besucher zu gewinnen. Für die Einblendung fremder Banner auf der eigenen Website werden als Gegenleistung eigene Werbebanner auf anderen Websites eingeblendet.

Banner können entweder, wie oben beschrieben, direkt mit einzelnen Website-Betreibern ausgetauscht werden oder über die Teilnahme an einem Bannertauschdienst.

**Banner-
tauschdienst**   Bei einem Bannertauschdienst werden für das Einblenden der Werbebanner anderer Teilnehmer auf der eigenen Website die eigenen Banner automatisiert auf fremden Seiten angezeigt. Es findet keine direkte Kontrolle statt auf welchen Seiten die Banner eingeblendet werden. Ebenso ist es meist nicht möglich zu bestimmen, welche Banner auf der eigenen Website eingeblendet werden sollen.

Bei einigen Bannertauschdiensten ist für das Einblenden eigener Banner zumindest die Auswahl der Websites anhand von Kategorien möglich. So findet ein Mindestmaß an Zielgruppenselektion statt. Trotzdem erfährt man letztlich nicht, auf welchen Seiten die eigenen Banner eingeblendet worden sind.

**Austausch-
verhältnis**   Der Austausch von eingeblendeten Bannern auf den eigenen Seiten zu eigenen Bannern auf fremden Seiten erfolgt meist in einem Austauschverhältnis kleiner gleich eins. Das eigene Banner wird also nicht so oft gezeigt, wie man fremde Banner einblendet. Bei einem Austauschverhältnis von vier zu drei bekommt man beispielsweise für vier Banneraufrufe über die eigene Website drei Einblendungen auf fremden Websites gutgeschrieben.

Über die Differenz finanziert sich meist der Tauschdienst, da er die übrigen Werbeplätze an zahlende Werbekunden verkaufen kann.

4.3.2   Die Auswahl eines Bannertauschdienstes

Die Teilnahme an einem Bannertauschdienst ist für eine schnelle und unkomplizierte Teilnahme an einem Bannertausch von

Vorteil. So brauchen nicht erst Kooperationen mit einzelnen anderen Website-Betreibern geschlossen werden.

Eine große Anzahl Bannertauschdienste ist im Internet vertreten, von denen nicht alle als Partner geeignet sind. Anhand folgender Kriterien kann eine Vorauswahl erleichtert werden:

Kriterien

- Professionell gestaltete Website des Bannertauschdienstes. Sind z.B. Informationen und Teilnahmebedingungen ohne eine vorherige Registrierung ersichtlich?

- Werden den Teilnehmern Statistiken für die Erfolgskontrolle zur Verfügung gestellt?

- Targeting: Ist eine Zielgruppenauswahl zur kundengerichteten Platzierung der eigenen Banner möglich?

- Wird der eigene Banner automatisch für die eigene Website gesperrt / blockiert oder lässt er sich blockieren, so dass dieser nicht im automatisierten Tauschverfahren auf der eigenen Website erscheint?

- Ladegeschwindigkeit der Banner. Wird die Ladegeschwindigkeit der eigenen Website durch die Einbindung des Bannertausch-Codes bzw. den Aufruf des Banners über den Code verlangsamt?

Unter den genannten Kriterien sind die Möglichkeiten zur Zielgruppenauswahl und die Ladegeschwindigkeit der Banner von weitreichender Bedeutung.

Zielgruppe

Kann die Zielgruppe für die eigenen Banner nicht sinnvoll eingeschränkt werden, bedeutet dies im schlechtesten Fall, dass man für die geleisteten Bannereinblendungen keinerlei messbare Gegenleistung in Form von Besuchern erhält. Letztlich nutzen unzählige Bannereinblendungen nichts, wenn Sie nicht auch zu einem Nutzen für die eigene Website führen.

Ladegeschwindigkeit

Eine langsame Ladegeschwindigkeit der Banner oder im schlimmsten Fall ein Bannertausch-Code, der auch den Aufbau der eigenen Website verlangsamt, kann fatale Folgen haben. Die Dienstleistungsqualität der eigenen Website nimmt ab und die Besucher und Kunden werden in Ihrem Besuchsvorgang behindert. Dies kann zum einen massive Beschwerden der eigenen Besucher auslösen oder noch schlimmer, direkt zum Besucher-

und Kundenverlust an Konkurrenzangebote führen. Ein solcher Imageschaden steht für professionelle Websites in keinem Verhältnis zum möglichen Gewinn durch wenige neu gewonnene Besucher.

Tipp!

Planen Sie genügend Zeit für die Auswahl eines Bannertauschdienstes ein und betreiben Sie diese mit derselben Sorgfalt, als ob es sich um ein Projekt handelt, das direkte Kosten verursacht. Die Folgekosten durch die Wahl eines Bannertauschdienstes, der Ihrem Image schadet, können bei weitem höher sein als bei direkter Buchung von Werbung gegen Bezahlung auf fremden Seiten. Führen Sie Testbuchungen mit den Bannertausch-Codes verschiedener Anbieter durch. Nur so können Sie die Auswirkung auf die Ladezeit Ihrer Website prüfen. Zudem erhalten Sie einen Einblick in die Werbemittel, die auf Ihren Seiten präsentiert werden und können diese, wenn auch nur stichprobenartig, auf Seriosität prüfen.

Weitere Hinweise zu den Vor- und Nachteilen einzelner Bannertauschdienste können Sie im folgenden Kapitel 4.3.3 „Bekannte Tauschdienste" nachlesen.

4.3.3   Bekannte Tauschdienste

In diesem Kapitel werden ausgewählte bekannte Bannertauschdienste beispielhaft etwas näher vorgestellt. Soweit diese im praktischen Einsatz getestet wurden, werden die Resultate entsprechend gekennzeichnet präsentiert (→ *Praxistest*).

Im Anschluss wird eine Übersicht der größeren Tauschdienste in Deutschland gegeben.

4.3.3.1   Banner Community

Einer der großen Bannertauschdienste in Deutschland ist die Banner Community (URL: http://www.bannercommunity.de), ursprünglich ein Dienst der 1&1 Internet AG, der zum 01.10.2002 von der Virtual Minds AG übernommen wurde. Der Bannertauschdienst profitierte von der großen Anzahl Kunden und Domains, die von 1&1 verwaltet werden (vgl. Kap. 4.2.3). Entsprechend groß ist die Anzahl der Teilnehmer und entsprechend umfangreich sind auch die gebotenen Features zur Kontrolle und Optimierung des Bannertauschs.

Übersicht wichtiger Features der Banner Community:

- Burnout-Sperre: Banner werden demselben Besucher nicht öfter als dreimal gezeigt (optional).

- Clickout-Sperre: Besucher, die einen Banner bereits angeklickt haben, erhalten diesen nicht mehr zu sehen (optional).

- Konkurrenz-Sperre: Banner der Konkurrenz können für die eigene Seite gesperrt werden (optional).

- Erotik-Sperre: Seiten mit erotischen Inhalten oder Banner mit erotischen Motiven sind ausgeschlossen.

- Targeting / Zielgruppenwahl: Aus über 40 Kategorien kann die Zielgruppe für die eigenen Banner ausgewählt werden. Es müssen jedoch mindestens 5 Kategorien festgelegt werden, um eine Anstauung eigener Credits zu verhindern.

- Zeitsteuerung: Die eigenen Banner können nach Wochentag, Tages- oder Uhrzeit gesteuert werden. Jedoch müssen mindestens 120 Stunden pro Woche ausgewählt werden.

- Multi-Banner: Es können beliebig viele eigene Banner eingesetzt werden. Dies kann bei einer hohen Anzahl an Einblendungen zu einer Steigerung der Klickrate führen.

Die Teilnahme an der Banner Community ist kostenlos. Das Einblendverhältnis beträgt 100:75 (bzw. 4:3). Für 100 eingeblendete Banner auf den eigenen Seiten werden die eigenen Banner somit 75-mal auf fremden Seiten eingeblendet.

Praxistest: Die Banner Community wurde, als sie noch im Besitz der 1&1 Internet AG war und unter dem Namen 1&1 BannerCommunity betrieben wurde auf den Seiten von Filmundo einem Praxistest unterzogen. Die Zielgruppe wurde auf die minimal mögliche Anzahl von 5 Kategorien festgelegt. Eine zeitliche Steuerung fand nicht statt. Die Ergebnisse sind in der nachfolgenden Statistik, generiert durch die 1&1 BannerCommunity dargestellt (s. Abb. 70).

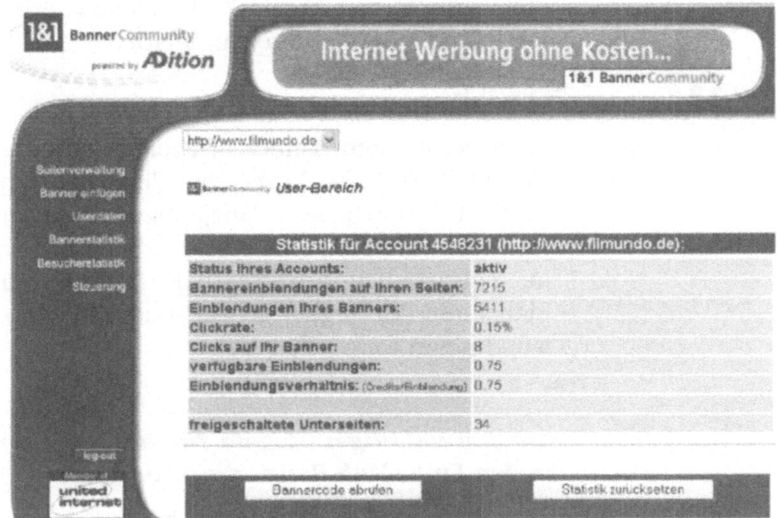

Abb. 70: Statistik der 1&1 BannerCommunity für Filmundo

(Quelle: 1&1 BannerCommunity – URL: http://www.bannercommunity.de)

Auswertung

Durch 7.215 Banner Einblendungen auf Filmundo wurden 5411 Einblendungen auf fremden Seiten generiert. Diese führten zu 8 Klicks auf den Filmundo Banner. Das entspricht einer sehr niedrigen Klickrate von 0,15 %.

Beurteilung

Die niedrige Klickrate im Bannertausch kann durch das Werbemittel (Filmundo Banner) oder den Werbeträger (Websites, auf denen der Filmundo Banner eingeblendet wurde) verursacht werden. Da die einzelnen Werbeträger nicht bekannt sind, lassen sich diese auch nicht näher beurteilen. Das Werbemittel erzielte bei zielgruppengerichteter Schaltung auf anderen Websites jedoch durchschnittliche Klickraten von 1 %. Eine weitere Eingrenzung der Zielgruppe auf weniger als 5 Kategorien ist entsprechend der Bestimmungen der 1&1 BannerCommunity nicht möglich. Eine weitere Nutzung des Bannertauschdienstes erscheint aufgrund der sehr geringen Klickrate für Filmundo als nicht Erfolg versprechend.

Probleme

Der Einsatz des Bannercodes der 1&1 BannerCommunity führte zu steigenden Ladezeiten der Filmundo Seiten. Auch die Banner wurden mit zeitlicher Verzögerung geladen. In diesem Zusammenhang kam es zu vereinzelten Kundenbeschwerden. Ob dies ein grundsätzliches oder rein temporäres Problem des vorgenannten Dienstes ist, welches eventuell mit der Übernahme durch die Virtual Mind AG beseitigt wurde, konnte in diesem Zusammenhang nicht geklärt werden.

4.3.3.2   Link4Link

Einer der ältesten Bannertauschdienste auf dem deutschen Markt ist Link4Link (URL: http://www.link4link.com). Er zeichnet sich nicht nur durch sein langjähriges Bestehen (seit 1996) aus, sondern auch durch klare und strenge Regeln bzgl. der Aufnahme einer neuen Website. Jede Website wird einzeln auf die Einhaltung der Regeln geprüft und erst danach für den Bannertauschdienst freigeschaltet.

Auszug wichtiger Regeln für die Aufnahme einer Website in den Link4Link Bannertauschdienst:

- Es sind nur kommerzielle und semiprofessionelle Websites zugelassen, also keine privaten Homepages.

- Es sind keine Homepages mit erotischen, illegalen oder moralisch bedenklichen Inhalten oder Links zugelassen.

- Die angemeldete Website muss mindestens 100 verschiedene Besucher pro Tag verzeichnen.

- Die Website muss ein Impressum nach den geltenden rechtlichen Bestimmungen beinhalten.

- Der Banner des Link4Link Tauschdienstes muss auf den Seiten so eingebunden werden, dass er bei einer Bildschirmauflösung von 800 x 600 Pixel sofort und komplett ohne Scrollen sichtbar ist.

- Die angemeldete Website muss seriös sein und sparsam mit dem Einsatz von Werbemitteln umgehen. Pro Seite, auf der ein Banner des Tauschdienstes erscheint, darf maximal weitere Werbefläche in der Größe eines Fullsize-Banners (468 x 60 Pixel) belegt werden.

Wichtige Features des Link4Link Bannertauschdienstes:

- Targeting: Eine Zielgruppenauswahl aus 27 Themenbereichen ist möglich.

- Regional-Targeting: Auch ein regionales Targeting ist möglich.

Laut eigenen Angaben hat das Link4Link Netzwerk eine Reichweite von 300.000 unterschiedlichen Usern am Tag, denen täglich über eine Millionen Bannereinblendungen präsentiert werden. Das Austauschverhältnis ist mit 10:7 um 5% geringer als das der 1&1 Bannercommunity. Für 100 eingeblendete Banner auf den eigenen Seiten werden die eigenen Banner 70-mal auf fremden Seiten eingeblendet.

Tipp!

Aufgrund der Größe des Dienstes wird eine Registrierung für Unternehmen empfohlen, die einem Bannertausch in Anspruch nehmen wollen. Testen Sie den Dienst anhand der in Kapitel 4.3.2 beschriebenen Kriterien. Grundsätzlich ist es besonders positiv zu bewerten, dass eine Website erst nach manueller Prüfung in den Tauschdienst von Link4Link aufgenommen wird.

4.3.3.3   Übersicht Bannertauschdienste

Die folgenden Bannertauschdienste heben sich anhand der Kriterien Größe, Professionalität, Targeting oder Besonderheiten von der großen Konkurrenz ab (s. Tab. 25, Anbieter in alphabetische Reihenfolge).

Beachten Sie den Hinweis zu den Subcodes im Anschluss an die Tabelle.

Banner-Tauschdienst Anbieter	Kurzinfo / Features
Adhit (URL: http://www.adhit.de)	Tauschverhältnis 4:3 Targeting Subcodes
BannerCommunity: (URL: http://www.bannercommunity.de)	Tauschverhältnis 4:3 Targeting
Link4Link Internet GmbH: (URL: http://www.link4link.de)	Tauschverhältnis 10:7 Targeting
Link4U: (URL: http://www.link4u.de)	Subcodes
Linkstation Banner: (URL: http://www.linkstation.de)	Tauschverhältnis 4:3 Targeting Subcodes
Hit4Hit.net (URL: http://www.hit4hit.net)	Klick-Tauschdienst (Berechnungsgrundlage sind die Klicks auf die Banner, nicht die Einblendungen) Tauschverhältnis: 10:7
Paidbox.de (URL: http://www.paidbox.de)	Zusätzliche Vergütung von 0,5 Cent pro Klick. Tauschverhältnis: 10:7
SkyEx (URL: http://www.skyex.net)	Skyscraper Tauschdienst Tauschverhältnis 4:3
AdKlick.net (URL: http://www.adklick.de)	Tauschverhältnis 4:3 Targeting Subcodes

Tab. 25: Bannertauschdienste im Internet

Subcodes   Die Angabe Subcodes zeichnet Anbieter aus, die das Einbinden verschiedener Banner-Codes bzw. Banner-Subcodes auf den einzelnen Seiten einer Webpräsenz ermöglicht. Vorteil ist, dass in der Regel die einzelnen Subcodes separat statistisch ausgewertet werden. Eine größere Kontrolle über den Erfolg der einzelnen Seiten einer Webpräsenz ist dadurch gewährleistet. Das Verfahren der Subcodes ist allerdings insgesamt nicht als Vorteil zu werten, da die Verwendung ein und desselben Codes für alle Seiten ggf. zur Einblendung von immer demselben Banner führen kann.

Besser ist ein Banner-Code, wie er von der Bannercommunity verwendet wird. Dieser kann auf allen Seiten eingebunden werden und liefert automatisch unterschiedliche Banner der verschiedenen Mitglieder des Tauschdienstes.

Link-Tipp!

> Eine nützliche Übersicht mit Kurzbeschreibung weiterer Bannertauschdienste bietet z.B. die Website von Klamm.de (URL: http://www.klamm.de).

> Auch in dem Promotion Bereich der Website Geldgeier.de (URL: http://www.geldgeier.de) erhalten Sie eine weitere Übersicht zu Bannertauschdiensten.

Nachhaltig erfolgreiche Website Promotion

Die Website Promotion umfasst alle Maßnahmen zur Förderung der Bekanntheit einer Website und zur Erlangung der Aufmerksamkeit einer Zielgruppe auf eine Website. Sie reicht vom Bannertausch und der einfachen Eintragung in Suchmaschinen, über Online-Werbung, Gewinnspiele und Öffentlichkeitsarbeit, bis hin zu aufwendigen Partnerprogrammen.

Die Website Promotion ist für viele Online-Unternehmen die erste Hürde auf dem Weg zum Erfolg. Ist es einem Unternehmen gelungen, mit einem angemessenen Kostenaufwand eine Website bekannt zu machen und die relevante Zielgruppe anzusprechen, so spiegelt sich das in der Regel auch in den Statistiken bzw. Zugriffszahlen wieder. Die Höhe der Zugriffszahlen bildet unter anderem die Grundlage für den weiteren Erfolg, z.B. für die Vermietung von Werbeplätzen.

Dieses Kapitel dient insbesondere neueren Online-Unternehmen oder solchen, die eine Vermietung von Werbeplätzen anstreben, aber mangels Zugriffszahlen keinen Vermarkter für sich gewinnen konnten. Doch auch für bereits etablierte Websites kann die zusätzlich Promotion und Kundengewinnung oder die Kontrolle bereits umgesetzter Promotion-Maßnahmen von Vorteil sein; werden doch die Möglichkeiten einer zielgerichteten Promotion stets weiterentwickelt, z.B. durch die Keyword gesteuerte bevorzugte Platzierung in Suchmaschinen auf Cost-per-Click Basis.

Verschaffen Sie sich durch die einzelnen Kapitel einen umfassenden Überblick über die möglichen Promotion-Maßnahmen oder wählen Sie direkt ein Kapitel, wenn in einzelnen Bereichen Handlungsbedarf besteht (z.B. Suchmaschinen).

5.1 Website Promotion mit Suchmaschinen

Im Internet existieren eine unüberschaubare Anzahl verschiedener Websites zu nahezu jedem Themengebiet. Um aus dieser großen Anzahl die relevanten herauszufiltern bedienen sich viele User der Unterstützung von Suchmaschinen und Verzeichnisdiensten.

**Such-
maschinen**

Eine Suchmaschine ist ein Programm, das die Seiten und Dokumente im Internet regelmäßig durchsucht und erfasst. Durch die Eingabe einzelner Begriffe in das Suchfeld eines solchen Dienstes können alle erfassten Seiten schnell auf ihre Übereinstimmung mit dem gesuchten Begriff geprüft und die relevanten Ergebnisse angezeigt werden. Alle Ergebnisse werden von den Suchmaschinen nach Relevanz geordnet wiedergegeben, wobei viele Suchmaschinen unterschiedliche Verfahren zur Rangfolgevergabe einsetzen. Daher ist auch nicht immer gewährleistet, dass die nützlichsten Informationen an erster Stelle erscheinen. Bekannte Suchmaschinen sind z.B. Altavista, Google und Lycos.

**Verzeichnis-
dienste**

Ein Verzeichnisdienst ist eine Art Internet-Katalog. Ausgewählte Websites werden (thematisch) in Rubriken eingeordnet. Der Besucher kann über die gewünschte Rubrik und ggf. spezialisierte Unterrubriken zu Websites gelangen, die seinen Interessen entsprechen. Auch können die katalogisierten Websites zum schnelleren Auffinden nach Begriffen durchsucht werden. Bekannte Verzeichnisdienste sind z.B. Yahoo und Web.de.

Ziel

Ziel der Website Promotion mit Suchmaschinen ist die Eintragung in bzw. Erfassung durch möglichst viele Suchmaschinen und Verzeichnisdienste und dass die Website dort zu den wichtigsten Suchbegriffen gefunden und auch möglichst unter den ersten Treffern angezeigt wird. Da es jedoch allein über 100 deutschsprachige Suchdienste im Internet gibt, sollte zumindest eine Eintragung und Abstimmung auf die bekannteren Suchdienste erfolgen, um den Arbeitsaufwand kalkulierbar zu machen. Die wichtigsten Suchbegriffe sind für jedes Unternehmen individuell nach den Inhalten der Website festzulegen.

Die Eintragung in eine Suchmaschine und die Rangfolgevergabe der Suchergebnisse finden programmgesteuert statt und erfolgen für alle Websites nach den gleichen Regeln. Die Eintragung in einen Verzeichnisdienst erfolgt durch die Redaktion des Dienstes und ist nicht zwangsläufig an feste Regeln gebunden. Der Schwerpunkt wird in diesem Kapitel auf die Eintragung in und Abstimmung auf Suchmaschinen gelegt, um einen Nutzen für möglichst viele Websites zu gewährleisten.

5.1.1   Suchkriterien und Rangfolgevergabe

Jede Suchmaschine ermittelt die Treffer zu einem Suchbegriff nach bestimmten Kriterien (Suchkriterien), die für alle erfassten Websites gelten. Auch die anschließende Anordnung der Treffer erfolgt durch das Programm nach immer demselben Verfahren. Eine Abstimmung einer Website auf das Programm einer Suchmaschine ist daher möglich. Jedoch erfolgt diese Abstimmung in der Regel immer nur für eine Suchmaschine, da jede andere Suchmaschine ein anderes Verfahren (Programm) benutzen kann. Eine Abstimmung auf alle Suchmaschinen ist nicht ohne weiteres möglich, doch gibt es einige Grundregeln, deren Beachtung für die Abstimmung auf viele Suchmaschinen von Vorteil ist.

Titel einer Website

Versehen Sie jede Website mit einem treffenden Titel. Dieser sollte aus fünf bis zehn wichtigen Schlüssel-Wörtern bestehen (z.B. Thema der Website, Firma, Produkt).

Der Titel einer Website wird von vielen Suchmaschinen über dem eigentlichen Suchergebnis aus dem Inhalt der Website angezeigt. Anhand eines aussagekräftigen Titels kann der User ein für ihn interessantes Angebot direkt erkennen oder ggf. die Suchergebnisse weiter selektieren (s. Abb. 71).

Hinterlegt wird der Titel bzw. sog. Title-Tag (engl. tag = Kennzeichen) im Head-Bereich des HTML-Quellcodes einer Website.

Beispiel Title-Tag Filmundo: <TITLE>Filmundo - Die Filmauktion - Der Filmmarkt im Internet</TITLE>

Abb. 71: Suchergebnisse mit Titel der Websites bei Google

(Quelle: Google - URL: http://www.google.de)

Beschreibung

Hinterlegen Sie für jede Website eine zutreffende Beschreibung mit bis zu 200 Zeichen. Diese Beschreibung erscheint nicht auf der Webseite, wird jedoch von einigen Suchmaschinen als Suchergebnis angezeigt. Um dem Suchenden einen leichten Zugriff auf für ihn relevante Seiten zu vereinfachen, sollte die Beschreibung die wichtigsten Informationen zu einer Website beinhalten (s. Abb. 72).

Die Beschreibung einer Website (auch Meta-Description) nutzt den Meta-Tag „Description" im Head-Bereich des HTML-Quellcodes einer Website.

Beispiel Description-Tag Filmundo: <meta name="Description" content= "Filmundo - Die Filmauktion, der Filmmarkt im Internet mit 18er-Bereich und DVD-Auktion. Alles zum Thema Film, Video, DVD kann gehandelt werden. Mit integriertem Forum und individuellem Newsletter.">

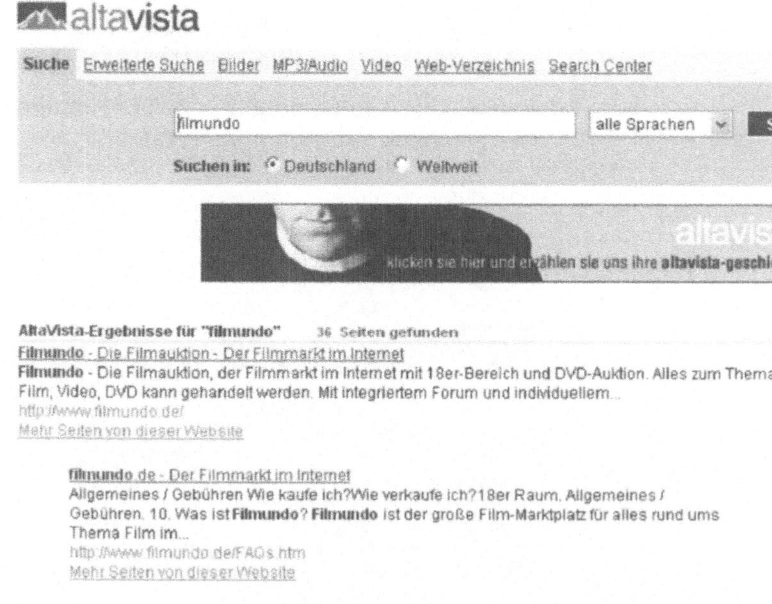

Abb. 72: Suchergebnisse mit Meta-Description bei Altavista

(Quelle: Altavista - URL: http://de.altavista.com)

Erläuterung zur Abbildung

Die Ansicht des ersten Treffers greift direkt auf die hinterlegte Beschreibung zu. Bei dem zweiten Treffer (eine Unterseite von

Filmundo) ist keine Beschreibung hinterlegt, daher werden die ersten Inhalte der Website angezeigt. Diese wirken wesentlich chaotischer und geben einen viel schlechteren Einblick in das Kernthema der Website.

Schlüssel-wörter

Die Schlüsselwörter einer Website (auch Meta-Keywords) sollten die wichtigen (Stich-)Worte beinhalten, die thematisch den Inhalt der Website beschreiben. Bei der Auswahl der Wörter ist zu überlegen, nach welchen Begriffen ein potentieller Besucher oder Kunde suchen könnte, wenn er am Inhalt oder der Dienstleistung von genau dieser Website interessiert ist. Die Schlüsselwörter dürfen insgesamt bis zu 1.000 Zeichen ausfüllen.

Viele Suchmaschinen prüfen die Schlüsselwörter auf Übereinstimmungen mit dem gesuchten Begriff. Nachteil dieses Verfahrens ist, dass beliebige Begriffe hinterlegt werden können, die über keinerlei thematische Übereinstimmung mit der Website verfügen. Dementsprechend oft ist es auch zum Missbrauch der Schlüsselwörter zur Traffic-Steigerung gekommen, indem thematisch nicht relevante aber oft gesuchte Begriffe hinterlegt wurden. Einige Suchmaschinen verzichten daher völlig auf die Prüfung der Schlüsselwörter. Die meisten Suchmaschinen nutzen heute mehrere Verfahren zur Auswahl einer Website. Einer Beeinflussung der Suchergebnisse wird dadurch entgegengewirkt.

Die Schlüsselwörter werden unter Verwendung des Meta-Tags „Keywords" im Head-Bereich in den HTML-Quellcode einer Website eingetragen.

Beispiel Keyword-Tag Filmundo: <meta name="Keywords" content=" Filmauktion, Film-Auktion, Videoauktion, Video-Auktion, DVD-Auktion, Filmverkauf, DVD-Verkauf, Videoverkauf,..."> (Auszug)

Zu häufige Wiederholungen (mehr als sieben) von Schlüsselwörtern in den Meta-Tags „Description" und „Keywords" einer Website sind zu vermieden. Einige Suchmaschinen werten diese Vorgehensweise als Beeinflussung und schließen die Website ggf. aus.

Seitentext

Der Seitentext bzw. Inhalt einer Website ist bei vielen Suchmaschinen ebenfalls von Bedeutung. Oft werden die ersten 200 Zeichen Text von den Suchmaschinen besonders gewichtet oder wie im Abschnitt „Beschreibung" ersichtlich auch als Suchergebnis wiedergegeben. Es empfiehlt sich einen aussagekräftigen Text auf jeder Website einzubinden, der auf die Schlüsselwörter abgestimmt ist und die wesentlichen Themen der Website beschreibt (in etwa wie die Beschreibung).

Rahmen

Eine Website kann aus mehreren Teilseiten, sog. Rahmen oder Frames (engl. frame = Rahmen) erstellt werden, die zusammen für den Betrachter eine Website ergeben. Dadurch kann eine Website unter Umständen besser strukturiert und Ladezeiten für Folgeseiten verkürzt werden. Einige Suchmaschinen erfassen die Inhalte einer Website in den Rahmen jedoch nicht. Daher sollte zumindest der Kerninhalt jeder Website in einem Bereich ohne Rahmen (Noframes-Bereich) dargestellt werden.

Bekanntheit

Die Bekanntheit einer Website oder auch die sog. Link-Popularity wird von Suchmaschinen immer häufiger zur Beeinflussung der Rangfolgevergabe der Suchergebnisse genutzt. Bei diesem Verfahren werden die Anzahl der externen Links, die auf eine Website verweisen, als sog. Relevanz-Faktor für die Rangfolge mit berücksichtigt. Je mehr externe Links auf eine Website verweisen, desto eher wird die Seite unter den Suchergebnissen angezeigt. Grundvoraussetzung ist natürlich eine thematische Übereinstimmung mit dem Suchbegriff. Für dieses Verfahren empfiehlt sich ein Linktausch mit möglichst vielen Seiten (vgl. *Kapitel 5.4: Website Promotion durch Linktausch*) oder auch das Eintragen in möglichst vielen Themenverzeichnissen.

Link-Tipp!

Weitere ausführliche Informationen und nützliche Tipps zur Arbeitsweise von Suchmaschinen gibt es im Internet z.B. bei bei den folgenden Anbietern:

> ➢ WebCards.de (URL: http://www.webcards.de)

> ➢ Webmasterplan (URL: http://www.webmasterplan.de)

> ➢ Suchmaschinentips.de (URL: http://www.suchmaschinentips.de)

Als hilfreich erweisen sich oft auch die Informationen der einzelnen Suchmaschinen auf den Anmeldeseiten zur Eintragung einer Website.

5.1.2   Suchdienste und Ihre Such- und Bewertungskriterien

In diesem Kapitel werden einige bekannte Suchdienste genannt und kurz auf ihre Such- und Bewertungskriterien, sowie auf das Anmeldeverfahren für Websites eingegangen. Die Auswahl der berücksichtigten Suchmaschinen und Verzeichnisdienste stellt keine Bewertung oder Rangfolge dar (s. Tab. 26).

Suchdienst	Kriterien	Anmeldeverfahren
Altavista (Suchmaschine) URL: http://www.altavista.de	Auswertung der Begriffe im Titel, den Meta-Tags und im Text der Website. Die Häufigkeit, mit der ein Suchbegriff auftaucht, ist entscheidend. Die Anzahl der Links, die zu einer Seite führen, wird berücksichtigt.	Eine direkte Anmeldung ist möglich. Bis zur Eintragung können nen vier bis sechs Wochen vergehen.
Google (Suchmaschine) URL: http://www.google.de	Die Bewertung erfolgt anhand der PageRank™ Technologie, der URL und des Inhaltes einer Website (Text). (Vgl. auch Kap. 5.1.3)	Eine URL kann angemeldet werden, es erfolgt jedoch keine automatische Eintragung. Bis zu einer Eintragung können ein bis vier Wochen vergehen.
Lycos (Suchmaschine und Verzeichnisdienst) URL: http://www.lycos.de	Auswertung der Begriffe im Titel und Text einer Website. Keine Berücksichtigung der Meta-Tags und Frames-Bereiche.	Eine direkte Anmeldung ist möglich. Eintragung in die Suchmaschine innerhalb weniger Tage, in den Verzeichnisdienst innerhalb zwei bis vier Wochen.
Web.de (Verzeichnisdienst) URL: http://www.web.de	Suche im eigenen Verzeichnisdienst.	Eintragungsvorschläge können eingereicht werden. Die Eintragung kann nach Einzelprüfung erfolgen.
Yahoo (Verzeichnisdienst) URL: http://www.yahoo.de	Suche im eigenen Verzeichnisdienst. Erweiterte Suche greift auf die Datenbank von Google zu.	Eintragungsvorschläge können eingereicht werden. Die Eintragung kann nach Einzelprüfung erfolgen.

Tab. 26: Suchmaschinen und Ihre Such- / Bewertungskriterien

Link-Tipp!

Eine Übersicht weiterer Suchmaschinen und Verzeichnisdienste lässt sich im Internet z.B. unter den folgenden Adressen finden:

> Sucharchiv.com (URL: http://www.sucharchiv.com): Erfasst über 4000 deutsche und internationale Suchmaschinen und Portale.

> Suchmaschinen.de (URL: http://www.suchmaschinen.de): Erfasst über 100 deutsche Suchmaschinen und Verzeichnisdienste. Außerdem zahlreiche regionale, internationale und spezialisierte Suchdienste.

> Yabba! (URL: http://www.yabba.de): Umfangreiches und nach Themenbereichen geordnetes Suchmaschinen-Archiv.

5.1.3   Google: Eine Suchmaschine und ihre Kriterien im Detail

Auf den Suchdienst Google wird im Folgenden etwas näher eingegangen, weil dieser sich anhand der Kriterien (vgl. Tab. 26) von den anderen Suchdiensten grundlegend unterscheidet. Zudem liefert Google oft sehr relevante Suchergebnisse, was auch zur Bekanntheit und dem überragenden Erfolg von Google beigetragen hat.

Für die Suche bei Google spielen die sog. Meta-Tags (im Bereich „head" des HTML-Quellcodes einer Website positioniert) keine Rolle. Google bewertet nicht wie viele andere Suchmaschinen nur den Seiteninhalt oder die Suchbegriffe (die sog. Keywords in den Meta-Tags) und zählt deren Häufigkeit, sondern lässt die Bekanntheit einer Website mit in die Bewertung der Suchergebnisse einfließen.

Erweiterte Link-Popularity

Google nutzt für die Auswertung der Bekanntheit einer Website die eigens entwickelte PageRank™-Technologie. Mit dieser Technologie nutzt Google die Anzahl der Seiten, die mit einem Link auf eine andere (gesuchte) Seite verweisen, als Bewertungsgrundlage. Im Wesentlichen interpretiert Google dabei einen Link von einer Seite A zu einer anderen Seite B als eine Stimme *von* Seite A *für* Seite B. Je mehr Links vorhanden sind, desto höher steigt eine Website in der Bewertung und desto größer ist auch die Chance, unter den ersten gefundenen Ergebnissen gelistet zu werden. Das Verfahren kann soweit auch als Nutzung der Link-Popularity bezeichnet werden (vgl. Kap. 5.1.1). Doch Google hat dieses Verfahren weiter entwickelt, denn auch die Qualität der Seiten, die mit einem Link auf die gesuchte Seite verweisen, wird mit berücksichtigt. Beeinflussungsversuche wie das Anfertigen von zahlreichen unbekannten Seiten, die lediglich einen Link auf die eigene Seite tragen, um dadurch die Positionierung zu verbessern, werden durch dieses Verfahren weitestgehend ausgeschlossen.

Suchbegriffe Die eigentlichen Suchbegriffe werden von Google nur soweit berücksichtigt, wie sie auch in der URL oder im Seitentext selbst auftauchen. Sie dienen somit zur Suche bzw. Vorauswahl der relevanten Seiten, die danach anhand der Links in eine Rangfolge gebracht werden. Es lassen sich keine Suchbegriffe in den Meta-Tags hinterlegen, zu denen eine Seite gefunden wird, obwohl die Website inhaltlich keine Übereinstimmung mit dem Suchbegriff aufweist.

Das gesamte Verfahren von Google zur Auswahl und Rangfolgevergabe von Websites ist, wie bei vielen anderen Suchmaschinen auch, nicht bekannt. Denn nur durch spezielle Verfahren, die nicht veröffentlicht werden, kann sich eine Suchmaschine von der Masse der Suchdienste abheben und langfristig am Markt bestehen.

5.1.4   Allgemeine Informationen zur Abstimmung einer Website auf Suchmaschinen

Website-Gestaltung Zur Abstimmung einer Website auf möglichst viele Suchmaschinen können in der Regel nur allgemeine Gestaltungshinweise gegeben werden. Diese Hinweise sollten bereits bei der Erstellung einer Website (oder ggf. bei einer Überarbeitung) berücksichtigt werden. Als Basis dienen die in Kapitel 5.1.1 genannten Kriterien.

- Titel: Hinterlegen Sie in jeder Website einen Titel-Tag

- Beschreibung: Nutzen Sie den HTML-Tag „Meta-Description"

- Schlüsselwörter: Nutzen Sie den HTML-Tag „Meta-Keywords"

- Seitentext: Versehen Sie Ihre Seiten mit relevanten Texten.

- Rahmen: Verzichten Sie wenn möglich auf Frames oder fassen Sie wichtige Texte in sog. Noframes-Bereichen zusammen.

Eine Website kann auf die Qualität der hier genannten Kriterien bzw. auf die in der Website integrierten Bestandteile in einem sog. Voreintrags-Check untersucht werden. Die Website von Webmasterplan (URL: http://www.webmasterplan.com) bietet neben zahlreichen weiteren nützlichen Tools einen solchen Service (s. Abb. 73).

Titel	Filmundo - Die Filmauktion - Der Filmmarkt im Internet
Meta-Description	Filmundo - Die Filmauktion, der Filmmarkt im Internet mit 18er-Bereich und DVD-Auktion. Alles zum Thema Film, Video, DVD kann gehandelt werden. Mit integriertem Forum und individuellem Newsletter.
Meta-Keywords	Filmauktion, Film-Auktion, Videoauktion, Video-Auktion, DVD-Auktion, Filmverkauf, DVD-Verkauf, Videoverkauf, Verkauf, Ankauf, Tausch, Filmankauf, Filmversteigerung, Videoversteigerung, Film-Versteigerung, DVD-Versteigerung, Filmbörsen, Videobörsen, DVD-Börsen, Filmmarkt, Film-Markt, Filminfos, Video-Börse, Filmtreff, Videomarkt, Video-Markt, DVD-Markt, Horror-Markt, Horrormarkt, Filmforum, Film-Forum, Kinomarkt, Kino-Markt, Videos, Filmplakate, DVD, Laserdiscs, Science-Fiction, Celluloid, 18er-Raum, 18er-Saal, 18er-Bereich, Fan-Markt, Fanmarkt, Filmprogramme, Filmplakate, Filmposter, Soundtracks, Star-Treck, Star-Wars, Horrorfilm, Filmsammler, Raritäten, Filmsammlermarkt, Videosammler, Kino-Sammler-Markt, Autogramm, Splatter, Zombie, Kannibale, Filmfoto, Filmphoto, Fanclubs
Body-Text	Filmundo - Die Filmauktion, der Filmmarkt im Internet mit 18er-Bereich und DVD-Auktion. Alles zum Thema Film, Video, DVD kann gehandelt werden. Mit integriertem Forum und individuellem Newsletter. -->

Abb. 73: Voreintrags-Check für Websites - Bewertung

(Quelle: Webmasterplan - URL: http://de.webmasterplan.com)

Neben diesem direkten Auszug aus den Tags und dem Inhalt der Website, bietet Webmasterplan auch eine kleine Analyse der einzelnen untersuchten Elemente, die Aufschluss über die Ausnutzung der zur Verfügung stehenden Mittel gibt (s. Abb. 74).

Analyse:

1. **Titel:** OK.
2. **META-Description:** OK.
3. **META-Description (Nutzung):** 98 Prozent – der META-Description darf bis zu 200 Zeichen lang sein.
4. **META-Keywords:** OK.
5. **META-Keywords (Nutzung):** 79 Prozent – der META-Keywords darf bis zu 1000 Zeichen lang sein.
6. **Body-Text:** OK – dieser Text zeigt Ihnen wie eine Suchmaschine den textlichen Inhalt (zumindest die ersten 500 Zeichen) sieht. Manchmal wird dieser Text verwendet um einen Eintrag zu bilden. Sind Sie zufrieden?
7. **Links:** Fehler – diese Seite hat keine Hyperlinks der eine Suchmaschine folgen kann (*** Frame- und Imagemap-Links werden nur von manchen Suchmaschinen verfolgt).

Abb. 74: Voreintrags-Check für Websites - Analyse

(Quelle: Webmasterplan - URL: http://de.webmasterplan.com)

Bekanntheit

Das ebenfalls in Kapitel 5.1.1 genannte Kriterium der Link-Popularity ist nicht unmittelbar ein Teil der Gestaltung der Website und kann daher auch nur bedingt vom Website-Betreiber beeinflusst werden. Es erfordert viel Zeit, da ein regelrechtes Netzwerk mit Links und Kontakten aufgebaut werden muss. Viele Website-Betreiber sind zur Aufnahme eines Links nur bereit, wenn dies im Austausch geschieht oder aber der Link einen besonderen Vorteil oder Mehrwert für die Besucher seiner Website darstellt.

Fördern Sie die Bekanntheit (Link-Popularity) Ihrer Website durch Linktausch und hinterlassen Sie Ihren Link überall, wo es angebracht ist (z.B. Gästebücher, Foren).

Abstimmung

Die richtige Abstimmung auf alle Suchmaschinen gestaltet sich nicht nur kompliziert und zeitaufwendig, sondern ist nahezu unmöglich.

Kompliziert ist die Abstimmung, weil viele Suchmaschinen, wie bereits geschildert, unterschiedliche Kriterien für das Auffinden einer Website und die Vergabe der Rangfolge verwenden. Zeitaufwendig gestaltet sich vor allem die Anpassung der Seitenstruktur an die einzelnen Suchmaschinen, sowie die Anmeldung zur Eintragung bzw. das zum Teil lange Warten auf eine zu erwartende Eintragung.

Dennoch sollte eine Website in möglichst viele Suchmaschinen eingetragen werden, um interessierten Besuchern das Auffinden des Angebotes zu erleichtern. Weitere Informationen zur Eintragung in Suchmaschinen entnehmen Sie bitte Kapitel 5.1.5.

Die Anpassung an viele Suchmaschinen ist in der Regel mit einem unverhältnismäßig hohen Aufwand verbunden. Wählen Sie einige für Sie relevante Suchdienste aus (z.B. die in Kapitel 5.1.2 genannten) und versuchen Sie dort eine möglichst gute Platzierung zu einigen (ca. zwei bis fünf) wichtigen Suchbegriffen zu erlangen. Beachten Sie dabei, je spezieller der Suchbegriff ist, desto größer ist die Wahrscheinlichkeit, dass Ihre Seite eine gute Platzierung erreicht. Allerdings sind sehr spezielle Begriffe auch nur sinnvoll, wenn Sie eine sehr spezielle Dienstleistung oder ein sehr spezielles Produkt anbieten.

Konkurrenz Prüfen Sie auch ggf. die Konkurrenz, die bei verschiedenen Suchmaschinen auf den Plätzen vor Ihrer Website erscheint. Betrachten Sie dabei zunächst das Erscheinungsbild der Suchergebnisse (Titel, Inhalt, Link). In welchen Bereichen scheint Ihnen die Konkurrenz überlegen oder welches Suchergebnis erscheint Ihnen als Kunde am interessantesten? Besuchen Sie in einem zweiten Schritt die Websites der Konkurrenz und untersuchen Sie diese auf eventuelle Gestaltungsvorteile, die Sie in Ihrer Website noch nicht berücksichtigt haben. Überlegen Sie, welche Gestaltungsaspekte auch für Ihre Website von Vorteil sein können. Zur Prüfung der hinterlegten Suchbegriffe und weiterer Meta-Tags empfiehlt sich in einem dritten Schritt die Einsicht des Quelltextes (über den Browserbefehl: Ansicht, Quelltext). Dort können Sie sich ggf. auch Anregung für nützliche Suchbegriffe holen. Jedoch kann der Quelltext nicht bei allen Websites eingesehen werden.

Die Konkurrenzanalyse in drei Schritten:

1) Analyse der Suchergebnisse

2) Analyse der Websites der Konkurrenz

3) Analyse des Quelltextes der Websites der Konkurrenz

Die Einhaltung der Reihenfolge der Schritte ist nicht zwingend erforderlich, erleichtert jedoch die Analyse.

Doorway-Pages

Für einige Suchmaschinen oder spezielle Websites mit Frames oder auch solchen, die nur schwierig oder gar nicht umgestaltet werden können, bietet sich ggf. auch das Einrichten einer oder mehrerer zusätzlicher Startseiten (auch Brückenseiten oder Doorway-Pages genannt) an. Diese ermöglichen oftmals eine verbesserte Positionierung innerhalb der Suchergebnisse einer bestimmten oder ggf. auch mehrerer Suchmaschinen. Diese vorgelagerte Startseite muss in jedem Fall auf den Inhalt der Website eingehen, die wichtigsten Suchbegriffe im Seitentext berücksichtigen und dann über einen Link zur eigentlichen Hauptseite verweisen. Dabei kann der User entweder direkt auf die Hauptseite umgeleitet werden oder aber er bekommt die Doorway-Page angezeigt und gelangt von dort über einen Link auf die Hauptseite. Bei der Abstimmung auf spezielle Suchdienste sind zusätzlich alle relevanten Kriterien der Suchmaschinen zu berücksichtigen.

Von der Erstellung mehrerer Doorway-Pages ausschließlich zur Traffic-Steigerung, die nicht zielgruppengerichtet erfolgt, wird abgeraten. Die Folge können nicht nur verärgerte Besucher sein, sondern auch die benachteiligte Platzierung innerhalb oder der Ausschluss aus einzelnen Suchmaschinen.

Praxistest

Für Filmundo wurde ein Unterverzeichnis mit der Bezeichnung des wichtigsten Suchbegriffes „Filmauktion" angelegt. In diesem wurde eine Doorway-Page positioniert, da die Hauptseite mangels Text-Inhalt (fast ausschließlich Rubriken / Kategorien) nicht von allen Suchmaschinen sinnvoll erfasst werden kann. Durch die Erstellung einer zusätzlichen Startseite (index.html) und die Ablage in dem entsprechenden Verzeichnis ergibt sich so eine aussagekräftigere URL: http://www.filmundo.de/filmauktion.

Dies bringt zwei Vorteile mit sich: zum einen erscheint der wichtige Suchbegriff in der URL und zum anderen kann im eigens für die Doorway-Page angelegten Text konkreter auf relevante Inhalte und Begriffe rund um die Filmauktion eingegangen werden.

Der Optimierung einer Website für bestimmte Suchmaschinen und ggf. der Erstellung von Doorway-Pages werden auch von mehreren Unternehmen als Dienstleistung angeboten. Mehr Informationen zu diesen Unternehmen und den gebotenen Dienstleistungen entnehmen Sie bitte dem nachfolgenden Kapitel 5.1.5 und 5.1.6.

5.1.5 Die Eintragung in Suchmaschinen

Viele Suchmaschinen durchforsten das Internet regelmäßig nach neuen Links und neuen Websites. Daher kann es sein, dass Ihre Website bereits bei mehreren Suchmaschinen eingetragen ist, obwohl Sie nicht aktiv geworden sind. Da Suchmaschinen in der Regel allen Links folgen, die Sie auf einer Website finden, gelangt eine Suchmaschine auch automatisch auf Ihre Website, wenn irgendwo auf einer erfassten Seite im Internet ein Link zu Ihrer Website hinterlegt wurde.

Im Gegensatz zur automatischen Aufnahme in Suchmaschinen über Links, müssen Sie für eine direkte Eintragung selbst aktiv werden.

Die aktive Eintragung in Suchmaschinen kann auf drei verschiedenen Wegen erfolgen:

1) Durch die manuelle Anmeldung direkt auf den Websites der einzelnen Suchmaschinen.

2) Durch automatisierte Eintragungsdienste oder Software.

3) Durch die Inanspruchnahme entsprechender Dienstleistungen externer Unternehmen.

Alle drei Verfahren sind grundsätzlich zur Anmeldung einer Website in Suchmaschinen geeignet. Jedes Verfahren hat dabei Vor- und Nachteile die in den folgenden drei Abschnitten näher untersucht werden sollen.

5.1.5.1 Manuelle Anmeldung

Für die manuelle Anmeldung ist es erforderlich, jede Suchmaschine aufzusuchen und einen manuellen Eintrag vorzunehmen bzw. die URL anzumelden. Der Eintrag kann von Suchdienst zu Suchdienst variieren und die Angabe verschiedener Informationen erfordern. In den häufigsten Fällen reicht jedoch die Übermittlung der URL, welche in die Datenbank aufgenommen wird und bei der nächsten automatisierten „Kontrolle" des Internets mit abgefragt wird.

Vorteile

Die Vorteile der manuellen Anmeldung liegen vor allem in der individuellen Handlungsmöglichkeit. So kann beispielsweise vor einem Eintrag zunächst untersucht werden, ob die Website oder Unterseiten ggf. schon eingetragen sind und wie sie angezeigt werden. Auch können vor der Eintragung die individuellen

Besonderheiten der einzelnen Suchdienste beachtet werden. So bieten viele Suchdienste zusätzliche Informationen, wie ein verbessertes Ranking innerhalb der Suchergebnisse erreicht werden kann.

Nachteile

Die Nachteile ergeben sich aus dem enormen Zeitaufwand und dadurch ggf. entstehende hohe Personalkosten. Für die Eintragung in eine große Anzahl Suchmaschinen ist dieses Verfahren daher in den meisten Fällen nicht geeignet.

Wichtige Suchmaschinen und vor allem auch Verzeichnisdienste, sollten in jedem Fall manuell aufgesucht werden und die Website individuell angepasst und eingetragen werden.

5.1.5.2   Automatisierte Eintragungsdienste

Online-Eintragungsdienste oder auch Software-Programme, die auf dem heimischen PC installiert werden können, ermöglichen die automatisierte Eintragung in eine größere Anzahl Suchdienste. Alle relevanten Daten zu einer Website wie die URL, der Titel, eine Inhaltsbeschreibung und wichtige Stichworte werden einmal erfasst und dann in einem Prozess an die verschiedenen Suchdienste übermittelt. Die Anmeldung bei den verschiedenen Suchdiensten dauert umso länger, je mehr Suchdienste berücksichtigt werden. In der Regel kann online nachvollzogen werden, bei welchen Suchdiensten die Anmeldung erfolgreich war und bei welchen nicht.

Vorteile

Die automatisierten Eintragungsdienste können viel Zeit und Geld sparen und eine Anmeldung bei einer großen Anzahl Suchdienste erheblich erleichtern. Für den Start einer Website und die erste Promotion ist in jedem Fall ein automatisiertes Verfahren zu empfehlen, solange es kostenlos angeboten wird. So kann eine Website ohne großen Aufwand und Kosten schnell im Internet gefunden werden.

Nachteile

Da es sich bei den automatisierten Verfahren um standardisierte Anmeldungen handelt, ist ein Erfolg nicht in jedem Fall gewährleistet. Die individuellen Besonderheiten eines Suchdienstes können oft nur unzureichend oder gar nicht berücksichtigt werden. Bei den kostenpflichtigen Anmeldediensten sind in jedem Fall die Leistungen und Versprechen der unterschiedlichen Betreiber genau miteinander zu vergleichen. Die Wahl zur Inanspruchnahme eines solchen Dienstes sollte nicht in erster Linie vom Preis beeinflusst werden, sondern von der Seriosität des Unternehmens.

Fazit

Für die Eintragung in eher unbedeutende Suchdienste oder eine erste Promotion kann das Verfahren der automatisierten Eintragung erfolgreich sein. Garantien für eine gute Platzierung innerhalb der Suchergebnisse sind aufgrund der unterschiedlichen Eintragungsverfahren und Kriterien insbesondere bei den bekannteren Suchdiensten ohne größeren Aufwand nicht möglich. Eine intensive Nachbearbeitung und Kontrolle wichtiger Suchdienste sowie ggf. eine manuelle Neuanmeldung kann zusätzlich erforderlich sein. Wird der Dienst kostenlos angeboten, was meist für die Anmeldung in eine kleinere Anzahl Suchdienste der Fall ist, so kann die Nutzung eines solchen Dienstes uneingeschränkt empfohlen werden.

Achtung! Oft müssen Sie für eine automatisierte Anmeldung eine Emailadresse angeben. Geben Sie dort <u>in keinem Fall</u> Ihre ständige Geschäfts-Emailadresse an. Es kann gut sein, dass diese Adresse im Internet weiter verbreitet wird und für Sie aufgrund massiven Spammings unbrauchbar wird.

Link-Tipp!

Automatisierte Eintragungsdienste und Software-Programme gibt es im Internet unter anderem bei den folgenden Anbietern:

Eintragungsdienste:

> ➤ Webmasterplan (URL: <u>http://www.webmasterplan.com</u>): Bietet sowohl einen kostenlosen als auch einen kostenpflichtigen (99,- Euro) Eintragungsdienst.

> ➤ Webdecision (URL: <u>http://www.webdecision.de</u>): Kostenlose Eintragung bei 50 Suchdiensten.

> ➤ Submitter.de (URL: <u>http://www.submitter.de</u>): Eintragungsservice mit unterschiedlichem Leistungsumfang. Preis: 12,50 bis 25,- Euro.

> ➤ Speedengine.de (URL: <u>http://www.speedengine.de</u>): Eintragung in bis zu 8.000 Suchmaschinen, 2.000 Webkataloge und 85.000 Linklisten. Preis: 34,95 Euro

> ➤ QuickSubmit (URL: <u>http://www.quicksubmit.de</u>): Eintragung in über 200 Suchdienste. Preis: 17,- Euro

> ➤ Aronda Eintragsfee (URL: <u>http://www.eintragsfee.de</u>): Eintragungsservice mit unterschiedlichem Umfang. Preis: 15,- bis 149,- Euro.

Software:

> Hello Engines (URL: http://www.hello-engines.de): Eintragungssoftware (deutsch) für bis zu 800 Suchdienste. Verschiedene Versionen zum Teil mit Kontroll- und Auswertungsfunktionen. Preis: 99,- bis 299,- Euro

> PromoWare (URL: http://www.promoware.de): Eintragungssoftware (deutsch) für bis zu 900 Suchmaschinen. Preis: 199,- Euro

> SubmitWolf Pro (URL: http://www.trellian.com): Eintragungssoftware (englisch) für über 1.000 Suchdienste und über 500.000 Linkverzeichnisse. Preis: 95,- US-Dollar. Eine spezielle deutsche Version mit zusätzlich 350 deutschen Suchdiensten ist für 165,- US-Dollar erhältlich.

5.1.5.3   Anmeldung und Positionierung durch externe Unternehmen

Die Anmeldung und Positionierung in Suchmaschinen kann auch an ein externes Unternehmen übergeben werden. Dieser Dienstleistungsmarkt kann in zwei Bereiche unterteilt werden.

Einfacher manueller Service

Die einfache Variante wird von Unternehmen bestritten, die gegen eine Gebühr die notwendigen Aufgaben zur Anmeldung einer Website in diverse Suchdienste übernimmt. Im Service ist je nach Umfang auch eine Überarbeitung der Startseite und ggf. die Erstellung der Metatags inbegriffen. Je nach Vereinbarung wird auch versucht eine gute Platzierung innerhalb der Suchergebnisse zu erzielen. Problematisch ist bei einem solchen Service, dass sich die Anzahl der erfassten Websites einer Suchmaschine stetig ändert und auch andere Unternehmen versuchen eine bessere Platzierung innerhalb der Suchergebnisse zu erzielen. Dementsprechend kann die Freude über eine gute Platzierung unter Umständen nur von kurzer Dauer sein. Ein Unternehmen, das einen solchen Service bietet, ist die Felber Web-Promotion.

Link-Tipp!

> Felber Web-Promotion (URL: http://www.felber.de): Eintragungsservice mit unterschiedlichem Umfang und zum Teil erweitertem Service. Preis: 180,- bis 300,- Euro

Erweiterter Service mit Doorway-Pages

Wesentlich weitergehend ist der Service von professionellen Unternehmen, die ein hochkomplexes Suchmaschinenmarketing bieten und spezielle Doorway-Pages anhand der vorgegebenen Keywords für ein Unternehmen erstellen. Diese Doorway-Pages werden jeweils auf die verschiedenen Suchdienste abgestimmt und berücksichtigen auch deren speziellen Such- bzw. Rangfolge-Kriterien. Die Doorway-Pages werden bei diesem Verfahren dem User nicht angezeigt, sondern er wird direkt auf die gewünschte Seite des Website-Betreibers weiter geleitet. Bei diesem Verfahren kann in der Regel eine sehr gute Platzierung erreicht werden. Die Abrechnung dieser Dienstleistung erfolgt meist leistungsgerecht, das hisst pro Klick auf ein Suchergebnis der Doorway-Pages. Durch diese Abrechnungsmethode ist auch der Dienstleister daran interessiert, langfristig eine gute Positionierung zu gewährleisten. Dementsprechend werden die Doorway-Pages auch regelmäßig gewartet und den ggf. veränderten Bedingungen der Suchmaschinen angepasst. Für den Website-Betreiber ergibt sich keinerlei Risiko, da die Doorway-Pages anhand seiner Vorgaben bzw. Keywords erstellt werden. Es werden also nur relevante Besucher vermittelt, die auch ein wirkliches Interesse an dem gesuchten Thema (Produkt, Information, Unternehmen) haben.

Link-Tipp!

> RealMedia (URL: http://www.realmedia.de): Das Unternehmen bietet unter der Bezeichnung „Website Results" die Dienstleistung zur Erstellung von Doorway-Pages zur qualifizierten Trafficgenerierung.

> Eprofessional (URL: http://www.eprofessional.de): Das Unternehmen bietet umfangreiche Dienstleistung rund um die Positionierung in Suchmaschinen mittels Doorway-Pages. Auch Sponsored-Links werden vermittelt.

> Webmasterplan (URL: http://www.webmasterplan.com): Webmasterplan bietet einen Service zur Erstellung von Doorway-Pages auf Pay-per-Click Basis (ab 0,20 Euro).

Das Verfahren zur verbesserten Platzierung einer Website mittels Doorway-Pages, erstellt durch professionelle Unternehmen, ist nicht mehr direkt ein Anmeldeverfahren für eine Website, sondern hat schon eine gewisse Ähnlichkeit mit bezahlter Werbung. Allerdings unterscheidet sich dieses Verfahren noch deutlich von den sog. Sponsored-Links, bei denen die Suchmaschinen für eine bevorzugte Platzierung innerhalb der Suchergebnisse bezahlt werden. Sponsored-Links sind im Gegensatz zu den Doorway-Pages für den User auch direkt als solche zu erkennen, da sie meist mit einem Zusatz wie „Sponsored-Link" oder „Sponsoren-Link" versehen werden. (→ Mehr Informationen zur Website-

Promotion mit Suchmaschinen unter der Verwendung von Sponsored-Links entnehmen Sie bitte dem Kapitel 5.1.6.)

5.1.5.4   Erfolgskontrolle der Eintragung

Die Erfolgskontrolle der Eintragung in einen Suchdienst kann grundsätzlich manuell oder durch eine automatisierte Abfrage erfolgen.

Manuelle Eintragsprüfung

Für die manuelle Prüfung werden die wichtigen Suchdienste einzeln anhand ihrer Treffer zu verschiedenen Suchbegriffen ausgewertet. Die Auswertung der Treffer gibt Aufschluss über eine Listung der eigenen Seite und die Positionierung innerhalb der Ergebnisse. Dieses Verfahren ist sehr zeitaufwendig, dafür aber zuverlässig und für die Kontrolle bedeutender Suchdienste in jedem Fall zu empfehlen. Zudem kann bei diesem Verfahren auch zeitgleich eine Konkurrenzanalyse durchgeführt werden.

Automatisierte Eintragsprüfung

Mit einer automatisierten Abfrage können in der Regel zeitgleich mehrere Suchdienste auf die Platzierung einer Website zu einem bestimmten Suchbegriff überprüft werden. Die automatisierte Abfrage wird meist jedoch nur für eine kleinere Anzahl der Suchdienste angeboten. Zudem durchsuchen diese Dienste meist nur die vorderen Treffer zu einem Suchbegriff und geben daher keinerlei Auskunft über eine erfolgte Aufnahme durch den Suchdienst aber ggf. schlechte Platzierung innerhalb der Treffer.

Link-Tipp!

> ➤ Webmasterplan (URL: http://www.webmasterplan.de): Das Unternehmen bietet mit dem „Position-Finder" einen Service zur Ermittlung der Positionierung in einer kleineren Anzahl Suchmaschinen.

5.1.5.5   Weitergehende Erfolgskontrolle

Suchmaschinen ermöglichen auch eine weitergehende Erfolgskontrolle zur Bekanntheitsmessung einer Website. Unter der Verwendung spezieller Befehle kann so auch z.B. die Link-Popularity einer Website ermittelt werden.

Die Befehle werden anstelle eines Begriffes in das Suchfenster einer Suchmaschine eingetragen und mit einem Suchkriterium kombiniert. Durch dieses Verfahren können Marketing relevante Informationen gewonnen werden, denen alle erfassten Seiten eines Suchdienstes zugrunde liegen.

- Link:URL-Text (z.B. Link:http://www.filmundo.de oder Link:www.filmundo.de): Dieser Befehl ermöglicht die Suche nach allen erfassten Seiten, die mit einem Link auf die entsprechende Seite verweisen (Link-Popularity).

- URL:"Text" (z.B. URL:filmundo): Der Befehl ermöglicht die Suche nach allen erfassten Seiten mit einer URL, die den entsprechenden Text beinhalten. Mit dieser Eingabe können z.B. alle erfassten Unterseiten einer Website ermittelt werden.

- Anchor:"Text": Der Befehl ermöglicht die Suche nach allen erfassten Seiten, bei denen das eingegebene Wort oder die Worte im Text des Links auftauchen. Bei dieser Suche wird lediglich der (verlinkte) Text beachtet. Es spielt keine Rolle, welcher Link hinterlegt ist. So wird beispielsweise bei der Suche „Anchor:filmundo" nach „filmundo" in den Links aller erfassten Websites gesucht, hinter denen sich irgendein beliebiger Link befindet.

Link-Tipp!

Die Link-Popularity kann auch mit automatisierten Tools ermittelt werden. Der Service des Onlinedienstes Webmasterplan (URL: http://www.webmasterplan.de) bietet z.B. ein solches Tool kostenlos an. Allerdings ist das Tool derzeit auch nur auf die vier Suchdienste Altavista, Fireball, Google und Lycos ausgerichtet. Präsentiert werden einem nach Eingabe einer URL und nachfolgender Auswertung zunächst nur die Anzahl der ermittelten Links der einzelnen Suchdienste zu der Website. Über einen weiterführenden Link gelangt man jedoch zu den Detailergebnissen der einzelnen Suchmaschinen.

Logfiles

Für eine weitergehende Erfolgskontrolle der Promotion mittels Suchdienste sind auch die Logfiles einer Website geeignet. Werden diese mit professionellen Analysetools ausgewertet, so ist oft ersichtlich, über welche Seiten und Suchmaschinen wieviele User zu der entsprechenden Website gelangt sind. Auch die verwendeten Suchbegriffe werden dabei erfasst. Durch diese Analyse kann nicht nur die Bedeutung der einzelnen Suchdienste für eine Website ermittelt werden, sondern auch, welche Suchbegriffe tatsächlich für das Unternehmen erfolgsrelevant sind.

→ Weitere Informationen zur Erfolgskontrolle mittels Logfiles entnehmen Sie bitte dem *Kapitel 5.9: Erfolgskontrolle der Website Promotion.*

5.1.6   Bezahlte Platzierung – Sponsored Links

Viele Suchdienste bieten eine bevorzugte Platzierung innerhalb der Suchergebnisse gegen Bezahlung. Bei diesem Verfahren wird ein bezahltes Suchergebnis mit Link zu einer Website an bestimmte Begriffe (Keywords) gekoppelt. Sucht ein User nach einem Begriff, zu dem ein Sponsored-Link existiert, so wird ihm dieser Link in der Regel vor den regulären Suchergebnissen mit einer extra auf den Suchbegriff ausgerichteten Kurzbeschreibung präsentiert. Für den User sind diese Ergebnisse in den meisten Fällen durch einen Zusatz wie „Sponsored-Link" oder „Sponsoren Link" zu erkennen. Bei der Suchmaschine Google werden die bezahlten Suchergebnisse zusätzlich farblich unterschieden, sodass es kaum zu Verwechslungen kommen kann.

Bedeutung

Die Platzierung von Sponsored-Links ist für die Suchdienste eine zweischneidige Sache, zumindest dann, wenn sie nicht eindeutig gekennzeichnet sind. Bekommt der User das Gefühl, nicht die besten Suchergebnisse zu erhalten, sondern die bestbezahlten, so fühlt er sich manipuliert und wird sich umgehend nach einem anderen Suchdienst umschauen. Da sich viele Suchdienste jedoch nicht ausschließlich durch Bannerwerbung finanzieren können, sind sie auf Zusatzeinnahmen angewiesen. Dementsprechend haben Sponsored-Links in den vergangenen Jahren auch rasant an Bedeutung gewonnen. Mittlerweile bietet nahezu jeder Suchdienst diese Zusatzdienstleistung an. Wichtiges Kriterium für einen Sponsored-Link ist, dass die hinterlegte Website auch einen relevanten Bezug zu dem gebuchten Begriff hat, andernfalls würde sich der User wieder getäuscht fühlen und darunter kann auch das Ansehen des Suchdienstes leiden. Ist für den User die Unterscheidung zwischen Suchergebnis und Sponsored-Link leicht möglich, wie z.B. bei Google, dann liegt es in seinem Ermessen, diesem nähere Beachtung zu schenken oder direkt zu den regulären Suchergebnissen überzugehen (s. Abb. 75). In diesem Fall können die Sponsored-Links auch für den User von Vorteil sein. Sucht er z.B. explizit nach gewerblichen oder professionellen Angeboten, so kann er sicher sein, diese oft auch unter den Sponsored-Links zu finden.

Abb. 75: Sponsored-Links bei Google

(Quelle: Google.de – URL: http://www.google.de)

Abrechnung Die Abrechnung der Sponsored-Links erfolgt in der Regel erfolgsorientiert, das heißt nach der Anzahl der Klicks (Cost-per-Click Verfahren, kurz: CpC). Unter Umständen kann zusätzlich ein fixer Betrag für die Einrichtung anfallen oder auch eine zeitabhängige Gebühr vereinbart werden. Je nach Umfang zusätzlich in Anspruch genommener Dienstleistungen, wie z.B. die Gestaltung der Links und die Auswahl geeigneter Keywords, können weitere Kosten entstehen. In den meisten Fällen wird aber auch eine Dienstleistung ohne Fixkosten angeboten, bei der alle Einrichtungs- und Wartungsarbeiten der persönlichen Links vom Website-Betreiber übernommen werden. Sind die Links fertig erstellt und wurde ein gewisser Startbetrag überwiesen, so werden die Links dann automatisch freigeschaltet und bei dem Suchdienst eingeblendet. Für den Website-Betreiber entsteht bei dieser Abrechnungsform keinerlei Risiko, da seine Links nur solange eingeblendet werden, bis sein Guthaben verbraucht ist. Es kann also keine Nachforderung durch den Suchdienst entstehen, aufgrund eines Links, der z.B. mehrere Millionen Klicks erzielen konnte, ohne dass der Website-Betreiber das Budget vorher freigegeben und ggf. manuell Überwiesen hat.

Werbe-netzwerke

Für die Platzierung von Sponsored-Links können auch sog. Werbenetzwerke genutzt werden. Aufgebaut werden die Werbenetzwerke von Unternehmen, die Kooperationen mit verschiedenen Suchdiensten vereinbaren und die Sponsored-Links verwalten. In der Regel übernehmen diese Unternehmen auch die Betreuung und Abrechnung mit den Werbepartnern. Durch die Anmeldung bei einem solchen Dienstleister können Sponsored-Links automatisch bei mehreren Suchdiensten platziert werden. Zu jedem Suchbegriff wird stets nur eine begrenzte Zahl an bezahlten Links eingeblendet, je nach Suchdienst kann diese Anzahl variieren. Die Einblendung und auch die Vergabe der Rangordnung innerhalb der bezahlten Suchergebnisse richten sich nach dem Preis, den ein Unternehmen zu zahlen bereit ist. Jedes Unternehmen kann für jeden eingerichteten Sponsored-Link bzw. für jedes hinterlegte Keyword einen Preis festlegen, den es pro Klick bezahlen möchte. Genau genommen handelt es sich also um ein Auktionsverfahren. Bietet ein Unternehmen den höchsten CpC-Preis oder sogar als einziges Unternehmen zu einem Suchbegriff, so erscheint der Sponsored-Link automatisch. Bieten andere Unternehmen einen höheren Preis, so rutscht das Gebot des ersten Unternehmens immer weiter „nach unten" und mit ihm der Sponsored-Link innerhalb der Suchergebnisse. Irgendwann fällt der Link dann soweit zurück, dass er nicht mehr eingeblendet wird. Durch die Abgabe eines neuen höheren Gebots kann jedes von der Konkurrenz verdrängte Unternehmen seine Platzierung verbessern.

Der große Vorteil bei diesen Netzwerken ist die außergewöhnliche Flexibilität. Jedes Unternehmen kann nicht nur seine Suchbegriffe selbst bestimmen, sondern auch seine Kosten. Wird ein kleineres Unternehmen bei bestimmten Suchbegriffen von größeren und zahlungskräftigeren Unternehmen verdrängt, so bleibt dem Unternehmen noch die Recherche weiterer Keywords, die noch günstig „zu haben sind" oder ggf. noch nicht genutzt werden. Insbesondere für Nischenprodukte und spezielle Dienstleister ist dieses Verfahren eine sehr kosteneffiziente Promotion Möglichkeit.

Link-Tipp!

➢ Overture Services GmbH (URL: http://www.overture.de): Das Unternehmen bietet die Platzierung von Sponsored-Links bei den Suchdiensten von Altavista, AOL, Freenet.de; GMX und T-Online. Mindestbuchungsvolumen: 50,- Euro. Mindestgebot: 0,10 Euro pro Klick. Einmalige Servicegebühr: 0,- bis 99,- Euro.

> Espotting Media GmbH (URL: http://www.espotting.de): Das Unternehmen bietet Platzierungen von Sponsored-Links unter anderem bei den Suchdiensten von Yahoo! Deutschland, Netscape, Fireball, Web.de, Hotbot und Lycos. Mindestbuchungsvolumen: 150,- Euro. Mindestgebot: 0,10 Euro pro Klick. Einmalige Servicegebühr: 19,- bis 249,- Euro.

Die beiden hier genannten Unternehmen eigenen sich sowohl für große als auch für kleine Promotion-Kampagnen. Sowohl die Servicegebühr als auch das Mindestbuchungsvolumen ermöglichen eine flexible Teilnahme auch für Online-Unternehmen mit relativ kleinem Werbebudget.

Google AdWords™

Da Google eine überaus erfolgreiche Suchmaschine ist, soll hier noch kurz auf die Werbemöglichkeit mit Google AdWords™ eingegangen werden. Google AdWords™ bietet die Möglichkeit zur Platzierung von Sponsored-Links auf Google. Die Verwaltung eines kleinen Werbekontos, das gegen eine Gebühr von 5,- Euro aktiviert wird, erfolgt durch den Kunden bzw. Website-Betreiber. Die Abrechnung erfolgt auf CpC-Basis. Alle erforderlichen Eingaben zur Einrichtung eines oder mehrere Sponsored-Links, die Festlegung des maximalen CpC-Preises und die maximal gewünschten Kosten pro Tag werden vom Kunden hinterlegt und können jederzeit geändert werden. Es existieren keine Mindestbudgets. Die erforderliche Mindestgebühr pro Klick ist nicht fix, sondern wird von AdWords™ auf Basis von Erfahrungswerten berechnet. Auch das Aussetzen der Sponsored-Links ist möglich.

Bei Einrichtung eines neuen Kontos wird ein Kreditlimit von 50,- Euro eingerichtet. Ist dieses Limit ausgeschöpft, wird eine Rechnung erstellt und dem Kunden belastet. Ist das Limit früher als nach 30 Tagen verbraucht, dann wird das Kreditlimit automatisch erhöht. Da mit jeder Rechnungsstellung automatisch die Gebühren belastet werden, können die Werbekosten schnell ansteigen, wenn der Kunde keine aktive Kostenkontrolle betreibt. Nur durch die Vergabe von streng kalkulierten Tagesbudgets pro Sponsored-Link, können die Kosten auf einem dauerhaft niedrigen Niveau garantiert werden.

Link-Tipp!

> Weitere Infos zu AdWords™ erhalten Sie auf der Website von Google (URL: http://www.google.de) oder über den direkten Link zu den Werbeprogrammen bei Google (URL: http://www.google.de/intl/de/ads/index.html).

5.2 Website Promotion mit Online-Werbung

Online-Werbung ist ein vielseitiges Mittel zur Website Promotion. Die unzähligen Werbeformen (vgl. Kap. 1) und die vielfältigen Wirkungsweisen (vgl. Kap. 2) ermöglichen die individuelle Ausrichtung einer Werbekampagne an den speziellen Bedürfnissen eines Unternehmens. Bevor auf die gezielte Planung und Durchführung einer Online Werbekampagne mit Bannern näher eingegangen wird, gilt es einige Besonderheiten der Online-Werbung zu berücksichtigen. Dadurch kann die Basis für einen langfristigen Erfolg Ihrer Werbekampagnen im Online-Bereich geschaffen werden.

5.2.1 Besonderheiten der Online-Werbung: Push- und Pull-Marketing

Push

Die herkömmlichen Kommunikationsinstrumente, dieses sind fast alle traditionellen Werbeformen des Marketing (z.B. TV- und Rundfunk-Spots, Anzeigen in Zeitschriften), beruhen auf dem Push-Prinzip (engl. to push = stoßen, treiben, drängen). Das heißt, die Werbebotschaft wird dem Empfänger in einer Weise präsentiert, der er sich kaum entziehen kann. Er konsumiert die Werbung passiv und eine aktive Handlung erfolgt in der Regel später, nicht mehr im unmittelbaren Zusammenhang mit der Werbung.

Pull

Der Kontakt mit dem Informationsangebot einer Website setzt im Gegensatz zu den traditionellen Werbeformen die Aktivität des Besuchers voraus. Dieser muss, um zu der Website zu gelangen, die Domain (Adresse eines Online-Angebotes) des Unternehmens anwählen bzw. einen Link anklicken. Hierbei handelt es sich um einen Pull-Prozess (engl. to pull = holen), der ohne die Initiative des Besuchers nicht zu Stande kommt. Diese dem Besucher obliegende Aktivität ermöglicht es ihm auch, bei Erreichen seiner individuellen Toleranzschwelle zu selektieren und ggf. den Nutzenvorgang abzubrechen.

Die Bedeutung des Pull-Prozesses für das Online-Marketing:

- Eine Reizüberflutung nach der Methode der traditionellen Werbeformen reicht nicht aus.

- Eine individuelle Ansprache der Kunden ist erforderlich. Die Werbung muss besonders attraktiv (verlockend) erscheinen.

- Die erregte Aufmerksamkeit muss ausreichen, den Kunden zum aktiven Besuch der Website zu veranlassen.

- Die Website muss einen Nutzenvorteil bieten, die den Besucher auch zum Verweilen veranlasst.

- Auch wenn der Besuch einer Website emotional bedingt (z.B. durch emotional ansprechend gestalteten Banner) erfolgen kann, stellt sich mit erfolgtem Besuch die Rationalität (Suche nach Nutzenvorteil) des Besuchers wieder ein.

Der Erwartung des Besuchers bzgl. eines vorhandenen Nutzenvorteils auf einer Website ist besondere Aufmerksamkeit zu schenken. Eine Abstimmung der Werbung und der dadurch geweckten Erwartung bei dem Besucher ist mit der Leistungsfähigkeit der Website abzustimmen. Mit dem Aufruf der Website durch den Besucher ist der Werber meist erst am Anfang seines Strebens, den Besucher auch als langfristigen Kunden zu gewinnen. Der potentielle Kunde hat mit dem Aufruf der Website den ersten Schritt vollzogen. Erst wenn er auf der Website bleibt oder wiederkehrt, kann der Website-Betreiber langfristig von ihm profitieren.

Natürlich gibt es auch im Internet viele Unternehmen, die auf einen direkten Kauf abzielen (z.B. Online-Shops), doch ein Großteil der Websites bietet Informationen oder Unterhaltung, deren Nutzung nicht unmittelbar an einen Umsatz gekoppelt sein muss. Diese Unternehmen erzielen ihren Umsatz oft durch Werbung anderer Unternehmen auf ihrer Website. Ihr Erfolg ist daher unmittelbar an eine breite Nutzergemeinde gebunden, die die Website möglichst oft und lange aufsucht.

5.2.2   Vorteile der Online-Werbung

Die Online-Werbung hat gegenüber den herkömmlichen Werbemedien einige potentielle Vorteile. Die Vorteile sind für die Werbeträgerwahl von entscheidender Bedeutung. Deshalb sollen sie hier kurz erwähnt werden:

- Interaktivität

- Informationsvielfalt

- Aktualität

- Erfolgskontrolle

- Globale Erreichbarkeit

- Kundenausrichtung

Interaktivität   Die Form des Internets ermöglicht einem User durch die Verlinkung z.B. eines Banners mit einer Website, den direkten Zugriff auf weitere Informationen des Werbenden. Es entsteht also keine zeitliche Lücke zwischen dem Kontakt mit der Werbebotschaft und einer Folgehandlung.

An den Werbenden werden Informationen über den Verlauf der Werbekampagne direkt zurückgegeben. Zum einen können das Informationen über den Erfolg einer Werbeaktion durch die Auswertung der Statistiken sein (z.B. Wann wurde ein Banner wo, wie oft eingeblendet und angeklickt?). Zum anderen können auch weiterführende Informationen direkt vom Empfänger der Werbebotschaft an den Werbenden zurück gesendet werden (z.B. durch Auswahl- oder Eingabemöglichkeit in interaktiven Werbebannern).

Die Online-Werbung ermöglicht eine Kommunikation in beide Richtungen. Die Rollen vom herkömmlichen Sender und Empfänger sind austauschbar.

Informationsvielfalt   Das Internet ist bzgl. des Inhalts der Werbebotschaften kaum eingeschränkt. So kann z.B. durch animierte Banner eine Vielzahl von Informationen übermittelt werden. Wort- und Bildfolgen können problemlos kombiniert werden. Ton- und Videosequenzen ermöglichen die Übermittlung komplexester Botschaften, die sowohl eine sachliche als auch emotionale Ausrichtung der Werbung ermöglichen.

Aktualität	Werbebanner lassen sich z.B. aus aktuellem Anlass innerhalb kürzester Zeit ergänzen, anpassen und austauschen. Dies ist bei den traditionellen Medien wie z.B. bei einer Werbeaktion in Printmedien (z.B. Zeitungen, Zeitschriften) kaum möglich. Meist ist man dort an bestimmte Zyklen gebunden oder zumindest erfolgt die Umsetzung mit einer erheblichen Verzögerung.
Erfolgs-kontrolle	Durch Statistiken, die jeden Zugriff auf eine Website und jeden Klick auf einen Werbebanner oder Link festhalten, lässt sich unmittelbar der Erfolg einer Werbeaktion kontrollieren. Es ist feststellbar, welche Hyperlinks auf die eigene Website zeigen und in welchem Umfang sie genutzt werden. Bei Rückgang der Werbewirksamkeit eines Banners (gemessen an der CTR), kann dieser ausgetauscht werden. Dem Syndrom des Banner-Burnout (sinkende Klickrate mit der zunehmenden Dauer der Werbe-kampagne) kann dadurch rechtzeitig entgegen gewirkt bzw. bei einem gute Timing dieser sogar vollständig vermieden werden.
Globale Erreichbarkeit	Grundsätzlich gilt im Internet, dass jede Website überall in der Welt von einem Internetanschluss erreichbar ist. Es lässt sich mit Online-Werbung eine sehr große potentielle Kundschaft ansprechen. Die Kunden können auf der Website z.B. nach Sprache oder Ländergruppen unterteilt werden und mit zielgruppengerechten Informationen bedient werden. Durch das Internet wird erstmalig eine interaktive Massenkommunikation möglich.
Kunden-ausrichtung	Die Vielzahl der Werbeträger wie Graphik, Video, Text oder Ton erlaubt im Internet eine individuellere Ausrichtung am Kunden. Je nach Zielgruppe lassen sich die verschiedenen Werbeträger mit gewünschten Informationsinhalten kombinieren.

5.2.3   Die Online Werbekampagne mit Bannern

Die Durchführung einer Online Werbekampagne bedarf einer genauen Planung und Vorbereitung. Nur so kann der Werbeerfolg maximiert werden. Auf Grundlage der nachfolgenden Checkliste (vgl. auch Kap. 2.5.3), wird in diesem Kapitel ausführlicher auf die Gestaltung und den Ablauf einer Bannerkampagne eingegangen:

Checkliste

1) Zielbestimmung

2) Werbeträgerbestimmung

3) Werbemittelbestimmung

4) Werbemittelgestaltung

5) Werbetiming

6) Durchführung

7) Erfolgskontrolle

5.2.3.1   Zielbestimmung

Das oberste Ziel der Website Promotion ist die Bekanntheit einer Website zu steigern. Je mehr Besucher auf die Seite zugreifen und je mehr User die Seite kennen, desto größer ist der Erfolg der Website Promotion. Dennoch ist die Bekanntheit in den meisten Fällen nicht das einzige Marketing-Ziel eines Unternehmens. Daher müssen die Ziele der Website Promotion und insbesondere die daraus resultierenden Maßnahmen in jedem Fall auf ein übergeordnetes Marketingkonzept abgestimmt werden. Andernfalls können unbedachte Maßnahmen zur Website Promotion auch anderen längerfristig ausgerichteten Zielen entgegen wirken und im schlimmsten Fall dem Unternehmen erheblichen Schaden zufügen (beachte Kapitel 2).

5.2.3.2   Werbeträgerbestimmung

Ein wesentliches Kriterium für den Erfolg einer Werbekampagne ist, an welcher Stelle die Werbung platziert wird bzw. welche Websites als Werbeträger genutzt werden. Eine sorgfältig ausgewählte Website, auf der Banner geschaltet werden, kann erheblich mehr Besucher erreichen als eine Vielzahl zielloser Werbeaktionen. Letztere bereiten zwar weniger Mühe, verursachen aber erheblich mehr Kosten und führen zudem nicht zum eigentlichen Ziel, der effizienten Website Promotion.

Gute Beispiele für kostenintensive Werbemöglichkeiten sind die strategischen Werbepunkte, wie Einwahlsoftware, Browser und Suchmaschinen. Durch Werbung an diesen Punkten wird eine große Zahl, nicht näher differenzierter Besucher erreicht. Dies ist jedoch nur sinnvoll, wenn diese Besucher auch alle angesprochen werden sollen bzw. sie alle als potentielle Kunden in Frage kommen. Verständlicherweise ist Werbung an diesen Punkten begehrt, da sie von vielen Besuchern als Einstiegsmöglichkeit für das Internet genutzt werden.

Merke!
<u>Die Auswahl der Werbeträger hat zur Erfolgsmaximierung immer zielgruppengerichtet zu erfolgen.</u>

Was banal klingt, ist oftmals gar nicht so einfach zu realisieren. Während für das eine Unternehmen eine breit angelegte Kampagne seinen Zweck erfüllt und letztlich nur eine Frage der Kosten ist, kann für andere Unternehmen die Wahl eines solchen, für dieses Unternehmen „falschen" Werbeträgers, erhebliche Streuverluste und verschwendete Geldmittel mit sich bringen. Selbst wenn ein Werbträger ausgewählt wurde, der eine geeignete Zielgruppe anspricht, bedeutet das noch nicht zugleich auch einen Erfolg der Werbekampagne. Empfehlenswert ist daher immer erst mit einer kleinen Kampagne auf verschiedenen zielgruppengerichteten Werbeträgern zu beginnen und davon die effektivsten für längere Kampagnen auszuwählen. Auch neue Werbeträger sollten regelmäßig in kleinem Umfang getestet werden und wenn erfolgreich, gegen weniger erfolgreiche ausgetauscht werden. Nur so kann die Auswahl der Werbeträger zu einem maximalen Nutzen und einem maximalen Erfolg der Website Promotion führen.

Merke!
<u>Zur Maximierung des Werbeerfolgs empfiehlt sich die kontinuierliche Effizienzanalyse geeigneter Werbeträger mit kleineren Kampagnen. Nur die erfolgreichsten werden längerfristig belegt und auch im weiteren Prozess werden stets weniger erfolgreiche gegen erfolgreichere neue Werbeträger ausgewechselt.</u>

Werbe-trägerarten
Im Internet sind zahlreiche verschiedene Werbeträgerarten vorhanden. Zur Übersicht werden die wichtigsten hier kurz genannt und ggf. auf ihre Besonderheiten für eine Zielgruppenauswahl hingewiesen.

- Suchmaschinen und Verzeichnisdienste: Sie sind grundsätzlich gut geeignet für eine breite Streuung. In der Werbeform von Sponsored-Links (vgl. Kap. 5.1.6) kann auch eine enge Zielgruppe angesprochen werden. Bei Verzeichnisdiensten ist ggf. auch die Werbeschaltung in einer speziellen Kategorien und eine damit verbundene Zielgruppenselektierung möglich.

- Portale: Portale sind Plattformen, die von vielen Usern als Einstiegsseiten ins Internet genutzt (z.B. T-Online, AOL, freenet.de, MSN, Yahoo!). Sie sind grundsätzlich gut geeignet für eine breite Streuung. Die zusätzliche Integration eines Suchdienstes in viele Portale ermöglicht auch eine genaue Zielgruppenselektion.

- Thematische Verzeichnisse und Plattformen: Dies sind z.B. spezialisierte Linkverzeichnisse, Foren, Szeneführer und Fansites. Sie eignen sich oft sehr gut für eine zielgruppengerichtete Werbung.

- Branchenseiten: Dies sind z.B. Firmenverzeichnisse und Seiten von Verbänden oder Vereinen. Die direkte Ansprache einer Zielgruppe und auch die Abdeckung einer ganzen Branche ist möglich.

- Dienstleistungsseiten: Unter diesen Begriff fallen unter anderem Seiten mit Wetterprognosen, Terminkalender und Telefonauskunft. Die direkte Ansprache einer Zielgruppe ist möglich, wenn die Dienstleistung auf einen speziellen Kundenkreis ausgerichtet ist. Dienstleistungsseiten werden oft von vielen Stammkunden genutzt und sind daher auch für Sponsoring geeignet.

- Geographische Plattformen: In diesen Bereich fallen unter anderem die Angebote für Städte, Gemeinden und Regionen wie Veranstaltungskalender, Partyplaner und Fahrpläne. Sie sind gut geeignet für eine geographische Zielgruppeneinschränkung.

Schaltungs-kriterien

Schaltungskriterien dienen im Wesentlichen der Maximierung der Werbewirkung und erleichtern die Auswahl eines geeigneten Werbeträgers. Sie helfen auch zu entscheiden, wie die Banner auf den Werbeträgern erscheinen sollen, um die Zielgruppe am besten zu erreichen. Nachfolgend werden ausgewählte Schaltungskriterien beschrieben:

- <u>Stichwortkoppelung</u>: Bei der Stichwortkoppelung werden Banner z.B. bei einer Suchmaschine, aber auch auf jeder anderen Website mit einer häufig genutzten Suchfunktion mit den Suchergebnissen eingeblendet, wenn ein Besucher nach einem gekoppelten Begriff sucht. Eine präzise Zielgruppenerreichung ist dadurch gewährleistet.

- <u>Kategorienkoppelung</u>: Banner werden z.B. in einem Verzeichnisdienst oder einer Online-Auktion innerhalb einer Kategorie eingeblendet. Je nach dem Spezialisierungsgrad der Kategorie ist eine genaue Zielgruppenansprache möglich.

- <u>Zeitliche Koppelung</u>: Banner werden z.B. von Freitags bis Sonntags in der Zeit von 18 – 24 Uhr eingeblendet. Die zeitliche Koppelung kann eine verbesserte Werbewirkung mit sich bringen, wenn die Auswertung der eigenen Zugriffsstatistik ein solches Nutzenverhalten wiedergibt. Voraussetzung für eine zeitliche Koppelung ist ein Werbeträger mit einem ähnlichem Nutzungsprofil.

- <u>Sprachliche Koppelung</u>: Die Einblendung der Banner erfolgt nur auf Werbeträgern bzw. Websites, die in einer bestimmten Sprache gestaltet sind. Diese Art der Kopplung kann zur Steigerung des Werbeerfolges bei Ländern mit mehreren Landessprachen oder internationale Kampagnen eingesetzt werden.

- <u>Dauer der Schaltung</u>: Die Festlegung der Schaltungsdauer auf einem Werbeträger (z.B. sechs Wochen), kann ebenfalls den Erfolg einer Bannerkampagne beeinflussen. Sie ist abhängig von den Besuchern des Werbeträgers und sollte z.B. bei einer großen Anzahl Stammkunden kürzer sein, als bei ständig wechselnden Besuchern (vgl. Kapitel 5.2.3.5).

- <u>Rotating Banner</u>: Unter diesem Begriff versteht man stetig wechselnde Banner auf einem Träger, die von verschiedenen Kampagnen stammen können. Die Einblendung mehrerer verschiedener Banner führt zu einem langsameren Banner-Burnout (starke Abnahme der Werbewirksamkeit) der einzelnen Banner. Zudem werden die einzelnen Banner nicht so schnell als störend empfunden. Nachteilig kann sich jedoch der Verlust des Exklusiv-Status (als einziger Werbender auf einem Werbeträger) auswirken. Für dieses Kriterium müssen die Bedingungen der einzelnen Werbeträger beachtet werden.

→ Beachten Sie zur Werbeträgerwahl auch Kapitel 2.5.1.

5.2.3.3   Werbemittelbestimmung

Aus der Vielfalt der Online-Werbeformen gilt es die auszuwählen, die der Website Promotion und den übrigen Marketingzielen des Unternehmens am förderlichsten sind. Die übrigen Marketingziele sollten berücksichtigt werden, da die Promotion einer Website oftmals nur der Teil eines umfangreichen Marketingkonzeptes ist und unter Umständen bei der Konzentration auf ausschließlich ein Ziel, die Erreichung anderer Ziele gefährdet werden kann. Wählen Sie also geeignete Werbeformen aus, die zur Erreichung all Ihrer Marketingziele am besten geeignet sind. Beachten Sie dazu auch Kapitel 1 und Kapitel 2 im Allgemeinen und Kapitel 2.4 und 2.4.6, Tab. 11 im Speziellen.

5.2.3.4   Werbemittelgestaltung

Auch für die Werbemittelgestaltung gilt, dass nicht nur das Ziel der Website Promotion zu beachten ist. Auch ggf. auftretende Konflikte mit anderen Werbezielen sind zu berücksichtigen und das sogar noch im verstärkten Maße, da die Gestaltung einen erheblichen Einfluss auf die Werbewirkung hat. Gestalten Sie Ihre Werbemittel also so, dass zum einen die Bekanntheit der Website gesteigert und eine hohe Klickrate erzielt wird, aber zugleich Ihre anderen individuellen Werbeziele wie z.B. eine Verbesserung des Markenimage oder der Markensympathie ebenfalls unterstützt werden. Berücksichtigen Sie bei der Gestaltung auch insbesondere die unterschiedliche Wirkung der verschiedenen Werbelemente. Beachten Sie dazu auch Kap. 2 im Allgemeinen und Kap. 2.3.6.18, Tab. 9 und Kap. 2.3.7, Tab. 10 im Speziellen.

5.2.3.5   Werbetiming

Das Timing, also die zeitliche Steuerung einer Werbekampagne, wird von verschiedenen Kriterien beeinflusst.

Tages- / Wochenzeit

Die Festlegung auf eine bestimmte Tages- oder Wochenzeit setzt das Einverständnis des Werbeträgers voraus und zudem eine Software, die eine entsprechende Steuerung gewährleistet (siehe AdServer).

Jahreszeit

Die Festlegung einer bestimmten Jahreszeit für eine Bannerkampagne ist in erster Linie von der saisonalen Bedeutung der Website oder des Produkts bzw. der Dienstleistung abhängig. Wird dieses vermehrt zu einer bestimmten Jahreszeit nachgefragt, so empfiehlt sich ggf. auch eine pro-zyklische Werbekampagne.

Dauer der Kampagne

Die Dauer einer Kampagne wird unmittelbar von dem Erfolg der Werbeträger beeinflusst. Kampagnen auf weniger erfolgreichen Werbeträgern sollten ggf. vorzeitig beendet werden und auf anderen Werbeträgern fortgesetzt werden. Auch eine Abstimmung mit anderen Kampagnen, die ggf. Crossmedia geschaltet werden, kann das Timing einer Online Werbekampagne beeinflussen.

5.2.3.6   Durchführung

Nachdem alle Vorbereitungen für die Bannerkampagne getroffen worden sind, steht der Durchführung nichts mehr im Wege. Allerdings ist noch im Vorfeld zu klären, wie die Banner ausgeliefert und gesteuert werden.

In der einfachsten Form werden die Banner auf einem Server abgelegt und manuell in den Quellcode des Werbeträgers eingebunden. Diese Art erlaubt jedoch nur eine unzureichende Steuerung, wenn beispielsweise mehrere Werbemittel abwechselnd eingeblendet werden sollen. Auch eine Erfolgskontrolle ist nur erschwert möglich.

AdServer

Spezielle Software-Programme, die auf einem Server installiert werden, erlauben die Steuerung von komplexen Bannerkampagnen. Diese Software wird im Allgemeinen als AdServer bezeichnet. In der Software bzw. dem AdServer werden alle notewendigen Daten für eine Bannerkampagne hinterlegt, angefangen bei der Hinterlegung der gewünschten Werbemittel, über die gewünschte Anzahl AdImpressions, bis hin zu der Laufzeit der Kampagne. Durch die Eingabe der Laufzeit der Kampagne wird z.B. eine gleichmäßige Verteilung der Bannereinblendungen über einen längeren Zeitraum ermöglicht. Mit Hilfe der AdServer-Technologie wird für jede Kampagne ein spezieller Bannercode erzeugt, der in die Website des Werbeträgers integriert wird. Wann immer dieser Bannercode aufgerufen wird, liefert der AdServer ein Werbemittel. Das heißt, für eine Bannerkampagne und nur einen Code können beliebig viele Werbemittel hinterlegt und dementsprechend auch geschaltet werden. Bei komplexeren AdServern ist ggf. sogar eine Maximierung des Werbeerfolges in

Form der Klickrate möglich, indem automatisch klickschwache Banner weniger oder gar nicht mehr angezeigt werden.

AdServer integrieren in der Regel auch aufwendige Reporting-Tools, die eine ausführliche Erfolgsanalyse ermöglichen. Neben der absoluten Anzahl der AdImpressions und der Anzahl der Klicks pro Werbemittel, können auch die Statistiken pro Tag und ggf. auch im Tagesverlauf anhand der Uhrzeit ausgewertet werden. Weiterhin kann die Länderherkunft der User, die Anzahl unterschiedlicher User, die Betriebssysteme und Browser, sowie ggf. auch Alter, Geschlecht und Einkommen (wenn gesondert festgestellt) ausgewertet werden.

Kostenlose oder sehr günstige AdServer Programme sollten mindestens die folgenden Kennzahlen erfassen:

- AdImpressions: Messgröße für die Anzahl der Sichtkontakte mit einer Werbebotschaft.

- AdClicks: Häufigkeit des Anklickens einer Werbebotschaft.

- CTR (Click Through Rate): Bezeichnet das Verhältnis der AdClicks zu den Ad-Impressions, wird in Prozent angegeben.

Wird eine Bannerkampagne über einen Online-Vermarkter abgewickelt, so stellt dieser in der Regel auch die AdServer-Technologie (Software und Hardware) zur Verfügung und übernimmt damit die Aufgabe der kompletten Steuerung und Erfolgsauswertung. Auch einzelne und insbesondere erfolgreiche Werbeträger können ggf. über eine eigene AdServer-Lösung verfügen und diese Ihren Werbekunden für die Steuerung einer Kampagne anbieten. Wird keine eigene AdServer-Lösung betrieben, so kann diese auch als Fremddienstleistung in Anspruch genommen werden.

Link-Tipp!   Bekannte Unternehmen die AdServer-Technologie anbieten:

- Adtech AG (URL: http://www.adtech.de): Das Unternehmen bietet umfangreiche AdServer-Technologien für Agenturen, Vermarkter und Website-Betreiber auf den firmeneigenen Servern an.

- DoubleClick (URL: http://www.doubleclick.com): Neben einer Lösung für den Einsatz auf den Servern des Kunden (Inhouse-Konzept), bietet das Unternehmen auch eine Lösung zur Nutzung auf den firmeneigenen Servern an.

> Falk eSolutions AG (URL: http://www.falkag.de): Unter dem Namen „AdSolution" wird eine AdServer-Technologie sowohl als Mietlösung auf den firmeneigenen Servern, als auch als Kauflösung für eine Inhouse Konzept auf den Servern der Kunden angeboten.

5.2.3.7   Erfolgskontrolle

Eine Erfolgskontrolle ist bei jeder Bannerkampagne unerlässlich. Grundsätzlich gilt, dass diese Erfolgskontrolle umso aufwendiger ausfallen sollte, je umfangreicher und kostenintensiver die Bannerkampagne angelegt ist. Ein wesentliches Instrument für die Erfolgskontrolle ist der Einsatz eines AdServers zur Abwicklung und Steuerung einer Kampagne und die dort integrierten Reporting Tools (vgl. Kap. 5.2.3.6). Für sehr kleine Kampagnen kann ggf. auch die Auswertung der Logfiles oder die Ermittlung der AdClicks ausreichen.

Logfiles

Grundsätzlich können Bannerkampagnen mit den Logfiles bzw. einfachen Serverstatistiken meist nur unzureichend auf ihren Erfolg hin untersucht werden. Die Auswertung der Referring Sites (engl. to refer = verweisen) gibt zwar die absolute Zahl der vermittelten Besucher an und kann auch mit den Kosten der Kampagne verglichen werden, jedoch können AdServer weitaus konkretere Informationen liefern.

Führen Sie eine Erfolgskontrolle so weitgehend durch, wie es Ihnen möglich ist und soweit der Aufwand für die Kontrolle im angemessenen Verhältnis zum Umfang der Kampagne steht. In der Regel ist die Erfolgskontrolle bei Werbekampagnen, die ausschließlich auf die Interaktion (AdClick) der User abzielen relativ leicht zu realisieren. Der Erfolg bei Kampagnen, die auf die Kommunikationsleistung der Online-Werbung setzen, ist dagegen nur mit erheblichem Aufwand zu messen.

Kennzahlen zur Erfolgsmessung

AdClick

Die Anzahl der AdClicks gibt Auskunft über die Werbemittelleistung auf einem Werbeträger bzw. wie viele User das Werbebanner angeklickt haben. Die AdClicks können z.B. aus den Logfiles (Zugriffsprotokoll des Servers, Statistik über alle Geschehnisse) ermittelt werden. Zuverlässiger und weiter verbreitet ist jedoch der Einsatz einer speziellen Softwarelösung zur Werbemittelsteuerung und Erfolgskontrolle (vgl. AdServer, Kap. 5.2.3.6).

CTR Die absolute Zahl der AdClicks ist nicht sehr aussagekräftig. Es lässt sich aber durch das Verhältnis zu einem Vergleichswert, z.B. den AdImpressions (Anzahl der Bannereinblendungen) eine sog. Klickrate (auch Click-Through-Rate, kurz: CTR) ermitteln. Die CTR gibt Auskunft über den prozentualen Anteil der Bannerkontakte, die zu einem Klick führten, im Verhältnis zu der Gesamtzahl aller Bannerkontakte.

Beispiel:

Ein Werbemittel wurde 10.000-mal eingeblendet und konnte dabei 100 Klicks erzielen.	
AdImpressions:	10.000
AdClicks:	100
CTR:	1%

Die AdClicks und die CTR sind die bevorzugten Messkriterien für den Erfolg einer Bannerkampagne, da sie leicht zu ermitteln sind und ein Ziel einer jeden Kampagne darstellen.

Weitergehende Erfolgskontrolle:

Im Idealfall werden die vermittelten Besucher einer Kampagne auf der eigenen Seite anhand ihres Klickverhaltens weiter ausgewertet. Dadurch kann ermittelt werden, ob ein Besucher nur die Startseite aufgerufen und sie dann wieder verlassen hat. Weiterhin ist erkennbar, ob sich der Besucher beispielsweise eine halbe Stunde durch die Seiten geklickt und sich ggf. registriert hat oder im Idealfall eine Bestellung aufgab.

Diese Auswertung gestaltet sich jedoch meist problematisch bzw. technisch sehr aufwendig. AdServer, Werbeträger und die Statistik der eigenen Website müssen in die Auswertung mit einbezogen werden, damit ein User konsequent weiterverfolgt und sein Verhalten analysiert werden kann.

Das Ergebnis einer solchen Auswertung kann jedoch bedeutende Resultate liefern und Aufschluss über den tatsächlichen Erfolg einer Kampagne geben. So ist es z.B. möglich, dass eine Kampagne A viele Besucher bringt, die jedoch nicht auf der Website verweilen. Eine Kampagne B hingegen bringt wenige Besucher, die jedoch das Angebot der Website ausgiebig nutzen. Die alleinige Auswertung der Referring Sites ergibt ein positiveres Bild für Kampagne A, das aufgrund der kurzen Verweildauer der Besucher nicht gerechtfertigt ist (es sei denn, dem Unternehmen ist nur an der Anzahl der Klicks gelegen).

5.2.4   Gewinnspiele als Mittel der Online-Werbung

Durch Gewinnspiele können viele neue Besucher auf eine Website „gezogen" werden. Die Attraktivität von Gewinnspielen im Internet scheint im Vergleich zur Offline-Variante besonders hoch, sind sie doch in der Durchführung erheblich kostengünstiger und dadurch ein ideales Mittel der Online-Werbung.

Internet-Agenten, die die Gewinnspiele verschiedener Veranstalter auflisten und eine einfache Teilnahme ermöglichen (z.B. Gewinnspiele.de URL: http://www.gewinnspiele.de und Superwin.net URL: http://www.superwin.net), können für zusätzliche Bekanntheit und bei hochwertigen Preisen für eine große Anzahl Teilnehmer sorgen. Das Ziel der Gewinnung von Besuchern und Traffic-Generierung (Traffic = Datenmenge, die von / zu einem Server übertragen wird) scheint erreicht, doch bleibt ein wirklicher Gewinn für die Website fraglich. Dies wird durch die Studie von Gedenk, Rudek und Teichmann über den Erfolg von Internet-Gewinnspielen belegt (Quelle: Gedenk, Rudek, Teichmann: Gewinnspiele im Internet. In: Zeitschrift für Forschung und Praxis – ZFP, 2001, Nr. 2, S. 117-128). User, die eine Website nur zur Durchführung eines Gewinnspiels aufsuchen und anschließend direkt verlassen, haben nur einen sehr geringen Wert für den Betreiber. Die oben genannten Internet-Agenten können zudem zur Akquirierung von „Gewinnspiel-Freaks" führen, die grundsätzlich kein Interesse an den durchführenden Unternehmen besitzen. Trotz dieser Erkenntnis bleibt die Gewissheit, dass eine Steigerung der Bekanntheit durch Gewinnspiele möglich ist. Außerdem besteht die Hoffnung unter den Teilnehmern auch Besucher für die Website begeistern und zum Bleiben bewegen zu können. Der angestrebte Verbleib des Besuchers auf der Website erfordert eine geschickte Integration des Gewinnspiels in die Website, damit diesem der Nutzenvorteil sofort ersichtlich wird. Weiter gedacht sollte die Teilnahme an einem Gewinnspiel nicht ohne die Auseinandersetzung mit dem Inhalt der Website und einem damit verbundenen Nutzenvorteil möglich sein (z.B. durch gezielte Fragen). Dies führt zum Verbleib der interessierten Besucher, auch wenn sie nur aufgrund attraktiver Gewinne die Website aufgesucht haben.

5.2.5 Verkaufsfördernde Maßnahmen: Gutscheine, Rabatte & Co.

Für die Online-Werbung können sich altbekannte Maßnahmen aus dem Offline Marketing, wie die verkaufsfördernden Maßnahmen, ebenfalls gut bewähren. Insbesondere für Internetshops bieten sich zahlreiche Möglichkeiten neue Kunden zu gewinnen oder bestehende zum Kauf zu veranlassen, ohne hohe Werbeausgaben. ***Gutscheine***, ***Coupons***, ***Treueprämien***, ***Kundenkonten*** und ***Rabatte*** sind Beispiele für solche Möglichkeiten. Für Internetshops ist diese Variante der Kundengewinnung und Kundenbindung besonders attraktiv, da beispielsweise ein Gutschein an die Bedingung des Einkaufs (ggf. mit Mindestumsatz) geknüpft werden kann. Diese Art der Website Promotion geht über die herkömmliche hinaus. Sie hat meist einen direkten Umsatz zur Folge und nicht lediglich den Besuch einer Website oder die Registrierung durch einen User.

Wenn Sie nicht direkt durch Ihre User einen Umsatz erzielen können und verstärkt auf Werbeeinnahmen angewiesen sind, können Sie ggf. auch eine Kooperation mit einem anderen Online-Unternehmen eingehen um von der positiven Wirkung der verkaufsfördernden Maßnahmen zu profitieren. Z.B. können Sie in Kooperation mit einem Online-Shop, in dem Artikel Ihrer Zielgruppe angeboten werden, jedem neuen User, der sich bei Ihnen registriert und nicht bereits Kunde bei Ihrem Kooperationspartner (Online-Shop) ist, als Dankeschön einen kleinen Gutschein für den Einkauf in dessen Online-Shop anbieten. So wird die Registrierung für Ihre User attraktiver und Ihr Kooperationspartner kann von zusätzlichen Umsätzen und neuen Kunden profitieren. Eventuell wird er sogar die Kosten für die Gutscheine bzw. den Gutscheinwert in voller Höhe übernehmen, da sich neue Kunden, die auch direkt bestellen für ihn noch direkter bezahlt machen, als für Sie.

Der Online-Shop Amazon.de (URL: http://www.amazon.de) bietet z.B. jedem neuen Kunden einen Startgutschein für die erste Bestellung in Höhe von 5,- Euro.

Überlegen Sie, welche verkaufsfördernden Maßnahmen für Ihr Unternehmen in Frage kommen. Durch die Nutzung der umfangreichen Möglichkeiten im Bereich der Online-Werbung, wird Ihr Unternehmen schnell im Internet bekannt werden und kann durch geschickte Maßnahmen zur Kundenbindung auch langfristig davon profitieren.

5.3 Website Promotion mit Öffentlichkeitsarbeit

Als Öffentlichkeitsarbeit oder Public Relations (PR) werden alle Maßnahmen verstanden, die dem Ansehen (eines Unternehmens) in der Öffentlichkeit förderlich sind bzw. eine Interessenidentität mit einer Zielgruppe herstellen. Sie kann sich an die allgemeine, nicht näher abgegrenzte Öffentlichkeit oder an eine bereits näher bestimmte Personen- oder Zielgruppe richten. In Abgrenzung zur herkömmlichen Werbung, hat die Öffentlichkeitsarbeit meist einen eher informierenden Charakter.

Im Internet gibt es zahlreiche Möglichkeiten, die Öffentlichkeit über Websites, Produkte oder Dienstleistungen zu informieren, ohne ausdrücklich Werbung zu betreiben. Zum Teil lässt sich hierbei sogar eine Art Hilfestellung einnehmen, indem Besucher mit explizit gesuchten Informationen bedient oder über Dienstleistungen informiert werden, die gerade diese (beworbene) Website anzubieten hat.

5.3.1 Foren und Diskussionsgruppen

Foren und Diskussionsgruppen dienen meist dem Informationsaustausch Gleichgesinnter und gliedern sich in unterschiedliche Themengebiete. Innerhalb dieser kann sich der Besucher an bereits bestehenden Diskussionen beteiligen oder auch neue Diskussionen beginnen. Foren und Diskussionsgruppen sind integriert auf vielen Themen-Websites als Zusatzangebot, aber auch auf spezialisierten Foren-Websites wie z.B. bei Diskussionsforen.info (URL: http://www.diskussionsforen.info) oder bei Foren.Net (URL: http://www.foren.net). Auch gibt es Verzeichnisse, die eine Übersicht über eingetragene Foren und ggf. die Suche nach speziellen Themenforen ermöglichen (z.B. ForenKatalog URL: http://www.forenkatalog.de).

Vor der aktiven Teilnahme an einem Forum bzw. vor der Veröffentlichung von eigenen Beiträgen, empfiehlt es sich, die bereits vorhandenen Beiträge zu lesen. Anhand der Beiträge lässt sich oftmals der Gruppen- bzw. Beitragscharakter erfassen, dem auch die eigenen Beiträge angepasst werden sollten. Nur in den seltensten Fällen sind direkte Werbebeiträge erwünscht. Eher gefragt sind Hilfestellung für andere Teilnehmer und konkrete nutzenstiftende Informationen. Es ist nicht ausgeschlossen, dass die eigene Website eine gesuchte Hilfestellung oder Problemlösung für die Gruppe bietet, doch ist diese Information eben nicht als Werbung, sondern vielmehr als neutraler und sachlicher Beitrag zu veröffentlichen.

Informationen und Beiträge sind in Foren und Diskussionsgruppen sorgfältig und bedacht einzubringen. Diese Vorgehensweise gewährleistet nicht nur einen Nutzen für die anderen Teilnehmer der Gruppe, sondern auch den gewünschten Effekt für die beworbene Website. Die URL kann bei der Aufgabe von Beiträgen, wenn sich das Unternehmen zu erkennen geben will, ggf. in der Signatur vermerkt werden.

5.3.2 Newsgroups

Newsgroups sind vergleichbar mit einem Schwarzen Brett oder einer Aushangtafel im Offline Bereich, an dem Mitteilungen und Informationen zu verschiedenen Themen ausgehangen bzw. veröffentlicht und von anderen Personen gelesen werden können. Der große Vorteil der Newsgroups gegenüber der Offline-Version ist, dass User aus aller Welt die veröffentlichten Mitteilungen lesen, kommentieren, Fragen beantworten oder neue Fragen und Nachrichten veröffentlichen können. Zudem besteht die Möglichkeit die bereits aufgegebenen Beiträge nach Stichworten zu durchsuchen. Der Umgang mit den Nachrichten wird dadurch wesentlich effizienter.

Weltweit existiert eine unüberschaubare Anzahl Newsgroups zu fast jedem Themengebiet. Die Auswahl der einem zur Verfügung stehenden Newsgroups wird durch den Internet Service Provider (ISP), über den der Zugang zum Internet erfolgt, getroffen. Meist werden aus Kapazitätsgründen nicht alle Gruppen freigegeben. Jedoch gelangt man auch über Websites zu einigen Newsgroups. Eine große Auswahl Newsgroups ist z.B. über Google (URL: http://groups.google.com), mit über 700 Mio. Beiträgen oder über Newsgroup.de (URL: http://www.newsgroup.de), mit über 37.000 Newsgroups zu erreichen. Innerhalb der Websites bzw. Newsgroup Übersichten kann anhand von Stichworten sowohl nach geeigneten Rubriken, wie auch nach Beiträgen gesucht werden.

Grundregeln für die aktive Teilnahme an Newsgroups:

- Als erstes gilt es die aufgestellten Regeln des Newsgroup Betreibers zu berücksichtigen. Dafür empfiehlt sich ein kurzer Blick in die FAQs (Abk. für Frequently Asked Questions = häufig gestellte Fragen). So kann ein eventuelles Werbeverbot beachtet und Ärger vermieden werden.

- Sind Beiträge auch in werbender Form möglich, so kann die gewünschte URL als Besuchername genutzt oder auch in der Signatur vermerkt werden. Dadurch ist die URL bestmöglich platziert und den interessierten Lesern immer der schnelle Zugriff auf weiterführende Informationen möglich.

- Beiträge sollten nicht für direkte Werbung missbraucht werden, sondern durch aktive Beteiligung einen Nutzen in der Diskussionsgemeinschaft stiften. Nur dann wird ein Beitrag auch anerkannt und nicht als störend empfunden.

- Auch Beiträge in dezent werbender Form sollten nicht zu häufig verfasst werden, um Proteste anderer Diskussionsteilnehmer zu vermeiden.

- Dient die eigene Website der Lösung eines Problems oder bietet Sie einen Nutzen für die Teilnehmer der Gruppe, so ist die Website bzw. der Nutzenvorteil genau und sachlich zu beschreiben (keine Verkaufs-Rhetorik!).

Tipp!

Newsgroups bieten für Unternehmen weit mehr Möglichkeiten zur sinnvollen Nutzung, als ausschließlich die Promotion einer Website. Neben der Informationsbeschaffung zu bestimmten Spezialthemen, kann z.B. auch Marktforschung innerhalb einer Gruppe betrieben werden. Aus den vorhandenen Beiträgen können oftmals Informationen über neue Konkurrenten, spezielle Vorlieben der Gruppe oder Trends und Tendenzen gewonnen werden. Auch die eigene Produkte und Dienstleistungen eines Unternehmens können ggf. auf Vor- und Nachteile aus Verbrauchersicht untersucht werden, wenn diese sich mit anderen Usern darüber austauschen.

5.3.3   Risiken bei Foren, Diskussionsgruppen und Newsgroups

Bei der Promotion der Website mit Öffentlichkeitsarbeit ist der Glaubwürdigkeit besondere Beachtung beizumessen. Durch die Gruppenstruktur in Foren und Newsgroups, empfiehlt es sich, diese zu akzeptieren und sich der Gruppe anzupassen. Direkte Werbung ist in den meisten Fällen unerwünscht. Qualitativ hochwertige Beiträge sind gefragt, die der bestehenden Gruppe einen direkten Nutzenvorteil bringen. Durch negative oder minderwertige Beiträge, die vornehmlich Werbezwecken dienen, kann sich der erhoffte Effekt, neue Besucher zu gewinnen sowie das Ansehen zu verbessern, schnell ins Negative umkehren. Die Folge kann für das Unternehmen ein Imageverlust oder zumindest ein Vertrauensverlust innerhalb der Gruppe sein.

5.3.4   Pressearbeit

Die Pressearbeit kann insbesondere für regional tätige Unternehmen von großer Bedeutung sein. Auch kleinere Unternehmen können durch einen Beitrag im Regionalblatt und kostenlosen Anzeigenblättern die notwendige Aufmerksamkeit erlangen, die ihnen zum Erfolg verhilft. Für größere und überregional tätige Unternehmen ist ein erhöhtes Maß an Professionalität im Umgang mit der Presse erforderlich, damit eventuelle Schwächen nicht eine negative Promotion zur Folge haben. Zudem muss sich die Website von der Konkurrenz deutlich abheben, besondere Vorteile bieten oder in irgendeiner Art positiv auffallen, um in einer größeren Zeitung erwähnt zu werden. Gleiches gilt auch für die meisten Websites, die sich einer speziellen Zielgruppe widmen, wenn sie in einer Fachzeitschrift Erwähnung finden wollen. Hier ist also Kreativität gefragt, um einen Journalisten zur Berichterstattung zu bewegen.

Im Übrigen kann auch ein Beitrag in einer kleineren regionalen Zeitung zum Erfolg beitragen. Schließlich dienen auch regionale Zeitungen vielen Unternehmen und überregionalen Zeitungen zur Informationsgewinnung und vielleicht sucht dort gerade ein Redakteur nach Informationen zu einem Thema, mit dem sich auch Ihre Website befasst. So kann ein kleiner Beitrag schnell eine nicht geahnte und weitreichende Wirkung haben. Nutzen Sie also ggf. die Vorteile einer kleineren regionalen Zeitung und die persönlicheren Kontakte, die sich durch die Redakteure vor Ort ergeben.

5.3.5   Sponsoring

Unter Sponsoring ist die Bereitstellung von Geld, Sachmitteln oder Dienstleistungen durch Unternehmen (als sog. Sponsoren) zu verstehen. Sie kann auch als eine Mischung aus Werbung und Öffentlichkeitsarbeit bezeichnet werden.

Sponsoring kann entweder in einer eher diskreten, informierenden Art stattfinden, dann weist es mehr Nähe zur Öffentlichkeitsarbeit auf, da es einer zurückhaltenden Imageaufwertung des werbenden Unternehmens gleichkommt. Drängt sich der Sponsor dagegen zu sehr in den Vordergrund, kommt der Charakter der Werbung stärker durch und der Imagegewinn kann abnehmen, dafür ist die Werbewirkung unter Umständen in anderen Bereichen größer (z.B. Klickrate).

Das Internet bietet viele Möglichkeiten für Sponsoring. Eine beliebte Form ist die Unterstützung mit Hardware (z.B. in Form von Webservern) für Website-Betreiber. Im Gegenzug darf der Sponsor einen Button oder sein Logo auf der Website platzieren. Hier bietet sich die längerfristige Zusammenarbeit an, da kurzfristige Erfolge in Form erhöhter Besucherzahlen für den Sponsor aufgrund seiner diskreten Erscheinung meist ausbleiben.

Eine weitere Möglichkeit ist das Inhaltssponsoring. Hierbei werden redaktionelle Inhalte gegen Werbeflächen zur Verfügung gestellt bzw. wird der Sponsor als Hersteller des Inhaltes erwähnt. (So kann beispielsweise bei → Filmundo – Die Filmauktion ein Anbieter von Filmrezensionen über aktuelle DVD Neuerscheinungen berichten. Die Kunden von Filmundo können diese direkt auf der Ihnen bekannten Oberfläche lesen und für weitere Berichte zum Inhaltsanbieter wechseln). Grundsätzlich stellt diese Form des Sponsorings eine Gewinnsituation für beide Beteiligten dar. Die Website des Gesponsorten wird durch die zusätzlichen Inhalte aufgewertet und der Sponsor wird zugleich bekannter und erhält durch den Link zusätzliche Besucher.

Sponsoring bietet sich auch in Kombination mit anderen Maßnahmen, wie z.B. einer Verlosung an. So kann für eine Verlosung ein Sponsor attraktive Preise zur Verfügung stellen und als Gegenleistung gesondert als Sponsor erwähnt werden. Die Verlosung kann in so einem Fall für den Veranstalter des Gewinnspiels und für den Sponsor der Preise einen zusätzlichen Vorteil in Form eines (Image-)Gewinns oder der Bekanntheit bedeuten. Beide Unternehmen können durch die Zusammenarbeit vom jeweils anderen profitieren.

5.4 Website Promotion durch Linktausch

Als Link (auch Hyperlink) wird im Allgemeinen die Verknüpfung oder Verbindung zu einem anderen Element oder Dokument im Internet bezeichnet. Dieses kann sich auf dem eigenen Server oder auf einem beliebigen anderen Server, der mit dem Internet verbunden ist, befinden. Die Verlinkung kann z.B. über einzelne Worte, Sätze, Symbole oder Bilder erfolgen. Durch einen Mausklick auf den Link gelangt man unmittelbar zu dem verlinkten Element oder Dokument. Erfolgt die Verknüpfung bzw. Verlinkung zweier Websites auf Gegenseitigkeit, z.B. über ein Banner oder einen Textlink, so spricht man von Linktausch oder auch Bannertausch.

Zielgruppe

Durch das gegenseitige Verweisen mit Links auf andere Websites (Linktausch) können neue Besucher auf die eigene Seite gelenkt werden. Der Linktausch bietet sich insbesondere mit Seiten an, die eine ähnliche Zielgruppe vertreten, jedoch nicht direkte Konkurrenten sind. Auf diesen Websites mit spezieller Themenausrichtung bzw. Zielgruppe sind Linkseiten sehr beliebt und werden von den Usern gerne genutzt, um weitere Seiten mit derselben oder einer ähnlichen Thematik ausfindig zu machen. Ein weiterer Vorteil des Linktausches ist, dass es zu einer verbesserten Link-Popularity und dadurch zu einer verbesserten Platzierung bei Suchmaschinen führen kann (vgl.. Kap. 5.1).

Die problemlösungsorientierte Vernetzung, bei der eigenständige Informationsinhalte oder Links auf Websites mit komplementären Informationsangeboten platziert werden und eine direkte Problemlösung oder einen unmittelbaren Zusatznutzen für die User bieten, kann wesentlich wirkungsvoller sein, als das bloße Setzen von Werbebannern. Dies lässt sich auch unter dem Aspekt des Pull-Marketings und dem vom Besucher erwarteten Nutzenvorteil gut nachvollziehen. Da viele Besucher durch die Linkempfehlungen oder Linkseiten ihrer bereits bekannten Websites auf neue Angebote aufmerksam werden, ist eine Vielzahl von Linktauschs bzw. Links zur eigenen Website anzustreben.

Insbesondere bei nicht kommerziellen Websites sind die Linkseiten mit einer Auswahl inhaltlich verwandter Links meist sehr beliebt. Eine gegenseitige Verlinkung kann neue Besucher für beide Seiten generiert. Beide Web-Präsenzen können in diesem Fall von dem Verfahren profitieren. Neben dem Vorteil der Gewinnung neuer Besucher, lässt sich eine integrierte Linkliste auf der Website zudem als erhöhter Nutzen für den Besucher ansehen. Durch diesen Zusatznutzen ist eine erhöhte Kundenzufriedenheit zu erwarten. Nachteilig kann sich jedoch auswirken, dass die Links direkt von der eigenen Seite wegleiten und so die eigenen Besucher „verloren gehen".

Bekannte Websites

Viele bekannte Websites mit hohen Besucherzahlen verzichten auf den Austausch von Links. Angestrebt ist zwar oftmals die Aufnahme der eigenen Seite in eine große Anzahl von Linklisten, jedoch wird aus Gründen des Verwaltungsaufwands der Linktausch vernachlässigt. Schwierig würde sich für einen Linktausch auch die Auswahl geeigneter Linktausch-Partner gestalten, denn in der Regel erfolgt der Linktausch unter gleichwertigen Partnern, um einen ausgewogenen Nutzen für beide Seiten zu gewährleisten. Die Besucher einer professionellen Website werden in der Regel auch hohe Ansprüche an die Qualität der Linkliste bzw. an die verlinkten Websites stellen. Dies würde eine aufwendige Kontrolle der aufgenommenen Links bedeuten.

Alternative

Für bekannte und professionelle Seiten ist es eher zu empfehlen, die Aufnahme in die Linklisten von möglichst vielen anderen Websites zu erreichen durch das Angebot eines alternativen Zusatznutzens für die Website-Betreiber, wie z.B. durch ein Partnerprogramm (vgl. Kap. 5.7) und nicht durch die Einrichtung einer Linkseite. Wird eine Linkseite eingerichtet, so sollte diese nur ausgewählte Websites enthalten, die einen hohen Nutzen gewährleisten und nicht grundsätzlich offen sein für andere Linktauschpartner.

Erfolgskontrolle

In Suchmaschinen kann mit Hilfe des Befehls <u>Link:URL-Text</u> (z.B. Link:http://www.filmundo.de oder Link:www.filmundo.de) die Anzahl der Links auf eine Website bzw. URL kontrolliert werden. Dieser Befehl, eingegeben in das Suchfenster einer Suchmaschine, ermöglicht die Suche nach allen erfassten Seiten, die mit einem Link auf die entsprechende Seite verweisen (Link-Popularity, vgl. auch Kapitel 5.1.5.5).

5.5   Website Promotion mit Bannertausch-Programmen

Bannertausch-Programme dürfen nicht verwechselt werden mit dem im vorhergehenden Kapitel beschriebenen Linktausch oder Bannertausch (vgl. Kap. 5.4). Zwar haben beide Varianten eine gewisse Ähnlichkeit und es sind auch beide Varianten der Website Promotion förderlich, jedoch werden bei Bannertausch-Programmen keine Kooperationen mit einzelnen ausgewählten

Websites betrieben. Daher ist diese Variante auch nicht der Link-Popularity förderlich.

Der Bannertausch über automatisierte Tauschdienste (Programme) bietet in der Regel eine kostenlose Möglichkeit, eigene Werbebanner auf einer größeren Anzahl Websites zu platzieren. Der Ursprung dieses Programms war der Link- bzw. Bannertausch mit einzelnen Websites, wie in Kapitel 5.4 beschrieben. Um das Verfahren zu vereinfachen bzw. effizienter zu gestalten, wurden Programme entwickelt, die durch die Teilnahme an einem Tauschdienst die Werbung auf einer Vielzahl verschiedener Websites ermöglichte. Bei diesem Verfahren wird für das Einbinden der Werbebanner anderer Teilnehmer auf der eigenen Seite bzw. des Programm-Codes, der die Verteilung der Banner aller Websites steuert, im Gegenzug das eigene Banner auf anderen Seiten eingeblendet. Allerdings ist aufgrund des Programm-Codes eine direkte Auswahl der Websites, deren Banner auf der eigenen Website eingeblendet werden, nicht möglich. Auch eine Auswahl der Websites, auf denen die eigenen Banner angezeigt werden sollen ist nicht möglich. Je nach Programm kann ggf. eine Kategorie oder Zielgruppe selektiert werden.

Das Austauschverhältnis von geleisteten zu erhaltenen Einblendungen ist kleiner gleich eins, so dass das eigene Banner nicht so oft gezeigt wird, wie man fremde Banner einblendet. Bei einem Austauschverhältnis von vier zu drei erhält man beispielsweise für vier Banneraufrufe über die eigene Website drei Einblendungen auf fremden Websites. Über die Differenz finanziert sich meist der Tauschdienst, da er die übrigen Werbeplätze an zahlende Werbekunden verkaufen kann.

Vorteile

Die Vorteile der Bannertausch-Programme sind die meist einfache Teilnahme und die dadurch folgende Werbung auf vielen verschiedenen Websites. Eine aufwendige Absprache mit einzelnen Websites und die manuelle Einbindung der jeweiligen Bannercodes entfallen.

Nachteile

Eine direkte Zielgruppenansprache mit Bannertausch-Programmen ist nicht möglich. Besonders für Websites mit einer sehr engen Zielgruppe ist das Verfahren meist wenig effektiv und ein manueller Linktausch oft besser geeignet. Da die Werbung auf der eigenen Website durch das Programm gesteuert wird, ist nicht bekannt, welche Werbung eingeblendet wird. Auch erfährt man meist nicht, auf welchen Websites das eigene Banner eingeblendet wird. **Achtung!** Auf die Link-Popularity hat dieses Verfahren (im Gegensatz zum Linktausch) keinen Einfluss.

Bannertauschdienste / Bannertausch-Programme

Auswahl-kriterien

Im Internet gibt es viele verschiedene Bannertauschdienste bzw. Anbieter von Bannertausch-Programmen. Nicht alle Tauschdienste sind auch als Partner für anspruchsvollere Websites geeignet. Anhand der nachfolgend beschriebenen Kriterien kann die Vorauswahl eines geeigneten Tauschdienstes erleichtert werden:

- <u>Website des Bannertauschdienstes:</u> Ist die Website des Bannertauschdienstes professionell gestaltet und sind Richtlinien, Informationen und Details für alle Besucher der Website ersichtlich ohne eine vorherige Registrierung?

- <u>Statistiken:</u> Werden den Teilnehmern des Bannertauschdienstes Statistiken für die Erfolgskontrolle zur Verfügung gestellt?

- <u>Zielgruppenauswahl:</u> Ist eine Zielgruppenauswahl (wenn auch oft nur sehr grob) zur sinnvollen Platzierung der eigenen Banner möglich?

- <u>Eigensperre:</u> Wird das eigene Banner für die eigene Website blockiert oder unter Umständen über alle teilnehmenden Websites verteilt?

Tauschdienste

Die folgenden Bannertauschdienste heben sich anhand der oben genannten Kriterien deutlich von der großen Konkurrenz ab:

- Banner Community (URL: <u>http://www.bannercommunity.de</u>): Die Banner Community ist ein sehr bekannter Tauschdienst mit vielen Teilnehmern. Einem ausführlichen Test wurde die Community im Zusammenhang mit der alternativen Nutzung von Werbeplätzen unterzogen (vgl. Kap. 4.3.3.1).

- Link4Link Internet GmbH (URL: <u>http://www.link4link.de</u>): Link4Link ist einer der ältesten Bannertauschdienste auf dem deutschen Markt. Er zeichnet sich nicht nur durch sein langjähriges Bestehen (seit 1996) aus, sondern auch durch klare Regeln bzgl. der Aufnahme einer neuen Website (vgl. Kap. 4.3.3.2).

→ Eine Übersicht weiterer Bannertauschdienste entnehmen Sie bitte dem Kapitel 4.3, Tab. 25. In dem Kapitel 4.3 wird auch ausführlich auf die Vor- und Nachteile der verschiedenen

Tauschdienste bzw. die angebotenen Funktionen und das Tauschverhältnis eingegangen.

**Erfolgs-
kontrolle**

Die Erfolgskontrolle bei der Teilnahme an einem Bannertausch-programm ist bei guten Tauschdiensten direkt mit dem dort integrierten Statistikprogramm möglich. Diese sollte nicht nur Auskunft über die durch die eigene Website generierten Banner-einblendungen geben, sondern auch wie oft die eigenen Banner auf fremden Websites eingeblendet und angeklickt wurden.

5.6 Website Promotion mit Email

Email ist eines der am weitesten verbreiteten und am meisten genutzten Dienste im Internet. Email ist sogar noch populärer als das Browsen (Surfen) und daher ideal für die Website Promotion geeignet.

Die Promotion einer Website mit Email teilt sich grundsätzlich in drei Bereiche.

1) In der einfachsten Form können vorhandene Kundenda-ten (Email-Adressen) genutzt werden, um die User über die eigene Website zu informieren. Hierzu gehören z.B. Newsletter, die regelmäßig an die Besucher verschickt werden. Sie informieren über Neuigkeiten und Verände-rungen und animieren Idealerweise den Empfänger die Website regelmäßig aufzusuchen und ggf. auch einen Umsatz zu tätigen.

2) Stehen keine Kundendaten zur Verfügung oder soll die Promotion ausgeweitet werden, können auch Werbe-plätze in fremden Newslettern gegen Bezahlung für eine Werbebotschaft genutzt werden. Diese Form der Email-Promotion zielt überwiegend auf die Gewinnung neuer User für eine Website ab.

3) Mailinglisten können ebenfalls zur Gewinnung neuer User eingesetzt werden. Sie sind zwar technisch den Email-Diensten zuzuordnen, haben jedoch ansonsten viel mit Foren und Newsgroups gemein.

In den folgenden drei Unterkapiteln werden die verschiedenen Bereiche zur Promotion mit Email etwas näher erläutert und die jeweiligen Eigenarten berücksichtigt.

5.6.1 Vorhandene Kundendaten nutzen – Kundenbindung

Eine Kundendatenbank, die zumindest Email-Adressen beinhaltet, ist Grundvoraussetzung für diese Promotion Maßnahme. Ist keine Kundendatenbank vorhanden, so empfiehlt sich zunächst die Beschaffung von Email-Adressen.

**Daten-
gewinnung**

Ein ideales Mittel für die Gewinnung von Kontaktdaten ist das Anbieten eines Newsletter Services auf der Website. Bei diesem Service werden für den interessierten User Informationen aufbereitet und per Email zugestellt. Der Newsletter bietet einen direkten Zusatznutzen für die Besucher der Website und ist daher weit verbreitet und wird gerne genutzt. Zu berücksichtigen ist, dass sich die Interessenten schnell und einfach für den Newsletter anmelden und ggf. auch wieder abmelden können. Für die Anmeldung sollten nur die Daten abgefragt werden, die unbedingt erforderlich sind, da mit zunehmender Anzahl abgefragter Daten die Bereitschaft der User sinkt den Dienst zu nutzen bzw. die Daten preiszugeben. Die Abmeldung von dem Dienst sollte einfach und schnell möglich sein, da eine erzwungene Kundenbindung mangels Abmeldemöglichkeit unseriös wirkt und den Anschein erweckt, als wolle man dem User auch unerwünschte Nachrichten zustellen (Spam).

Vorteile

Promotion mit Emails in Form eines Newsletter bietet einige Vorteile gegenüber herkömmlichen Briefsendungen:

- <u>Kosten</u>: Die geringeren Kosten für den Versand einer Email sind wohl der bedeutendste Vorteil gegenüber dem Versand von Briefsendungen. Durch die Einsparung von Papier und Porto oder bei der Erstellung der Emails können erhebliche Kosten eingespart werden.

- <u>Geschwindigkeit</u>: Die höhere Geschwindigkeit bei der Zustellung einer Email ist ein weiterer wesentlicher Vorteil. So ist eine Email in der Regel innerhalb weniger Minuten nach Versenden bereits an den Empfänger zugestellt.

- <u>Weiterverarbeitung</u>: Die leichtere Weiterbearbeitung einer Email, z.B. durch Kopieren der Inhalte in andere Anwendungen und auch die Möglichkeit Inhalte weiterzuleiten erhöhen die Attraktivität der Promotion mit E-mail zusätzlich.

- <u>Medien-Vielfalt</u>: Emails bietet die Möglichkeit Dateien zu übermitteln, z.B. in Form von Graphiken, Texte, Töne.

- Weiterführende Informationen: In einer Email können zusätzlich Links angegeben werden, unter denen sich der Empfänger weitergehend informieren kann. Mit einem Klick gelangt der User zu den gewünschten Informationen und erspart sich so den Aufwand weiter Daten per Post oder Telefon anzufordern.

Sind bereits ausführliche Kundendaten vorhanden, so ist oft eine selektivere Ansprache möglich, als bei anderer Online Promotion wie z.B. der Bannerschaltung. Ggf. kann sogar für jeden Kunden eine individuell abgestimmte Email verfasst werden. Abhängig von den vorliegenden Daten, kann z.B. Alter, Geschlecht oder Kaufverhalten in der Email berücksichtigt werden. Je individueller die Email ist, desto größer wird auch die Aufmerksamkeitswirkung bzw. die Lesewahrscheinlichkeit sein.

Grundregeln Bei der Promotion mit Email in Form eines Newsletter sollten die folgenden Grundregeln beachtet werden:

- Einverständnis: Der Emailversand darf nur an Adressaten erfolgen, die mit dem Erhalt der Nachricht (Werbung) einverstanden sind.

- Abmeldemöglichkeit: Am Ende einer jeden Email ist eine Möglichkeit zu nennen, wie sich der Empfänger von dem Erhalt weiterer Newsletter abmelden kann.

- Betreff: Jede Email sollte einen prägnanten und aussagekräftigen Betreff enthalten. Der Betreff sollte im direkten Zusammenhang mit dem Inhalt der Email stehen. Dadurch wird dem Empfänger ein effizienter Umgang mit den Emails ermöglicht.

- Kurz gefasst: Die Email ist kurz zu fassen und sollte nur das Wesentliche enthalten. Bereits am Anfang der Email sollte der Nutzen der Nachricht für den Empfänger ersichtlich sein. Bei größeren Emails ist ggf. eine kurze Gliederung voranzustellen, die den einfachen Zugriff auf die relevanten Informationen ermöglicht.

- Höflichkeit: Jede Email ist unter formellen Höflichkeitsgesichtspunkten, die auch für normale Briefe gelten zu gestalten. Eine Anrede und Verabschiedung ist in jeder Nachricht zu verwenden.

Die Beachtung dieser Grundregeln stärkt nicht nur das Vertrauen der User in den Service und die Seriosität des Unternehmens, sondern erhöht auch die Wahrscheinlichkeit, dass die Email aktiv zur Kenntnis genommen bzw. der Inhalt genutzt wird. Nur eine Email die auch kundengerecht gestaltet ist und für diesen einen Nutzen hat, kann als Werbebotschaft für ein seriöses Unternehmen erfolgreich sein.

Link-Tipp!

> ➢ Der NewsletterBerater (URL: http://www.newsletterberater.de) bietet nützliche Tipps rund um die Erstellung und das Versenden von Newslettern.

5.6.2   Neue Kunden gewinnen durch Newsletter Werbung

Trotz vieler negativer Effekte durch unerwünschte Emailsendungen (Spam), etablieren sich Emails mehr und mehr als bedeutendes Werbemedium.

Durch spezialisierte Newsletter, mittels derer eine klar definierte Zielgruppe nahezu ohne Streuverluste erreicht werden kann, ergeben sich enorme Vorteile für die selektive Kundengewinnung. Viele Online-Dienste bieten ihren Kunden mittlerweile einen solchen Newsletter als Zusatzservice an, so dass eine umfangreiche Auswahl an Werbeträgern für jede Zielgruppe zur Verfügung steht.

Auswahl und Prüfung

Bevor Sie eine Anzeige in einem Newsletter schalten, sollten Sie sich von der Seriosität des Dienstes überzeugen. Voraussetzung für den Werbeerfolg ist nämlich nicht nur ein zielgruppengerichteter, sondern auch ein seriöser Newsletter, der von den Empfängern akzeptiert und aufmerksam gelesen wird.

Die einfachste Möglichkeit zur Kontrolle eines Newsletter und auch der Seriosität des Versenders ist ein Besuch der zugehörigen Website. Erweckt die Website einen positiven Eindruck, so sollte der Newsletter testweise abboniert werden. Meist ist schon anhand einer Ausgabe des Newsletter zu erkennen, ob den Empfängern relevante Informationen gut lesbar aufbereitet werden oder ob es sich um einen Newsletter handelt, der in erster Linie den Werbeeinnahmen dient. Ist letzteres der Fall, so werden meist unbedeutende Informationen unprofessionell aufbereitet und an eine große Empfängerzahl zugestellt. Überprüfen Sie den Newsletter auch anhand der in Kapitel 5.6.1 genannten Grundregeln zur Erstellung eines Newsletters.

Praxistest

Für die auf Filme spezialisierte Online-Auktion Filmundo wurde Ende 2001 eine Anzeigenbuchung in einem nicht zielgruppengerichteten Newsletter zum Thema „Sparsames Telefonieren" geschaltet. Trotz einer für Filmundo relativ großen Empfängerzahl (über 30.000), konnten am Tag der Zustellung und an den Tagen danach keinerlei Änderungen der Besucherzahl bzw. Seitenaufrufe festgestellt werden.

Das Ergebnis kann bestimmt nicht als repräsentativ angesehen werden, ist aber schlechter als erwartet und bestätigt die Vermutung, dass auch Newsletter Werbung nur zielgruppengerichtet erfolgen sollte. Es existieren genügend Websites, die mit Sicherheit auch Ihre Zielgruppe vertreten. Schalten Sie lieber Werbung in solchen Newslettern, auch wenn sie etwas teurer ist.

Link-Tipp!

Im Internet gibt es Verzeichnisse und Übersichten, in denen bekannte Newsletter nach Themen sortiert und in Kategorien aufgelistet werden. Die nachfolgenden Websites bieten einen solchen Service, der bei der Suche nach geeigneten Newslettern als Werbeträgern hilft.

> Auf der Website des Dienstes Newsletter-Verzeichnis (URL: http://www.newsletter-verzeichnis.de) ist eine Auswahl von über 1.200 Newslettern erfasst.

> Infoletter (URL: http://www.infoletter.de) listet über 1.100 Newsletter und Mailinglisten auf.

> Profine (URL: http://www.profine.de) listet knapp 500 Newsletter und Mailinglisten auf.

Diese Dienste erfassen nur einen sehr kleinen Teil der insgesamt betriebenen Newsletter. Dennoch können sie bei der Auswahl eines geeigneten Newsletters helfen, wenn nicht genügend Unternehmen bekannt sind, die einen Newsletter mit geeigneter Zielgruppe betreiben.

5.6.3   Mailinglisten

Mailinglisten basieren technisch auf Email, haben teilweise jedoch Ähnlichkeit mit Foren. Es handelt sich, wie bei den Foren und Diskussionsgruppen auch, um eine Plattform zum (öffentlichen) Meinungsaustausch. Jedoch erfolgt die gesamte Kommunikation per Email. Alle neuen Beiträge einer Mailingliste werden jedem Teilnehmer automatisch per Email zugestellt. Möchte ein

Teilnehmer auf einen Beitrag antworten, so geschieht dies ebenfalls per Email.

Einige Mailinglisten können auch per Browser angezeigt und genutzt werden. Grundsätzlich basiert der Informationsaustausch jedoch auf Email und nicht auf Browserdiensten.

Möchte ein Teilnehmer einen neuen Beitrag aufgeben, so schickt er diesen per Email an eine speziell für diese Liste angelegte Adresse des Mailinglisten-Betreibers. Der Empfänger bearbeitet bzw. veröffentlicht die Beiträge nach zwei Vorgehensweisen.

1) <u>Moderierte Liste:</u> Handelt es sich um eine moderierte Mailingliste, werden die Beiträge vorher geprüft und ggf. nicht veröffentlicht, wenn sie z.B. nicht zur Thematik der Liste passen.

2) <u>Unmoderierte Liste:</u> Bei der unmoderierten Mailingliste werden alle Beiträge ohne vorherige Prüfung direkt veröffentlicht.

Tipps zur Beteiligung an Mailinglisten:

Mailinglisten sind, wie Foren und Newsgroups auch grundsätzlich für eine zielgruppengerichtete Promotion geeignet. Besondere Beachtung bei der Beteiligung ist der oft starken Spezialisierung der Listen zu widmen.

- <u>Thema / Zielgruppe:</u> Mailinglisten widmen sich in der Regel eng abgegrenzten Themen. Aufgegebene Beiträge sollten daher exakt zum Thema passen. Nur so ist eine Erfolg versprechende Promotion der Website möglich.

- <u>Nutzen stiften:</u> Die Werbebotschaft ist indirekt und dezent zu übermitteln. Wie bei den Foren und Newsgroups auch, steht der Nutzen für die Teilnehmer im Vordergrund. Aufgrund der Zustellung der Nachrichten per Email, sind die Nutzer der Mailinglisten meist sogar noch stärker sensibilisiert gegenüber unpassenden Nachrichten. Daher wird Zurückhaltung und das Anbringen eines sachlichen und nutzenstiftenden Beitrages meist mehr erfolg haben, als offensive Werbung. Zudem kann direkte Werbung auch zum Ausschluss aus der Mailingliste führen.

- <u>Akzeptanz:</u> Durch qualitativ hochwertige Beiträge bzw. solche, die einen direkten Nutzen für die Teilnehmer der

Mailingliste stiften (z.B. Antworten auf Fragen oder bei speziellen Problemstellungen), lässt sich am ehesten die Akzeptanz innerhalb der Diskussionsgemeinschaft erreichen.

→ Beachten Sie aufgrund der Ähnlichkeit zu den Newsgroups und Foren auch die in Kapitel 5.3 genannten Kriterien zur Beteiligung bzw. Beitragsgestaltung an diesen Diensten.

5.6.4   Probleme und Risiken bei der Promotion mit Email

Durch die steigende Zahl unerwünschter und nicht bestellter Emails (Spam), sind viele Besucher in diesem Bereich bereits sensibilisiert. Als seriöses Unternehmen sollten Sie daher in keinem Fall unaufgeforderte Massenemails verschicken. Eine Umkehrung des erhofften Werbeeffekts und ein Imageverlust kann die Folge sein.

Verärgerte User setzen sich auch zunehmend gegen unerwünschte Emails zur Wehr. Bei einfachen Maßnahmen wird mit Hilfe von Email-Filtern der unerwünschte Absender lediglich vom Emaildienst blockiert oder die Email direkt gelöscht. In diesem Fall werden je nach Filter, auch alle weiteren Emails des Absenders blockiert oder gelöscht. Das bedeutet, dass dieser User auch in Zukunft nicht mehr als Kunde gewonnen werden kann.

Bei aktiven Gegenmaßnahmen durch verärgerter User, kann es zu Gerichtsverfahren oder auch zu Angriffen auf die Mailserver des unbeliebten Unternehmens, z.B. durch Mailattacken in Form von Mailbomben (große Anzahl Emails), kommen. Durch das dadurch verursachte Datenaufkommen kann der gesamte Emailverkehr eines Unternehmens für Tage oder Wochen gestört werden oder sogar zum Erliegen kommen.

Kein seriöses Unternehmen kann es sich leisten User und potentielle Kunden durch Massenemails zu verärgern. Senden Sie Informationen nur an solche Empfänger, die auch mit dem Empfang der Nachricht einverstanden sind oder sich sogar aktiv und ausdrücklich für den Empfang von Informationen registriert haben. Dasselbe gilt auch für Werbung in fremden Newslettern. Schalten Sie Werbung nur in Newslettern deren Versender auch die Grundregeln des Emailversandes und die Privatsphäre der Empfänger respektieren. Dadurch ersparen Sie sich nicht nur viel Ärger, sondern erhöhen auch die Werbewirkung und können langfristig von den Vorteilen der Email-Werbung profitieren.

5.7 Website Promotion mit Partnerprogrammen – Affiliate Marketing

Neben den herkömmlichen Verfahren zur Promotion einer Website setzen erfolgreiche Unternehmen auch immer öfter innovative Werbeformen ein. Zu diesen innovativen Werbeformen gehört das Affiliate Marketing bzw. der Einsatz eines Partnerprogramms (auch Affiliate Programm; affiliate = engl. für angeschlossenes Unternehmen, Partner). Bei dieser Werbeform werden andere Website-Betreiber oder die eigenen Kunden als (Werbe-)Partner (Affiliates) für das Internetunternehmen (merchant = engl. für Kaufmann, Händler) gewonnen. Dieses Verfahren ist auch aus dem Offline-Bereich bekannt. Oftmals werden z.B. von Banken, Versicherungen oder Mobilfunkunternehmen Sach- oder Wertgeschenke für die Vermittlung eines neuen Kunden gewährt.

Kosten

Der Affiliate erhält für seine Werbetätigkeit eine Vergütung, die an einen Erfolg gebunden ist. Der Erfolg bzw. die Kosten werden in drei Kategorien unterteilt:

1) Cost per Click (CpC) / Pay per Click: Die Vergütung ist an die Anzahl der Klicks auf ein Werbemittel des Merchants gebunden. Pro Klick wird meist ein geringer fixer Betrag vergütet (ca. 0,01 bis 0,10 Euro / Klick).

2) Cost per Order (CpO) / Pay per Order: Die Vergütung ist (meist prozentual) an den Umsatz von Bestellungen gekoppelt, die durch den Affiliate vermittelt werden (ca. 5 bis 30 %, bei hoher Wahrscheinlichkeit von Folgegeschäften auch bis 100%).

3) Cost per Lead (CpL) / Pay per Lead: Die Vergütung ist an eine Handlung gebunden (z.B. Registrierung, Informationen anfordern). Pro Handlung wird in der Regel ein Fixbetrag gezahlt, der sich je nach Umfang der gewonnenen Daten erheblich unterscheidet (ca. 0,10 bis 10,- Euro / Lead).

Je nach Abwicklung des Programms entstehen weitere Kosten für die Entwicklung einer entsprechenden Software oder für die Vergütung eines entsprechenden Dienstleisters (→ Affiliate-Netzwerke).

→ Beachten Sie auch das Kapitel 4.2, in dem das Verfahren der Affiliate Programme ausführlich für die alternative Nutzung von Werbeflächen beschrieben wird.

Vorteile

Für den Merchant hat die Nutzung eines Affiliate Programms deutliche Vorteile, da ihm Kosten nur bei Erfolg entstehen. Die Kosten werden dadurch kalkulierbar und können z.B. bei einem Cost per Order Programm auch direkt zu einer Steigerung des Umsatzes und ggf. auch des Gewinns führen. Auch bei Cost per Lead und Cost per Click Programmen ergibt sich für den Merchant ein unmittelbarer Nutzen, der für ihn kalkulierbar ist.

Nachteile

Als Nachteil des beschriebenen Programms zur Kundengewinnung können ggf. die hohen Kosten für die Anschaffung oder die Entwicklung einer entsprechenden Software genannt werden. Diese Software ist eine unerlässliche Investition zur Kontrolle der vermittelten Besucher oder Kunden und der damit zusammenhängenden Vergütung. Allerdings ist eine günstige Alternative vorhanden, die sog. Affiliate Programme Vermittler oder Affiliate Netzwerke.

Affiliate Netzwerke

Die Affiliate Netzwerke bzw. Vermittler bilden die Schnittstelle zwischen den Merchants und den Affiliates und übernehmen die gesamte Abwicklung von der Einrichtung, über die Kontrolle, bis hin zur Abrechnung eines Programms. Für diese Dienstleistung erhält der Vermittler in der Regel eine prozentuale Beteiligung der Umsätze bzw. Partnerprovisionen, die vom Merchant getragen wird. Weitere Fixkosten oder Einrichtungsgebühren entstehen meist nicht. Die Art und Höhe der Vergütung, die an die Affiliates gezahlt wird, kann vom Merchant selbst bestimmt werden.

Link-Tipp!

Die folgenden drei Affiliate Programme Vermittler bzw. Netzwerke vertreten bereits zahlreiche Merchants und Affiliates und sind daher gut für die Einrichtung eines Partnerprogramms geeignet.

> ➢ Adbutler (URL: http://www.adbutler.de): Für die Teilnahme als Merchant bei Adbutler wird ein Startguthaben bzw. Mindestbudget von 100,- Euro vorausgesetzt. Von diesem Guthaben wird die Vergütung der Affiliates beglichen und die Provision für Affilinet, in Höhe von 30 % der Partnerprovisionen. Es entstehen keine Einrichtungsgebühren oder laufende Fixkosten. Adbutler betreut mehr als 30.000 Vertriebspartner (Affiliates).

> ➢ Affilinet (URL: http://www.affili.net): Für die Teilnahme als Merchant bei Affilinet wird ein Startguthaben bzw.

Mindestbudget von 500,- Euro vorausgesetzt. Die Provision für Affilinet beträgt 30 % der Partnerprovisionen. Es entstehen keine Einrichtungsgebühren oder laufende Fixkosten. Affilinet verfügt über 100.000 Vertriebspartner (Affiliates), die monatlich über 900 Mio. PIs generieren.

➢ Tradedoubler (URL: http://www.tradedoubler.com): Für die Teilnahme als Merchant entstehen sowohl variable Kosten, in Abhängigkeit von den Partnerprovisionen, als auch monatlich fixe Kosten und eine Startgebühr. Tradedoubler betreut europaweit mehr als 300.000 Vertriebspartner (Affiliates).

Affiliate Marketing Praxistest bei Adbutler

Das Programm Für die spezialisierte Online-Auktion Filmundo wurde ein Partnerprogramm bei dem Dienstleister Adbutler eingerichtet. Da für Filmundo in erster Linie die Anzahl der neuen Kunden bzw. registrierten Mitglieder relevant ist, wurde als Vergütungsform Pay per Lead gewählt.

Die Einrichtung des Programms gestaltet sich recht einfach. Nach der Registrierung und der Angabe einer Bezeichnung, URL und Beschreibung für das Programm, können auch schon Werbemittel hinterlegt werden. Die Werbemittel dienen den Affiliates als Auswahl, wenn sie sich für das Programm entscheiden. Zugleich werden die gewünschte Vergütungsform und die Höhe der Vergütung eingetragen. Nach einer Prüfung des Programms bzw. der zugrundeliegenden Website durch Adbutler, kann der zugehörige Code eingebunden werden, der die Leads (Clicks oder Orders) festhält und an Adbutler übermittelt, wenn sie durch einen Affiliate vermittelt wurden. Nach der Einbindung des Codes wird die Website von Adbutler auf die korrekte Funktion überprüft, ob die Leads auch richtig erfasst werden. Ist dies der Fall, so wird die Seite für die Affiliates freigeschaltet, vorausgesetzt, dass erforderliche Startguthaben ist eingezahlt worden.

Affiliate Auswahl Die Merchants müssen nicht grundsätzlich alle Affiliates als Partner akzeptieren. Affiliates, die sich für das Programm interessieren und anmelden, können entweder nach Einzelprüfung durch den Merchant oder auch automatisch freigeschaltet werden. Ebenso verhält es sich mit den Leads. Auch diese können einzeln geprüft und so z.B. ungültige Registrierungen herausgefiltert werden.

Erfolgs-kontrolle

Für die Erfolgskontrolle stehen zahlreiche Statistik Tools zur Verfügung. Neben einer Übersicht und einer Tages / Monatsstatistik (s. Abb. 76) können unter anderem auch die einzelnen Werbemittel und Werbepartner anhand ihres Erfolges ausgewertet werden.

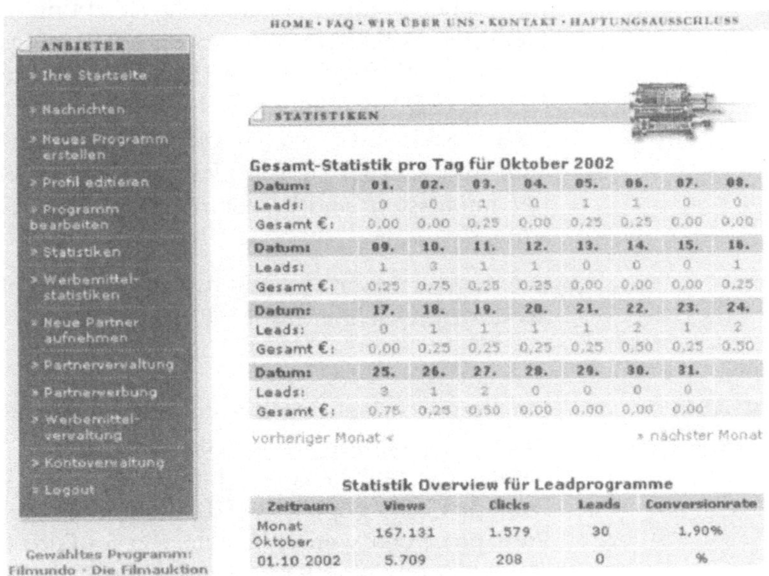

Abb. 76: Merchant Statistik für Filmundo bei Adbutler

(Quelle: Adbutler – URL: http://www.adbutler.de)

Statistik Auswertung

Im Monat Oktober 2002 wurden 167.131 Views (AdViews, Werbeeinblendungen) von den Affiliates generiert, die zu 1.579 Klicks (AdClicks) und diese Klicks wiederum zu 30 Leads (Registrierungen) führten.

AdViews:	167.131
AdClicks:	1.579
Leads:	30
Klickrate:	0,94 %
Conversionrate:	1,9 % (Der prozentuale Anteil AdClicks, der zu einem Lead führte.)

Beurteilung

Die Klickrate ist mit etwas weniger als einem Prozent immerhin fast doppelt so hoch, wie die allgemeine durchschnittliche Klickrate von ca. 0,5 Prozent. Bei der Bewertung der Klickrate ist zu beachten, dass Filmundo alle Affiliates akzeptiert. Die Werbung auf den Seiten der Affiliates erfolgt somit nicht zielgruppengerichtet. Dieser Sachverhalt wertet die Klickrate auf, da sie für nicht zielgruppengerichtete Werbung in der Regel noch niedriger ausfällt (ca. 0,3 Prozent). Allerdings akzeptiert Filmundo auch Affiliates, die ihre User aktiv zu Klicks auffordern, z.B. für die Teilnahme an einem Gewinnspiel oder den SMS-Versand. Dieser Sachverhalt wertet die Klickrate ab, da diese Personen zum überwiegenden Teil nicht an dem angeklickten Werbebanner interessiert sind, sondern mehr an dem daran gekoppelten Service.

Die Conversionrate ist mit 1,9 Prozent ebenfalls deutlich höher als der Durchschnitt mit 1,5 Prozent.

Kosten Vergleich

Ein Vergleich soll den Kostenunterschied des Partnerprogramms gegenüber herkömmlicher Bannerwerbung ermitteln. Als Basis dienen die derzeit von Filmundo gezahlte Vergütung von 0,25 Euro pro Lead (CpL = 0,25 Euro) und ein sehr günstiger fiktiver Preis pro 1.000 Werbekontakte von 5,- Euro (TKP = 5,- Euro) für die Schaltung einer Bannerkampagne.

Kosten Partnerprogramm:

Anz. Leads x CpL: 30 x 0,25 Euro = 7,50 Euro

Kosten Bannerkampagne (fiktiv):

Anz. AdViews x TKP: 167 x 5 Euro = 835,- Euro

Der Vergleich lässt die Diskrepanz zwischen den beiden Abrechnungsverfahren sofort erkennen. Die Kosten der Bannerkampagne würden sich auf mehr als das 100-fache des Partnerprogramms belaufen.

Zu beachten ist, dass der Vergleich so nicht direkt auf die Bannerwerbung übertragbar ist, da bei Bannerwerbung in der Regel die Werbeträger sehr genau ausgewählt werden. Durch zielgruppengerichtete Werbung ließen sich ggf. auch eine noch bessere Klickrate und eine noch höhere Conversionrate erzielen.

Das Ergebnis zeigt auch die Ungleichbehandlung zwischen Merchant und Affiliate. Dennoch können von Partnerprogrammen beide Unternehmen profitieren, wenn der Merchant das Partnerprogramm als zusätzliche Promotion Maßnahme nutzt und dadurch Website-Betreibern die Möglichkeit gibt, geringe Einnahmen durch Werbung zu erzielen, bei denen er voraussichtlich niemals eine Bannerkampagne schalten würde.

Fazit

Das Affiliate Marketing bzw. die Auflage eines Partnerprogramms sind unter Kostenaspekten hervorragend für die Website Promotion geeignet. Richten Sie ein Partnerprogramm so ein, dass Sie als Merchant und auch Ihre Affiliates von dem Programm profitieren. Durch die Vergütungsformen CpO und CpL ist eine flexible und erfolgsorientierte Vergütung problemlos möglich. Je höher die Provision ist, die Sie zahlen, desto mehr Partner werden Sie auch gewinnen. **Achtung!** <u>Mit der Vergütung auf CpC-Basis und der automatischen Freischaltung der Vergütung von Leads und Orders sollten Sie vorsichtig sein, da es in diesem Bereich auch zu Missbrauch kommen kann.</u>

5.8   Website Promotion mit Offline Medien

Die Berücksichtigung gängiger Offline Medien (dies sind alle nicht Internet gebundenen Medien) kann für die erfolgreiche Website Promotion einen erheblichen Beitrag leisten. Insbesondere Printmedien wie fachgebundene Zeitungen und Zeitschriften, Firmenplakate oder Flyer (Handzettel) sind hier zu nennen. Die Anbringung von Werbung auf Fahrzeugen oder öffentlichen Verkehrsmitteln kann ebenso sinnvoll sein, wie die Verteilung von Werbegeschenken bedruckt mit der Internetadresse. Aber auch alle Elemente des täglichen Geschäftsverkehrs wie Briefumschläge, Briefpapier, Rechnungen, Quittungen und auch firmeninterne Formulare lassen sich für die Promotion nutzen. Für alle Träger, die im täglichen Geschäftsverkehr genutzt werden, gilt die Devise, keinen Träger ungenutzt zu lassen. Dies gilt auch für Weihnachtskarten oder Visitenkarten. Allerdings geht es bei den zuletzt genannten Werbeträgern und auch bei den Elementen des täglichen Geschäftsverkehrs nicht um eine hervorstechende Werbung, sondern lediglich um die Erwähnung der Website bzw. URL. Nutzen Sie die vielfältigen Möglichkeiten der Offline-Medien um die Bekanntheit Ihrer Website konsequent zu erhöhen.

Die nachfolgende Übersicht verschiedener Offline Werbemöglichkeiten dient als Hilfestellung zur Auswahl geeigneter Werbemittel (s. Tab. 27):

Traditionelle Werbung	Elemente des tägl. Geschäftsverkehrs	Sonstige
Anzeigen, allgemein (egal ob Firmenwerbung, Personalgesuch oder Verkaufsangebot)	Briefpapier	Werbegeschenke (z.B. Kugelschreiber, Kaffeetassen, Feuerzeuge, Flaschenöffner und Kalender)
Fachzeitschriften	Briefumschläge	Firmen- und Produktbroschüren
Kataloge	Faxformulare	Firmenfahrzeuge
Plakatwerbung	Firmen-Stempel	Flyer
Radio-Spots	Formulare	Gebäudefassaden
TV-Spots	Quittungen	Pressemappen
Zeitschriften, allgemein	Rechnungen	Produkt-Verpackungen
Zeitungen, regional und überregional	Visitenkarten	Sponsoring z.B. des lokalen Sportvereins mit bedruckten T-Shirts oder Trainingsanzügen.

Tab. 27: Offline Werbemittel

Soweit möglich, sollte die Auswahl geeigneter Offline Werbemittel auch zielgruppengerichtet erfolgen.

5.9   Erfolgskontrolle der Website Promotion

Die Erfolgskontrolle ist wesentliches Instrument zur Steuerung der Website Promotion. Insbesondere bei einem geringen Werbebudget oder für kleinere Websites gilt es die knappen finanziellen Mittel bestmöglich zu nutzen.

Es empfiehlt sich, mit kleineren Promotion-Maßnahmen und Werbekampagnen zu beginnen, die Erfolge auszuwerten, ggf.

Maßnahmen und Kampagnen zu korrigieren (oder mit neuen zu beginnen) und die erfolgreichen möglichst lange „laufen" zu lassen.

Mit einer Strategie der permanenten Optimierung können Sie nicht nur Ihre finanziellen Mittel bestmöglich nutzen, sondern auch eine wesentlich effizientere Promotion betreiben als viele Ihrer Konkurrenten.

Auswertung der Serverstatistik

Die Serverstatistiken bieten eine gute Möglichkeit zur Überprüfung der Website Promotion. Die Kennzahlen PIs und Visits (die Anzahl der Visits gibt die Besuche bzw. Nutzenvorgänge an) bilden dabei die wesentliche Grundlage. Vergleichen Sie diese Kennzahlen nach einer Promotion Maßnahme mit denen, die Ihre Website vorher erzielen konnten.

Neben der Auswertung der Kennzahlen PIs und Visits bieten einige Statistik-Programme noch weitere Möglichkeiten der Erfolgskontrolle.

Referring Sites Die Auswertung der Referring Sites, die bei guten Abfragestatistiken miterfasst werden, gibt Auskunft über die Websites, von denen die Besucher weitergeleitet bzw. weiter verwiesen wurden (z.B. über ein Banner mit einen Link). Zu beachten ist dabei, dass der Wert „No Referrer" die Besucher erfasst, die eine URL selbst in die Adresszeile des Browsers eingegeben oder die Seite in die Bookmarks (Favoriten) aufgenommen haben.

Such-
maschinen Je nach Umfang der Statistik ist auch eine spezielle Auswertung der Suchmaschinen als Referring Sites möglich. In diesem Fall wird nicht nur die Anzahl der verwiesenen User erfasst, sondern auch, über welche Stichworte die Website von den entsprechenden Usern bei den Suchmaschinen gefunden wurde.

Nutzungs-
profil Die detaillierte Auswertung der Serverstatistik bietet die Möglichkeit zur Erstellung eines Nutzungsprofils. In diesem werden wichtige Kennzahlen wie PIs, Visits und ggf. zeitliches Nutzungsverhalten (bei starken Schwankungen nach Wochentagen oder im Tagesverlauf) über einen längeren Zeitraum erfasst. Anhand des Nutzungsprofils ist der Erfolg oder Misserfolg einer Website über einen längeren Zeitraum ersichtlich. Anhand einer graphischen Auswertung des Nutzungsprofils und der zeitgenauen Protokollierung der Promotion-Maßnahmen (soweit technisch möglich), können Erfolge und Misserfolge, gemessen an außer-

gewöhnlichen Abweichungen ggf. direkt den Promotion-Maßnahmen zugeordnet werden.

Das Nutzungsprofil leistet zudem wertvolle Unterstützung für die Anpassung oder ggf. notwendige Umstrukturierung einer Website. Für eine Umstrukturierung bzw. die langfristige Optimierung einer Website ist die Erweiterung des Nutzungsprofils um einige der folgenden Kennzahlen erforderlich:

- Bestbesuchte / schlechtestbesuchte Seite
- Wichtigste Eingangs- / Ausgangsseite
- Referring Sites
- Wege durch die Website

Diese Kennzahlen können ebenfalls von einem guten Serverstatistik-Programm erfasst bzw. ausgewertet werden. Durch die Auswertung des Nutzungsprofils z.B. mit wichtigen Eingangs- und Ausgangsseiten, können die Stärken und Schwächen einer Website besser ermittelt und ihnen entgegen gewirkt werden. Dasselbe gilt für gut und schlecht besuchte Seiten und häufige Wege der User durch eine Website. Auch diese Informationen dienen der langfristigen Optimierung einer Website und zeigen unter Umständen zusätzlichen internen und externen Promotion-Bedarf auf.

Preis pro Besucher und Kunde

Zur erweiterten Auswertung der einzelnen Promotion-Maßnahmen gehört auch die Ermittlung des Besucherpreises (Preis für einen zusätzlichen Besucher) und des Kundenpreises (Preis für einen zusätzlichen Kunden). Die beiden Kennzahlen sind insbesondere im Vergleich unterschiedlicher Maßnahmen sinnvoll. Die jeweils Effektivste kann erkannt und verstärkt werden. In der praktischen Durchführung ist die Ermittlung jedoch nicht immer ganz einfach, da die eindeutige Zuordnung jedes neuen Besuchers und Kunden zu einer Maßnahme dafür erforderlich ist.

Spezielle Erfolgs-kontrolle

Neben dieser recht allgemeinen Erfolgskontrolle bieten sich für einige Promotion-Maßnahmen auch spezielle Kontrollinstrumente an. Soweit eine spezielle Kontrolle möglich ist, wird auf diese jeweils in den einzelnen Kapiteln zur Website Promotion eingegangen (vgl. Kap. 5.1 bis Kap. 5.8).

Abbildungsverzeichnis

Link-Tipps

In der folgenden Liste sind Links zum Thema Website Marketing, in verschiedene Teilbereiche untergliedert aufgelistet, und ggf. kurz kommentiert. Sie können dieser Liste z.B. alle im Buch erwähnten Online-Vermarkter oder Affiliate-Netzwerke entnehmen. Zudem sind auch Links zu Websites mit weiterführenden Informationen im Bereich Online-Marketing aufgeführt.

AdServer-Technologie:

Adtech AG

URL: http://www.adtech.de

Das Unternehmen bietet umfangreiche AdServer-Technologien für Agenturen, Vermarkter und Website-Betreiber auf den firmeneigenen Servern an.

DoubleClick

URL: http://www.doubleclick.com

Neben einer Lösung für den Einsatz auf den Servern des Kunden (Inhouse-Konzept), bietet das Unternehmen auch eine Lösung zur Nutzung auf den firmeneigenen Servern an.

Falk eSolutions AG

URL: http://www.falkag.de

Unter dem Namen „AdSolution" wird eine AdServer-Technologie sowohl als Mietlösung auf den firmeneigenen Servern, als auch als Kauflösung für eine Inhouse Konzept auf den Servern der Kunden angeboten.

AdServer-Scripte:

Pearl Scripts

URL: http://www.perlscripts.de

AdServer-Scripte:

PHP-Archiv

URL: http://www.php-archiv.de

Scriptindex

URL: http://www.scriptindex.de

Affiliate Netzwerke:

Adbutler

URL: http://www.adbutler.de

Affili.net

URL: http://www.affili.net

Commission Junction

URL: http://www.cj.com

Gut geeignet für internationale Unternehmen mit einer Website in englischer Sprache. Als eines der größten Netzwerke weltweit werden den Affiliates über 1.000 Programme zu Auswahl angeboten.

Tradedoubler

URL: http://www.tradedoubler.com

Affiliate Programm Übersichten:

Partnerprogramme.com

URL: http://www.partnerprogramme.com

Ca. 1.300 Partnerprogramme verschiedener Produkt-Kategorien.

Partnerprogramme.de

URL: http://www.partnerprogramme.de

Übersicht über ca. 900 Partnerprogramme.

<table>
<tr><td>Affiliate
Programme:</td><td>Partnernet von Amazon.de

URL: http://partnernet.amazon.de

Umfangreiches Partnerprogramm zur Vermittlung aller bei Amazon gehandelten Artikel (z.B. Bücher, CDs, DVDs).

Profiseller der 1&1 Internet AG

URL: http://www.profiseller.de

Umfangreiches Partnerprogramm mit Produkten aus dem Online- und Technik-Bereich.</td></tr>
<tr><td>Affiliate
ähnliche
Programme
und Netwerke:</td><td>Cash4Banner.de

URL: http://www.cash4banner.de

Cash4BannerView

URL: http://www.cash4bannerview.com

CashViews

URL: http://www.cashviews.de

DotcomMedia

URL: http://www.dotcommedia.de

GetCash4View

URL: http://www.getcash4view.com

Luxus2000

URL: http://www.luxus2000.de

Paidbanner.de

URL: http://www.paidbanner.de</td></tr>
</table>

**Banner-
Tauschdienste:**

Adhit

URL: http://www.adhit.de

AdKlick.net

URL: http://www.adklick.de

BannerCommunity

URL: http://www.bannercommunity.de
Die Banner Community ist ein sehr bekannter Tauschdienst mit vielen Teilnehmern.

Hit4Hit.net

URL: http://www.hit4hit.net

Link4Link Internet GmbH

URL: http://www.link4link.de

Link4Link ist einer der ältesten Bannertauschdienste auf dem deutschen Markt. Er zeichnet sich nicht nur durch sein langjähriges Bestehen (seit 1996) aus, sondern auch durch klare Regeln bzgl. der Aufnahme einer neuen Website.

Link4U

URL: http://www.link4u.de

Linkstation Banner

URL: http://www.linkstation.de

Paidbox.de

URL: http://www.paidbox.de

SkyEx

URL: http://www.skyex.net

Foren- **Verzeichnisse:**	**Diskussionsforen.info** URL: http://www.diskussionsforen.info
	Foren.Net URL: http://www.foren.net
	ForenKatalog URL: http://www.forenkatalog.de
Geld **verdienen im** **Internet:**	**Erogeier.de** URL: http://www.erogeier.de Übersicht und Links zu Verdienstmöglichkeiten mit Werbung aus dem Erotik-Bereich.
	Geldgeier.de URL: http://www.geldgeier.de Übersicht und Links zum Thema Geld verdienen im Internet.
	Klamm.de URL: http://www.klamm.de Übersicht und Links zum Thema Geld verdienen im Internet.
Gewinnspiel- **Agenten und** **Portale:**	**Gewinnspiele.de** URL: http://www.gewinnspiele.de
	Superwin.net URL: http://www.superwin.net

Informations-portale für Online-Werbung und Marketing:

Deutsche Multimedia Verband (dmmv) e.V.

URL: http://www.dmmv.de

Der dmmv ist ein Organ der Digital Economy und bietet auf der Website auch für Nichtmitglieder Informationen für die Internet- und Multimediabranche.

eMarket

URL: http://www.emar.de

Magazin für Online-Marketing und E-Commerce.

Horizont

URL: http://www.horizont.net

Zeitung für Marketing, Werbung und Medien.

Werbeformen.de

URL: http://www.werbeformen.de

Informationen zu Werbeformen und Werbeformaten.

Werben & Verkaufen

URL: http://www.wuv.de

Magazin für Marketing, Werbung, Medien und E-Business.

Online Werbe-wirkung:

100world.com AG

URL: http://www.100world.com

Durchführendes Unternehmen der „100world Werbewirkungs-studie 2000".

AdRelevance

URL: http://www.adrelevance.com

Studienergebnisse zur Online-Werbewirkung u.a. „Five Golden Rules of Online Branding" (engl.).

Arbeitsgemeinschaft Internet Research e.V. – Agirev

URL: http://www.agirev.de

Verein für Internet-Forschung mit dem Ziel planungsrelevante Daten für den Online-Werbemarkt zu gewinnen. Erhebung des Online Reichweiten Monitors.

ComCult Research GmbH

URL: http://www.comcult.de

Bietet Marktforschung und Studienergebnisse für die Neuen Medien.

diffferent GmbH

URL: http://www.diffferent.de

Anbieter für strategische Beratung, Services und Tools in Markenführung, Trend- und Marktforschung.

G+J EMS GmbH

URL: http://www.ems.guj.de

Studien und Informationen zur Werbewirkung.

Interactive Advertising Bureau

URL: http://www.iab.net

Informationen und Studienergebnisse zu Werbeformen und Werbeformaten.

MediaTransfer AG

URL: http://www.mediatransfer.de

Online-Marktforschung

Millward Brown IntelliQuest

URL: http://www.intelliquest.com

Marktforschung und Studienergebnisse (engl.)

**Online
Werbe-
wirkung:**

Plan.net Media GmbH

URL: http://www.plan-net.de

Agentur für interaktive und dialogorientierte Kommunikation.

Plan.net Research

URL: http://www.onww.de

Studienergebnisse zur Online-Werbewirkung.

Unicast

URL: http://www.unicast.com

Online Werbedienstleistungen und Studienergebnisse.

**Mailinglisten
und
Newsletter:**

Infoletter

URL: http://www.infoletter.de

Listet über 1.100 Newsletter und Mailinglisten auf.

NewsletterBerater.de

URL: http://www.newsletterberater.de

Bietet nützliche Tipps rund um die Erstellung und das Versenden
von Newslettern.

Newsletter-Verzeichnis.de

URL: http://www.newsletter-verzeichnis.de

Listet über 1.200 verschiedenen Newslettern auf.

Profine

URL: http://www.profine.de

Listet knapp 500 Newsletter und Mailinglisten auf.

<table>
<tr><td>Newsgroups:</td><td>

Google-Groups

URL: http://groups.google.com

Verzeichnis mit über 700 Mio. Beiträgen.

Newsgroup.de

URL: http://www.newsgroup.de

Verzeichnis mit über 37.000 Newsgroups.

</td></tr>
<tr><td>Online-
Vermarkter:</td><td>

ActiveAgent GmbH

URL: http://www.activeagent.de

AdLive GmbH & Co. KG

URL: http://www.adlive.de

AdLINK Internet Media GmbH

URL: http://www.adlink.de

Ad Pepper Media GmbH

URL: http://www.adpepper.com

ARBOmedia Deutschland

URL: http://www.arbomedia.de

Hi-Media Deutschland AG

URL: http://www.himedia.de

Optel Media Services GmbH

URL: http://www.optelmediaservices.de

</td></tr>
</table>

Online-Vermarkter:	**Orangemedia.de GmbH** URL: http://www.orangemedia.de **Real Media Deutschland GmbH** URL: http://www.realmedia.de **TerraTec - Ad2Net AG** URL: http://www.ad2net.de **TripleDoubleU GmbH** URL: http://www.tripledoubleu.de
Suchdienste:	**Altavista** URL: http://www.altavista.de **Fireball** URL: http://www.fireball.de **Google** URL: http://www.google.de **Lycos** URL: http://www.lycos.de **Web.de** URL: http://www.web.de **Yahoo** URL: http://www.yahoo.de

Suchdienste-Verzeichnisse:	**Sucharchiv.com**

Sucharchiv.com

URL: http://www.sucharchiv.com

Erfasst über 4.000 deutsche und internationale Suchmaschinen und Portale.

Suchfibel

URL: http://www.suchfibel.de

Suchmaschinen.de

URL: http://www.suchmaschinen.de

Erfasst über 100 deutsche Suchmaschinen und Verzeichnisdienste. Außerdem zahlreiche regionale, internationale und spezialisierte Suchdienste.

Yabba!

URL: http://www.yabba.de

Umfangreiches und nach Themenbereichen geordnetes Suchmaschinen-Archiv.

Suchdienste: Tipps & Tricks zur Eintragung:

Suchmaschinentips.de

URL: http://www.suchmaschinentips.de

WebCards.de

URL: http://www.webcards.de

Webmasterplan

URL: http://www.webmasterplan.de

<table>
<tr><td valign="top">

**Such-
maschinen
Dienstleister
für Doorway-
Pages und
Spnsored-
Links:**

</td><td>

Eprofessional

URL: http://www.eprofessional.de

Das Unternehmen bietet umfangreiche Dienstleistung rund um die Positionierung in Suchmaschinen mittels Doorway-Pages. Auch Sponsored-Links werden vermittelt.

Espotting Media GmbH

URL: http://www.espotting.de

Das Unternehmen bietet Platzierungen von Sponsored-Links unter anderem bei den Suchdiensten von Yahoo! Deutschland, Netscape, Fireball, Web.de, Hotbot und Lycos. Mindestbuchungsvolumen: 150,- Euro. Mindestgebot: 0,10 Euro pro Klick. Einmalige Servicegebühr: 19,- bis 249,- Euro.

Overture Services GmbH

URL: http://www.overture.de

Das Unternehmen bietet die Platzierung von Sponsored-Links bei den Suchdiensten von Altavista, AOL, Freenet.de; GMX und T-Online. Mindestbuchungsvolumen: 50,- Euro. Mindestgebot: 0,10 Euro pro Klick. Einmalige Servicegebühr: 0,- bis 99,- Euro.

RealMedia

URL: http://www.realmedia.de

Das Unternehmen bietet unter der Bezeichnung „Website Results" die Dienstleistung zur Erstellung von Doorway-Pages zur qualifizierten Trafficgenerierung.

Webmasterplan

URL: http://www.webmasterplan.com

Webmasterplan bietet einen Service zur Erstellung von Doorway-Pages auf Pay-per-Click Basis (ab 0,20 Euro).

</td></tr>
</table>

Aronda Eintragsfee

URL: http://www.eintragsfee.de

Eintragungsservice mit unterschiedlichem Umfang. Preis: 15,- bis 149,- Euro.

Felber Web-Promotion

URL: http://www.felber.de

Eintragungsservice mit unterschiedlichem Umfang und zum Teil erweitertem Service. Preis: 180,- bis 300,- Euro

QuickSubmit

URL: http://www.quicksubmit.de

Eintragung in über 200 Suchdienste. Preis: 17,- Euro

Speedengine.de

URL: http://www.speedengine.de

Eintragung in bis zu 8.000 Suchmaschinen, 2.000 Webkataloge und 85.000 Linklisten. Preis: 34,95 Euro

Submitter.de

URL: http://www.submitter.de

Eintragungsservice mit unterschiedlichem Leistungsumfang. Preis: 12,50 bis 25,- Euro.

Webdecision

URL: http://www.webdecision.de

Kostenlose Eintragung bei 50 Suchdiensten.

Webmasterplan

URL: http://www.webmasterplan.com

Bietet sowohl einen kostenlosen als auch einen kostenpflichtigen (99,- Euro) Eintragungsdienst.

**Such-
maschinen
Eintragungs-
Software:**

Hello Engines

URL: http://www.hello-engines.de

Eintragungssoftware (deutsch) für bis zu 800 Suchdienste. Verschiedene Versionen zum Teil mit Kontroll- und Auswertungsfunktionen. Preis: 99,- bis 299,- Euro

PromoWare

URL: http://www.promoware.de

Eintragungssoftware (deutsch) für bis zu 900 Suchmaschinen. Preis: 199,- Euro

SubmitWolf Pro

URL: http://www.trellian.com

Eintragungssoftware (englisch) für über 1.000 Suchdienste und über 500.000 Linkverzeichnisse. Preis: 95,- US-Dollar. Eine spezielle deutsche Version mit zusätzlich 350 deutschen Suchdiensten ist für 165,- US-Dollar erhältlich.

**Werbeplatz-
börsen:**

Accom GmbH

URL: http://www.accomm.de

Die Werbeplatzbörse

URL: http://www.werbeplatzboerse.de

Filmundo – Die Filmauktion

URL: http://www.filmundo.de

Spezialisierte Online-Auktion, die für zahlreiche Praxistests im Zusammenhang mit der Erstellung dieses Buches genutzt wurde.

Macromedia

URL: http://www.macromedia.com

Informationen zu Flash- und Shockwave-Banner und Downloadmöglichkeit entsprechender Browser-Erweiterungen.

OneWorld24

URL: http://www.oneworld24.de

Spendenplattform für Social Sponsoring Aktivitäten.

Postalo GmbH

URL: http://www.postalo.de

Dienstleister für die Erstellung und den Versand von Digitalen Karten.

ProDyne

URL: http://www.prodyne.de

Anbieter eines Browser-Tools für Werbezwecke unter der Bezeichnung Xtra-bar.

Profeel

URL: http://www.profeel.de

Anbieter der Werbeform „Web Decoder".

Glossar

AdClick

Klick auf ein Werbemittel, das mit einem anderen Dokument oder Element verlinkt ist.

AdImpression

AdView oder Werbemittelkontakt. Anzahl der Sichtkontakte mit einem Werbemittel.

AdServer

Auf einem Server betriebene Software zur Auslieferung, Steuerung und Kontrolle von Werbemitteln im Internet.

AdView → AdImpression

Affiliate

Partner, die Werbung für ein Online-Unternehmen / eine Website (→ Merchant) auf Basis einer erfolgsabhängigen Vergütung machen.

Affiliate Programm

Partnerprogramm. Werbeprogramm eines Online-Unternehmens (→ Merchant), bei dem anderen Personen oder Unternehmen (→ Affiliates) zur Gewinnung neuer Kunden, auf Basis einer Erfolgsbeteiligung, eingesetzt werden.

Banner

Graphisches Werbeelement. Werbefläche, die in der Regel mit der beworbenen Website verlinkt (→ Link) ist.

Banner-Burnout

Abnehmende Klickrate mit zunehmender Dauer der Einblendung eines Werbemittels.

Brand Awareness

Die Markenbekanntheit.

Brand-Image

Das Markenimage.

Branding

Einprägen eines Markennamens über unterschiedliche Werbemaßnahmen.

Browser

Programm zum Abrufen von Daten aus dem WWW und Anzeigen auf einem Computer (z.B. Internet Explorer, Netscape Navigator).

Browser-Plugin → Plugin

Button

Kleine graphische Werbefläche.

Content

Redaktioneller Inhalt einer Website.

Conversionrate

Beschreibt den prozentualen Anteil der Besucher einer Website, die zu Käufern wurden, sich registrierten oder eine vergleichbare erwünschte Handlung erbracht haben.

CpC (Cost per Click)

Abrechnungsform für eine Werbetätigkeit auf Basis der erzielten Klicks.

CpL (Cost per Lead)

Abrechnungsform für eine Werbetätigkeit auf Basis der erzielten vereinbarten Handlungen (z.B. Registrierungen).

CpO (Cost per Order)

Abrechnungsform für eine Werbetätigkeit auf Basis der erzielten Verkäufe.

Crossmedia

Marketingstrategie, die zur Nutzung von Synergieeffekten verschiedene Marketing-Instrumente online und offline kombiniert.

CTR = Click-Through-Rate

Auch Klickrate. Sie gibt Auskunft über den Anteil der Werbemittelkontakte, die zu einem Klick führten, im Verhältnis zu der Gesamtzahl aller Werbemittelkontakte.

DHTML

Dynamisches HTML. Erweiterung von HTML zur Erstellung von dynamischen Websites.

Domain

Name oder Adresse einer Website, über die sie im WWW aufgerufen werden kann. (→ Toplevel Domain)

File

Englisch für Datei

Forum

Allgemeine oder spezielle Plattform zum Meinungsaustausch auf einer Website.

Frame

Unterteilung einer Website in einzelne Teilseiten (Frames). Ermöglicht z.B. dass bei einem Klick nur die Inhalte eines Bereiches aktualisiert werden, und der Rest der Seite stets sichtbar ist.

Hit

Jeder Zugriff eines Browsers auf ein Element einer Website wird in der Serverstatistik als ein Hit gezählt.

Homepage

Einstiegs- / Startseite einer Website. Der Begriff wird synonym verwendet mit Website, Web-Präsenz und Online-Auftritt.

HTML (Hypertext Markup Language)

Seitenbeschreibungssprache zur Erstellung von Dokumenten im WWW.

Hyperlink → Link

Keywords

Schlüsselwörter in den Metatags einer Website. Sie werden von einigen Suchdiensten zum Auffinden bzw. Anzeigen von Websites als Suchergebnis genutzt.

Klick

Aktivieren eines Links bzw. Aufruf der verlinkten Seite oder des verlinkten Elementes durch den Klick mit der Maus auf den Link.

Klickrate → CTR

Link / Hyperlink

Verknüpfung oder Verbindung eines Textes oder graphischen Elementes mit einem anderen Element oder Dokument innerhalb des WWW.

Logfile

Datei auf einem Webserver, in der alle erfassbaren Daten der Besucher einer Website gesammelt werden. Das Logfile bildet die Basis zur Auswertung und Analyse der Zugriffe auf eine Website.

Mailingliste

Auf Email basierender Informationsaustausch, bei dem alle Beiträge (automatisch) an alle Teilnehmer der Liste per Email zugestellt werden.

Merchant

Unternehmen, das Werbung zur Gewinnung neuer Kunden von seinen Partnern (→ Affiliates) auf Basis einer erfolgsabhängigen Vergütung verrichten lässt.

Metatags

HTML-Befehle einer Website, die Informationen über die Website bereithalten, jedoch nicht direkt für den Besucher einer Website ersichtlich sind.

Newsgroups

In verschiedene Themenbereiche untergliederte Diskussionsgruppen für den öffentlichen Informations- und Meinungsaustausch.

Newsletter

Email-Verteiler, mit dem die Abonnenten regelmäßig über Neuigkeiten jeglicher Art informiert werden. (z.B. Produkt-, Unternehmens-, Veranstaltungs-Newsletter).

Online-Auftritt → Homepage

PageImpressions (PIs)

Die Anzahl der aufgerufenen Seiten einer Website.

PageView → PageImpression

Partnerprogramm → Affiliate Programm

Pay per Click → CpC

Pay per Lead → CpL

Pay per Order → CpO

Plugin

Erweiterung oder Zusatzmodul für eine bestimmte Software / ein bestimmtes Programm, dass zusätzliche Funktionen integriert.

Referrer

Die Adresse einer Website, über die ein User auf eine andere Website zugegriffen bzw. diese aufgerufen hat.

Server

Computer innerhalb eines Netzwerkes (auch Internet), der die Daten, den Speicher und die Ressourcen zur Verfügung stellt. Auf Servern werden im WWW die Daten und Informationen gespeichert, die erforderlich sind um eine Website oder andere Daten abzufragen.

Spam / Spamming

Das Zusenden von unverlangten Werbebotschaften per Email.

Special-Interest

Angebot zu einem speziellen Thema bzw. für eine genau bestimmte Zielgruppe.

Surfen

Navigation im WWW mittels eines Browsers ohne gezielte Absicht.

Targeting

Zielgruppengerichtete Werbung.

TKP (Tausender Kontakte Preis)

Kosten pro tausend Sichtkontakte mit einem Werbemittel.

Traffic

Durch die Zugriffe auf eine Website verursachtes Datenvolumen.

Toplevel Domain

Hierarchie-Stufe oder Endung einer Domain (z.B. de, com, net).

URL (Uniform Resource Locator)

Adresse eines Internet-Angebotes oder eines Objektes im Internet. Während die Domain in der Regel zur Startseite einer Website führt (z.B. http://www.xyz.de), ist die URL eine detaillierte Adresse, die ggf. zu einer speziellen Unterseite einer Website oder zu einem einzelnen Element (z.B. Banner, Datei) führt.

Visit

Ein Visit ist ein ununterbrochener Nutzungsvorgang eines Besuchers auf einer Website.

Web-Präsenz → Homepage

Webserver → Server

Website → Homepage

Werbemittelkontakt → AdImpression

WWW (World Wide Web)

Ein Dienst im Internet zur Bereitstellung von Daten und Informationen, die mittels eines WWW-Browsers (→ Browser) abgefragt werden können.

Index

Das Netzwerk der Profis

WIRTSCHAFTS
WI INFORMATIK

Die führende Fachzeitschrift zum Thema Wirtschaftsinformatik.

Das hohe redaktionelle Niveau und der große praktische Nutzen für den Leser wird von über 30 Herausgebern - profilierte Persönlichkeiten aus Wissenschaft und Praxis - garantiert.

Profitieren Sie von der umfassenden Website unter

www.wirtschaftsinformatik.de

- Stöbern Sie im größten **Online-archiv** zum Thema Wirtschafts-informatik!
- Verpassen Sie mit dem **Newsletter** keine Neuigkeiten mehr!
- Diskutieren Sie im **Forum** und nutzen Sie das Wissen der gesamten Community!

- Sichern Sie sich weitere Fachinhalte durch die **Buchempfehlungen** und Veranstaltungshinweise!
- Binden Sie über **Content Syndication** die Inhalte der Wirtschaftsinformatik in Ihre Homepage ein!
- ... und das alles mit nur **einem Click** erreichbar.